EL PORFIRIATO

MAURICIO TENORIO TRILLO
AURORA GÓMEZ GALVARRIATO

EL PORFIRIATO

CIDE

CENTRO DE INVESTIGACIÓN Y DOCENCIA ECONÓMICAS
FONDO DE CULTURA ECONÓMICA

Primera edición, 2006

Tenorio Trillo, Mauricio y Aurora Gómez Galvarriato
El Porfiriato/Mauricio Tenorio Trillo ; Aurora
Gómez Galvarriato. — México : FCE, CIDE, 2006
166 p. ; 21 × 12 cm — (Colec. Historia. Ser. Herramientas
para la historia)
ISBN 968-16-7591-6

1. México — Historia — Porfiriato 2. México — Historiografía I. Gómez Galvarriato, Aurora, coaut. II. Ser.
III. t.

LC F1233 .5   Dewey 972.081 4p

Distribución mundial en español

Coordinadora de la serie: Clara García Ayluardo
Coordinadora administrativa: Paola Villers Barriga
Asistente editorial: Javier Buenrostro Sánchez

Comentarios y sugerencias: editorial@fondodeculturaeconomica.com
www.fondodeculturaeconomica.com
Tel. (55) 5227-4672 Fax (55) 5227-4694

Empresa certificada ISO 9001: 2000

Diseño de portada: Francisco Ibarra
Diseño de interiores: Teresa Guzmán

D. R. © 2006, Centro de Investigación y Docencia Económicas, A. C.
Carretera México-Toluca núm. 3655, Col. Lomas de Santa Fe,
C. P. 01210 México, D. F.
publicaciones@cide.edu

D. R. © 2006, Fondo de Cultura Económica
Carretera Picacho-Ajusco, 227; 14200 México, D. F.

ISBN 968-16-7591-6

Impreso en México • *Printed in Mexico*

ÍNDICE

... dentro de algunos años, México estará delicioso, sembrado de edificios de estilo yanqui, es decir, formados invariablemente de plataformas regulares (los yanquis no conciben más que plataformas en arquitectura y política)... Amado Nervo será tocinero y Díaz Mirón perfumista...

Gil Blas, sábado 2 de enero de 1909

... Héroe de mil y un batallas, Príncipe de la Paz, el Superhombre de Oaxaca, el Cincinato de la Noria, Salvador y constructor del México moderno, Gran Lama de Chapultepec, General Porfirio Díaz, Presidente inconstitucional de México, hoy Emperador por Derecho divino, se acerca el día de ajustar cuentas.

Carlo de Fornaro, *México tal cual es*
(Nueva York, 1909)

INTRODUCCIÓN[1]

A finales de 1875, un grupo de liberales y militares elaboraron un plan para derrotar el gobierno de la ciudad de México, encabezado por el juarista Sebastián Lerdo de Tejada. Aquello fue conocido como el Plan de Tuxtepec. Porfirio Díaz, un distinguido líder militar, con fuerza en su natal Oaxaca, con cierta presencia nacional por sus éxitos militares durante las batallas contra la invasión francesa, comandó el golpe de Estado que llegó a la ciudad de México e hizo huir al presidente Lerdo. Unos meses más tarde, en 1876, tras un proceso electoral —poco estudiado—, Porfirio Díaz es elegido presidente constitucional. Y éste es el principio de más de treinta años de relativa estabilidad económica y política, especialmente notable a la luz de lo que había sido la historia de México a partir 1821. La historia conoce a estos años como el Porfiriato, y el fin de esta era es claramente ubicado en 1910, cuando el movimiento maderista inicia lo que después se llamaría la Revolución mexicana. El viejo Porfirio Díaz se exilia en 1911 y el calendario de la historia patria marca así el fin del antiguo régimen.

Pocos campos de la historia mexicana se impusieron tan por sí mismos como el Porfiriato; no por nada el propio Daniel Cosío Villegas lo llamó, con menos ironía de lo que sugiere el mote, el "necesariato". Por décadas fue un cortísimo párrafo en la historia patria, periodo entre 1875 o 1876 y 1910 o 1911, según fuera el humor del investigador. El Porfiriato fue por años una simple historia oficial y panfletaria, el peor de los antiguos regímenes, uno que era conjeturado fuera de su caldo, el tumultuoso siglo XIX; era considerado como el quiebre de la prístina belleza de lo que la historiografía de la utopía liberal —de Cosío Villegas a Enrique Krauze— ha llamado "la República restaurada". El Porfiriato, eso sí, era visto como una época, porque de eso no había ni hay duda; fue una época autocontenida dentro de dos fronteras: de un lado, según sea quien escriba, el rompimiento con la tradición liberal o la sublimación del caudillismo dictatorial del siglo XIX; del otro, un evento que "con callado pie" todo lo ordena: la Revolución mexicana.[2]

[1] Los autores agradecen a Clara García el apoyo y cuidado para llevar a buen fin este libro; agradecen también la colaboración de Paola Villers y Lucía Madrigal en la organización de las notas y la bibliografía.
[2] El primer balance de la historiografía del Porfiriato puede encontrarse en Da-

El peso historiográfico de la Revolución mexicana de 1910 ha sido tal que ha llevado, la más de las veces, a buscarla hacia atrás y a inventarla hacia adelante. También, aunque en menos ocasiones, se ha dado la negación casi patológica del gigante revolucionario —como en libros de memorias de porfirianos trasnochados, o en un acetato de "México de mis recuerdos": variaciones sobre el tema del Porfiriato como universo autocontenido y paraíso perdido—. Pero para fines del siglo XX ya era visible un insólito crecimiento de estudios sobre el periodo al igual que una suerte de idealización del Porfiriato en libros, películas y telenovelas. Pero, en estricto sentido, no es que el Porfiriato haya o esté experimentando un *boom* historiográfico, sino que sencillamente ha dejado de ser un no tema, especialmente en lo que hace a la historia económica. Irónicamente, hoy la historiografía del Porfiriato parece un árbol cuya rama principal (historia económica) es más gruesa y frondosa que lo magro del tronco de la historiografía general y lo prejuicioso de la conciencia histórica que todavía reina en la concepción del periodo.

niel Cosío Villegas, "El Porfiriato: su historiografía o arte histórico", *Extremos de América* (México, FCE, 1949), pp. 113-182; una segunda ola de "puestas en claro" puede hallarse en Robert A. Potash, "Historiography of Mexico since 1821", *Hispanic American Historical Review*, XL, núm. 3 (1960), pp. 383-424; L. B. Perry, "Political Historiography of the Porfirian Period of Mexican History", *Investigaciones contemporáneas sobre historia de México: memorias de la tercera reunión de historiadores mexicanos y norteamericanos en Oaxtepec, Morelos, 4-7 de noviembre de 1969* (Austin, University of Texas Press, 1971), pp. 458-476; del mismo autor, con Steven Niblo, "The Political Economy of the Early Porfiriato", tesis de doctorado, Northern Illinois University, 1972; John Womack, "Mexican Political Historiography", *Investigaciones contemporáneas sobre historia de México: memorias de la tercera reunión de historiadores mexicanos y norteamericanos, Oaxtepec, Morelos, 4-7 de noviembre de 1969* (Austin, University of Texas Press, 1971), pp. 478-492; y Thomas Benjamin y Marcial Ocasio-Meléndez, "Organizing the Memory of Modern Mexico: Porfirian Historiography in Perspective, 1880s-1980s", *Hispanic American Historical Review*, LXIV, núm. 2 (1984), pp. 323-364. Un tercer balance, más reciente, puede encontrarse en Enrique Florescano, *El nuevo pasado mexicano* (México, Cal y Arena, 1991), y en el ensayo bibliográfico correspondiente en el volumen 11, *The Cambridge History of Latin America*, editado por Leslie Bethell (Cambridge, Cambridge University Press, 1984). Véase también el tomo 50 (1990) del *Handbook of Latin American Studies*, dedicado a las humanidades. Sobre los debates en la historiografía mexicana del periodo porfirista y la Revolución, véase Allen Wells, "Oaxtepec Revisited: The Politics of Mexican Historiography, 1968-1988", *Mexican Studies/Estudios Mexicanos*, VII, núm. 2 (1991), pp. 331-346. Finalmente, y aunque una visión no propiamente historiográfica sobre el análisis del Porfiriato, véase el estudio de Jesús Ricardo Rendón Garcini, "Una visión de la época porfirista a través de las películas mexicanas de la década de los cuarenta", tesis de licenciatura, UIA, 1982, sobre las formas en que el cine posrevolucionario dibujó al Porfiriato. Sobre interpretaciones del Porfiriato, véase Romana Falcón y Raymond Buve (comps.), *Don Porfirio presidente..., nunca omnipotente: hallazgos, reflexiones y debates, 1876-1911* (México, UIA, 1998).

La más de las veces el apego involuntario a la historiografía de la Revolución ha producido lo que John Womack (1971) denominó *precursorismo:* todo en el Porfiriato era visto o ignorado en tanto antecedente de la Revolución. Por tanto, el gran dinamismo de las interpretaciones de la Revolución ha obligado a la reconsideración del Porfiriato. "Si la Revolución no fue tanto una insurrección agraria, popular y amplia, sino más bien una serie de luchas de poder de distintas facciones, resulta que la vieja leyenda negra también requiere revisión", sugirió irónicamente Alan Knight al criticar el revisionismo en la historia de la Revolución. En efecto, las controversias sobre la Revolución han tenido como paralelo la revisión de la leyenda —que no de la historia— del Porfiriato.

Gracias a esta involuntaria historiografía melliza (Porfiriato-Revolución), la discusión interpretativa sobre el Porfiriato ha quedado resumida a la dicotomía continuidad-rompimiento *vis-à-vis* la era revolucionaria.[3] De paso, se ha homogeneizado en una sola historia un periodo que en verdad, todo parece indicar, fue múltiples historias. En busca de las continuidades económicas, sociales y políticas, los historiadores de la Revolución, casi sin querer, van descubriendo un fin de siglo mexicano que quedó vivo o que fue base de mucho de lo ocurrido ya bien entrado el siglo XX. A la caza de los rompimientos, los historiadores de la Revolución han desenmascarado los pormenores de la hacienda y la situación social de indígenas, peones y obreros en el Porfiriato. También se ha encontrado en el Porfiriato un proyecto distinto de inserción en la órbita imperial; vende patrias, dice una visión del periodo, en tanto que otra nueva visión ve en el Porfiriato un ejemplo pionero de sustitución de importaciones en la procura del desarrollo.

---

[3] Para penetrar la historiografía del Porfiriato hay que entender los debates historiográficos sobre la Revolución. Véase sobre todo la lúcida saga de ensayos de Alan Knight que acompañan y complementan su estudio de la Revolución mexicana: "El liberalismo mexicano desde la reforma hasta la revolución, una interpretación", *Historia Mexicana,* XXXV, núm. 1 (1985), pp. 59-91; *U. S.-Mexican Relations, 1910-1940: an Interpretation* (La Jolla, Center for U. S.-Mexican Studies-University of California, 1987); "Interpretaciones recientes de la Revolución mexicana", *Secuencia,* núm. 13 (1989), pp. 23-43; "Revolutionary Project, Recalcitrant People: Mexico, 1910-1940", en Jaime Rodríguez (coord.), *The Revolutionary Process in Mexico. Essays on Political and Social Change, 1880-1940* (Los Ángeles, UCLA Latin American Center, 1990). Véase también en esta misma colección Luis Barrón, *Historias de la Revolución mexicana* (México, CIDE/FCE, 2004).

Las columnas que sostenían la leyenda negra del Porfiriato, por otro lado, han ido cayendo poco a poco. No porque el Porfiriato fuera en verdad el paraíso perdido, sino porque el régimen posrevolucionario gradualmente se alejó del edén prometido. A pesar de la nostalgia que produzca, ya nadie tiene suficiente con las historias que cuentan los libros de texto con aquella portada de la hierática madona mestiza. Nadie queda satisfecho con la historia que cuentan tanto un mural de Diego Rivera como un panfleto lombardista, como un libro de la década de 1920 de un *American progressivism*.[4] Con todo, a partir de finales de la década de 1970 es evidente el crecimiento del número de trabajos sobre el periodo en cuestión, y ello habla de cómo van cayendo los prejuicios.

El Porfiriato, empero, posee aún un estigma menos observable políticamente: ha permanecido largo tiempo fuera de la lista de los tópicos interesantes. La abundantísima documentación producida entre 1870 y 1911 (véase la "Nota sobre archivos y papeles", p. 115) contrasta con un relativamente magro cuerpo de investigaciones. Una vez derrumbados los tabúes, lo único que evitaría el giro de la mirada del historiador hacia el Porfiriato sería el desinterés. En historia, hay que aclarar, nada se vuelve interesante por decreto. Por ejemplo, es el presente el que debe convencernos de que, como afirmaba Cosío Villegas refiriéndose a un pensador de la época pofiriana, en tanta cursilería había inteligencia, porque además de que hay mucho más que oropeles y mieles azules en los afanes afrancesados de la elite porfiriana, hay aún mucho más de nuestra era en esos afanes. Un trabajo sobre la poesía del siglo XIX muestra cómo la *sociabilité* sentimental popular de las grandes ciudades de México (de Guty Cárdenas a Agustín Lara) tiene más que ver con la vida intelectual del Porfiriato que con lo que identificaríamos como tendencias culturales del siglo XX (masas, vanguardia, radio, etc.).[5] Un estudio sobre las mayores empresas cerveceras muestra que la gran historia de la modernización de la industria está no en la década de 1940, sino en la maquinaria instalada durante el Porfiriato.[6] Por su

---

[4] Para ejemplos de este primer progresivismo estadunidense que volteó hacia México, véanse las obras de John Kenneth Turner, John Reed y Frank Tannenbaum.

[5] Luis Miguel Aguilar, *La democracia de los muertos* (México, Cal y Arena, 1988).

[6] Stephen Haber, *Industria y subdesarrollo: la industrialización de México, 1890-1940* (México, Alianza, 1992).

parte, Alan Knight cree, con razón, que el gran cambio social de México ocurre no en 1910 con la Revolución, sino a partir de la década de 1940, con el acelerado proceso de industrialización.[7] El Porfiriato, pues, se revela como una frontera cronológica y conceptual más cerca de nosotros, más lejos de nuestros prejuicios, de lo que creíamos.

De los primeros estudios críticos hechos aún con las metrallas calientes —especialmente el de Antonio Manero (1911) y Francisco Bulnes (1920)— al primer gran ensayo de interpretación del Porfiriato, hecho con gran sustento empírico (el de José C. Valadés, 1941), reinan los temas de la mala política, la cuestión agraria, la explotación de campesinos y obreros, el elitismo y el afrancesamiento. De la década de 1960 a mediados de la década de 1980, el Porfiriato no es muy tratado pero lo que había era acerca de la clase obrera, la formación del capitalismo y cosas así. Tan tarde como en 1982 se leía: "La coyuntura de 1870 a 1910 en Morelos fue una de transición al capitalismo. Antes de esta coyuntura, el proceso de la clase feudal era predominante, pero para 1910 el proceso de clase capitalista, si no dominante, era al menos el más dinámico y por seguro en la posibilidad de poner en entredicho la predominancia del proceso de clase feudal".[8]

Sin embargo, a partir de las últimas dos décadas del siglo XX surgió una nueva consideración del "viejo régimen" mexicano. ¿Cómo explicar esta preocupación aparentemente nueva en la historiografía mexicana? En verdad fue un cambio muy gradual pero definitivo que fue impulsado tanto por el esfuerzo y constancia de varios historiadores conocidos y no tan conocidos, como por las circunstancias que el país empezó a vivir a partir de la crisis de varias matrices de pensamiento: el Estado mexicano posrevolucionario y su crisis de legitimidad a partir de fines de la década de 1960, el auge y decadencia de la historia social (con sus asegunes marxistas), la búsqueda de explicaciones del origen y destino de temas muy generales pero vitales para el siglo XX (estabilidad económica, crecimiento, desarrollo, nacionalismo, el Estado, la Nación, la cultura nacional, las ciudades, los pueblos). Y así el Porfiriato

[7] Alan Knight, "Revolutionary Project".
[8] De esta madeja hay muchos hilos. Baste sólo esta muestra: William Bluestein "The Class Relations of the Hacienda and the Village in Prerevolutionary Morelos", *Latin American Perspectives,* IX, núm. 3 (1982), pp. 12-28, cita en p. 17.

poco a poco se fue imponiendo como un obligado punto de referencia. Para 1990, si uno estudiaba la abigarrada historia de conflictos y tragedias del siglo XIX, o la bizarra conformación de una nueva *pax*, la priísta, ¿cómo no caer en el súbito surgimiento de un orden estatal de desarrollo económico: los más de treinta años de Porfiriato? Por ir hacia atrás, hacia las "décadas perdidas" de 1840 o 1850, veíamos hacia adelante (al Porfiriato); para entender el México "global" de 1990, a más de uno se le impuso voltear al primer Estado mexicano, el Porfiriato.[9] Al estudiar "el otro" en el siglo XVII, volteamos a los libreros, eruditos, historiadores y folkloristas porfirianos; para ver a sor Juana, volvíamos a Amado Nervo. Es exagerado decirlo pero no incorrecto: el Porfiriato se impuso como tema a pesar de los historiadores mismos.

LOS PIONEROS Y SU AMBIGÜEDAD

Antes de su masiva *Historia moderna de México* (1955-1977), Daniel Cosío Villegas afirmaba que en México sólo Hernán Cortés provocaba tanta controversia histórica como Porfirio Díaz. En efecto, ni siquiera el implacable juicio político-moral de don Daniel logró armarse del calificativo definitivo para referirse al Porfiriato, ni aun después de los nueve volúmenes de la *Historia moderna de México,* cuya elaboración significó la educación sentimental y profesional de una importantísima generación de historiadores mexicanos. Como José C. Valadés en 1941, Cosío Villegas permaneció en la indecisión al momento de elaborar un juicio histórico y moral sobre Díaz y su era.[10] Sin embargo, existía hasta hace muy poco una ortodoxia sobre el Porfiriato, la cual, a diferencia de la ortodoxia sobre otros periodos históricos, no fue hecha nada más de comentarios políticos oficiosos o de un mínimo de trabajos empíricos, sino sobre todo de institucional olvido. Lo que dejaron escrito Ricardo García Granados, José C. Valadés o don Daniel y su equipo fue, primero, una valiosa colección de datos y cronologías; se-

---

[9] Sobre estos temas y cronologías, véase Mauricio Tenorio Trillo, *Argucias de la historia siglo XIX, cultura y "América Latina"* (México, Paidós, 1999).
[10] Daniel Cosío Villegas, "El Porfiriato". Sobre la ambigüedad liberal de Cosío Villegas ante el Porfiriato, véase el ensayo-reseña de Charles Hale, "The Liberal Impulse: Daniel Cosío Villegas and the Historia Moderna de Mexico", *Hispanic American Historical Review,* LIV, núm. 3 (1974), pp. 479-498. Sobre la historia de las preocupaciones de Cosío Villegas, véanse sus *Memorias* (México, Joaquín Mortiz, 1977). Y Enrique Krauze, *Daniel Cosío Villegas, una biografía intelectual* (México, Joaquín Mortiz, 1980).

gundo, una suerte de "acto de contrición" casi personal, siempre comenzado con la premisa de la maldad o incorrección del Porfiriato y terminado con un insospechado respeto e indecisión ante la nota moral del régimen. Por ello, aún hoy, todo lo nuevo que se escribe difícilmente podría caracterizarse como revisionismo.[11] Todo es, por más post esto y post lo otro que se presente, una simple aclaración, un apunte o una acotación a esos datos y a esa indecisión moral de los viejos maestros: en total, un conjunto de trabajos que no le quitan al periodo en cuestión su sitio todavía marginal en el total de la historiografía mexicana.

Si la ambigüedad política y moral frente al Porfiriato ha permanecido es porque no es fácil aceptar las dolorosas lecciones de la historia. Cuando creemos que pisamos la tierra firme y la sólida utopía o el infierno definitivo es sólo porque algo nos ciega —aunque siempre es más probable que estemos pisando el Infierno—. La mesura, la indecisión, la duda, como juicio historiográfico (empírico, político y ético) es una buena noticia y quizá no haya otra manera de narrar cualquier época de la historia. Pero creer que porque los últimos treinta años han producido una nueva historiografía del periodo ya no merecen lectura los Cosío Villegas, los González Navarro, los Fernando Rosenzweig, los José C. Valadés, los Ricardo García Granados, inclusive, los Bulnes y Sierra, es caer en una seguridad disciplinaria que derrota cualquier fructífera duda moral e historiográfica. Todavía hoy, cualquier estudioso que se acerca al periodo debe sumergirse en la literatura de estos maestros, que los historiadores de hoy somos de ellos, como decía Pere Quart de sus enemigos, "buenos y malos/ [...] sólo [sus] sobrevivientes".

LOS LÍMITES DE LA AMBIGÜEDAD

Decir que el Porfiriato ha puesto en entredicho las visiones políticas y morales de los historiadores no es decir

---

[11] El trabajo de García Granados, de acuerdo con la reseña de Benjamin y Ocasio-Meléndez y con la revisión bibliográfica de Cosío Villegas, fue la primera historia general del periodo porfirista. Ricardo García Granados, *Historia de México desde la restauración de la república en 1867 hasta la caída de Porfirio Díaz*, 4 t. (México, Botas, 1923-1928). Véanse las "Llamadas" de Daniel Cosío Villegas *et al.*, *Historia moderna de México*, 8 vols., 9 t. (México, Hermes, 1955-1977); y José C. Valadés, *El Porfirismo, historia de un régimen*, 3 vols. (México, Robledo, 1941-1948).

que todo ha sido posible. En esencia, había, y hay, un cierto consenso en que el Porfiriato fue una dictadura más o menos opresiva, aunque en el carácter represivo del régimen hay un enigma aún por resolver si vemos al Porfiriato en el contexto de las dictaduras del siglo XX en el mundo y en México. Bulnes y López Portillo no dudaban en tachar al Porfiriato de dictadura: de la mejor y más noble que se había conocido en el mundo. Así lo creían varios estadistas del mundo, y, como el paraguayo doctor Francia en boca de Carlyle o, en boca de Bismarck, el baluarte del a-democrático sistema político español de fines del XIX, Antonio Cánovas del Castillo, Díaz fue objeto del elogio internacional no sólo porque él pagó un buen número de libros laudatorios, sino porque el mundo lo veía como un verdadero hombre de Estado del siglo XIX, en especial si se consideraba el país que le había tocado pacificar y modernizar.[12]

Hay también un consenso en la idea de que el régimen porfiriano significó progreso económico, creación de instituciones, desde fábricas y patentes hasta leyes fiscales y bancos; qué tanto, cómo y para quién, es aún incierto, no obstante la nueva historia económica del Porfiriato.[13] También no parece haber mucha discusión acerca de lo importante que fueron esos treinta y pocos años para lo que solía llamarse la "acumulación de capital", la articulación de México en los mercados de capital y de mercancía mundiales.[14]

Consensos más sutiles, pero igualmente visibles, son aquel de la aristocratización que significó el Porfiriato, común-

[12] Una historia por escribirse: la recepción internacional de la figura de Díaz, a veces controlada y pagada por la burocracia porfirista, pero muchas veces una simple fascinación internacional ante el filantrópico Atila que había apaciguado al indomable león. Véase Mauricio Tenorio Trillo, *Artilugio de la nación moderna. México en las exposiciones universales, 1880-1930*, tr. de Germán Franco (México, FCE, 1998); Paolo Riguzzi, "México próspero: las dimensiones de la imagen nacional en el Porfiriato", *Historias*, núm. 20 (1988), pp. 137-157; G. Yeager "Porfirian Commercial Propaganda: México in the World Industrial Expositions", *The Americas*, XXXIV, núm. 2 (1977), pp. 230-243.

[13] Véase Fernando Rosenzweig, *El desarrollo económico de México, 1800-1910* (México, El Colegio Mexiquense/ITAM, 1989); Stephen Haber (coord.), *How Latin America Fell Behind: Essays on the Economic Histories of Brazil and Mexico, 1800-1914* (Stanford, Stanford University Press, 1997); Noel Maurer, "Banks and Entrepreneurs in Porfirian Mexico", *Journal of Latin American Studies*, núm. 31 (1999), pp. 331-361; Aurora Gómez Galvarriato, "Industrialización, empresas y trabajadores industriales, del Porfiriato a la Revolución: la nueva historiografía", *Historia Mexicana*, LII, núm. 3 (2003), pp. 773-804.

[14] Para un resumen de estos temas, véase Paolo Riguzzi, "México, Estados Unidos y Gran Bretaña, 1867-1910: una difícil relación triangular", *Historia Mexicana*, XLVI, núm. 3 (1992), pp. 365-435; más sobre inversiones en el Porfiriato en la sección de historia económica de este ensayo.

mente llamado "afrancesamiento". Apenas se empieza a explorar qué significó ese afrancesamiento que tanto les ha llenado la boca a los historiadores, como si al decir "elite afrancesada" o "los arquitectos, artistas, intelectuales, políticos, porfiristas veían mucho a Francia" fuera decir algo importante. ¿Había de otra entre 1870 y 1910 cuando se hacía Estado, nación, burocracia, símbolos nacionales?[15] Pero no hay duda que el Porfiriato acabó en una especie de oligarquía progresista muy alejada de un país tremendamente desigual y diverso. De la misma forma que el éxito económico de la *progressive era* en Estados Unidos, basada en oligopolios y en una clase política cerrada y unida a intereses económicos, acabó creando una sociedad de masas que produjo desde el miedo a la Revolución hasta el Estado benefactor, o de la misma manera que la Restauración española, oligárquica y progresista, acabó por ser superada por una sociedad que ya no cabía en la concepción de familias y caciques que la Restauración asumía, de esa misma manera el Porfiriato como clase política perdió el control del éxito que había tenido y de los problemas que había creado tal éxito.[16] Lo mismo puede decirse del progreso de las ciencias y la educación que se dio, pero aún se debate en dónde, cómo y para quién.

Por último, el otro nombre que los porfirianos daban a su era es el mismo que, por años, utilizaron los historiadores para decir "Porfiriato", a saber: "Paz". Claro, la historiografía del siglo XX la pronunciaba en latín, *pax*, para darle un dejo de ironía romana, de paz impuesta, de paz falsa, pero con todo e ironía nadie duda que fueron años de orden, o al menos los años de más orden que México había vivido desde su independencia.

---

[15] Para fundamentar el afrancesamiento, véase el excelente estudio sobre la "latinización" de Francia, el afrancesamiento de México, en Paul Edison, "Latinizing America: The French Scientific Study of Mexico, 1830-1930", tesis de doctorado, Columbia University, 1999; también Javier Pérez Siller, *México, Francia: memoria de una sensibilidad común, siglos XIX-XX* (Puebla-San Luis Potosí, BUAP/Colegio de San Luis/CEMCA, 1998); y el estudio del pensamiento liberal influenciado por un Darwin leído en francés, de Charles Hale, "Political and Social Ideas in Latin America, 1870-1930", en Leslie Bethell (coord.), *The Cambridge History of Latin America*, 4-5 (Cambridge, Cambridge University Press, 1987); para una crítica de la obsesión historiográfica con el afrancesamiento, véase Mauricio Tenorio Trillo, *Artilugio de la nación moderna*.
[16] Para una comparación, véase, para Estados Unidos, Alan Trachtenberg, *The Incorporation of America: Culture and Society in the Gilded Age* (Nueva York, Hill & Wang Pub. 1982); y Daniel Rodgers, *Atlantic Crossings. Social Politics in a Progressive Era* (Cambridge, Harvard University Press, 1999). Para España, Santos Juliá, *Un siglo de España: política y sociedad* (Madrid, Marcial Pons, 1999).

Estos consensos son pocos pero no menores. En realidad son el principio de algo que va surgiendo poco a poco.
Primero, una nueva cronología que nos invita a ver el periodo
no como 1875(76)-1910(11), sino como de *circa* 1860 a 1880,
cuando Díaz deja la presidencia en manos de su hermano de
armas, Manuel González.[17] Hasta ese momento, la política, la
economía, la sociedad no parecen muy distintas de lo que fue
toda la segunda mitad del siglo XIX. Pero para 1870 no sólo
México sino también el mundo sufrieron una aceleradísima
transformación política, demográfica, cultural y social. Por ello
es posible distinguir como otro periodo el que va de *circa* 1880
o principios de la década de 1890 a *circa* 1914 o 1920, de la llegada al poder de la nueva generación de políticos y tecnócra-
tas cuidados y alimentados por el viejo porfirismo (con una
visión de Estado y de nación más clara y con los medios para
llevarla a cabo) a fines del siglo XIX occidental. Este último periodo es el del Porfiriato en sentido estricto, e incluiría en un
continuo historiográfico su inherente componente: la suble-
vación maderista y el huertismo. Proponemos ésta no como la
nueva cronología que el Porfiriato requiere, sino como una de
las muchas nuevas maneras de contar el tiempo que van surgiendo a partir de nuevas visiones y estudios.[18]

Segundo, para entender la economía y la política del
Porfiriato, poco a poco se va haciendo indispensable una moral
"democraticofílica" menos maniquea. Es decir, el hecho de no
ser Inglaterra o Estados Unidos ha dictado nuestras visiones
de lo que no llegó a ser la economía y política del Pofiriato.
Poco a poco surgen las historias de lo que sí fue el Porfiriato y
gradualmente va saliendo a la luz una imagen descompuesta
que si bien no nos deja ver un retrato fijo como el que solíamos
tener —el Porfiriato, la dictadura no democrática, el atraso,
la dominación tradicional y patrimonialista—, nos deshace la
mera idea de la existencia de esa imagen no sólo en México
sino también en el mundo occidental.[19] Poco a poco el Porfiriato

[17] Sobre este periodo existe un estudio muy bien documentado, Don Coercer, *The Porfirian Interregnum: The Presidency of Manuel González* (Forth Worth, Texas, Christian University Press, 1979).
[18] Sobre cronologías véase Alan Knight, "Revolutionary Project"; Mauricio Tenorio Trillo, *Argucias de la historia.*
[19] Véase, al respecto, Tulio Halperín, *El espejo de la historia. Problemas argen-tinos y perspectivas latinoamericanas* (Buenos Aires, Sudamericana, 1987); con-siderar la ilusión de una "medida democrática" para el siglo XIX occidental en

va adquiriendo el nombre que merece: la historia del primer Estado mexicano, con todos sus problemas y aberraciones. La ausencia de democracia electoral representativa debe ser vista a contraluz de la existencia innegable de lo que hasta ahora han sido consideradas fachadas legalísticas: leyes, elecciones, formas de representatividad.

Por último, en lo que hace a "lo cultural" —y por el momento nos perdonarán lo vago del término, que más adelante abundaremos sobre el tema—, el estudio del Porfiriato demanda un mayor desencanto con los "grandes consensos" surgidos de la historiografía de la Revolución. Es decir, con la nueva cronología que va surgiendo de los siglo XIX y XX y con una visión política más desencantada, lo que resta es ver en el Porfiriato el crisol cultural donde adquieren rostros más o menos fijos temas aparentemente tan revolucionarios o posrevolucionarios como "indigenismo", mestizaje, hibridismo, nacionalismo, mundialización, sustitución de importaciones, desarrollismo... Y esto significa, para bien ver la "cultura", observar no sólo lo posrevolucionario como porfirista sino lo mexicano como no sólo mexicano. En esto abundaremos más adelante.

Wanderlay Guilherme dos Santos, "A anomalia democrática: adolescência e romantismo na história política", *Revista Brasileira de Ciencias Sociais,* XIII (1998), pp. 5-11; y del mismo autor, *Paradoxos do liberalismo: teoria e história* (Río de Janeiro, Revan, 1999); y el primer ensayo de desmitificación del mito domofílico de la historiografía del siglo XX en Fernando Escalante, *Ciudadanos imaginarios. Memorial de los afanes y desventuras de la virtud y apología del vicio triunfante en la República Mexicana —Tratado de moral pública—* (México, Colmex, 1992).

CAPÍTULO 1

MAPA DE LO SABIDO

Las últimas décadas han visto surgir un mayor número de trabajos sobre el Porfiriato. En los cuarenta años que van de 1940 a 1980 se produjeron, *grosso modo*, unos 356 libros, sin contar artículos, que de una u otra manera trataban el Porfiriato —69 que incluían en su título la palabra *Porfiriato*—. En los poco más de veinte años que van de 1981 al 2003 se produjo la friolera de 501 libros que al menos someramente tocaban el Porfiriato —151 con "Pofiriato" en el título—. Hoy es posible distinguir un mapa de temas sobre cultura, política, sociedad y economía del Porfiriato, y parecen visibles los espacios y temas que requieren de más investigación y trabajo. Esta historiografía se ha escrito sobre todo en México y Estados Unidos, aunque investigadores de otras partes del mundo también han participado. Es una historiografía todavía en busca de una nueva síntesis general a pesar de los cinco esfuerzos de síntesis más interesantes producidos desde 1980 (los cuales vale la pena tener en cuenta como puntos de partida para el análisis de cualquier tema sobre el Porfiriato): la *Historia general de México* del Colmex, que, en una nueva edición, no ha redefinido mucho la versión original pero que sigue siendo un punto obligado de partida y de consulta; los capítulos correspondientes de la *Cambridge History of Latin America* (especialmente los ensayos de Friedrich Katz y John Womack); la nueva síntesis, que incorpora mucho de la nueva historiografía del Porfiriato y que fuera dirigida, en su tomo 4, *De la Reforma a la Revolución*, por Javier Garciadiego (*Gran historia de México ilustrada*, 2001), y el gran esfuerzo de síntesis, análisis y crítica de toda la historia de México llevada a cabo por Alan Knight, destinada a ser, seguro, un punto de referencia (*Mexico*, 2002, tres tomos). A estas síntesis hay que sumar las distintas ediciones del libro de Michael Meyer y William Sherman, *A Course of Mexican History*. (Es curioso: éste ha sido por varias décadas el libro más utilizado para enseñar México en inglés y, no obstante ser una síntesis somera, ha sido tan influyente que incluso lo que intentó ser una nueva síntesis, la de Lorenzo Meyer y Héctor Aguilar Camín —*A la sombra de la Revolución*, 1989—, en realidad era, en parte, una síntesis del libro de Meyer y Sherman.)[1]

Aunque es difícil separar campos en la historiografía del Porfiriato —todo va con todo—, para guiar al lector distinguiremos en lo que sigue tres grandes rubros historiográficos: cultura, política y sociedad y, finalmente, economía.

LA CULTURA

La historia intelectual, la historia de las ideas, la antropología histórica, la historia de las mentalidades, el giro lingüístico y los cuestionamientos epistemológicos se pusieron a la orden del día en las humanidades y las ciencias sociales internacionales a partir de más o menos 1980. Brotó en los departamentos de historia y de literatura mucha jerigonza y teoría. Y eso es un cambio esencial: todo se volvió teoría; antes teoría era Marx, Weber o Croce, para 1990 teoría era Hyden White, Michael Foucault, Néstor García Canclini o Homi Bhabha; antes Marc Bloch o Fernand Braudel eran inspiraciones; hoy Benedict Anderson y una suerte de Gramsci leído en los retazos de manuales universitarios.[2] Pero más allá de jergas y modas académicas, el historiador parece haber perdido tanto la inocencia de los hechos por los hechos mismos como la de los "marcos teóricos" holísticos y dogmáticos. Ante esto, los fenómenos culturales adquirieron una complejidad histórica que es, al mismo tiempo que un reto creativo para el historiador, una agotadora tarea consistente en ir viendo a cada momento todas las caras que tiene cualquier simple fenómeno intelectual, artístico, científico o de vida cotidiana.

---

[1] Del libro de Knight véase el volumen 3; la primera edición del libro de Michael Meyer y William Sherman fue publicada en 1979; la última reedición, cuando esto escribimos, es de 2003, una versión corregida y aumentada, con un autor más: Susan Deeds. Un libro interesante, dentro de las síntesis que han salido, es el editado por Colin MacLachlan y William Beezley, *El gran pueblo: a History of Greater Mexico*, 2ª ed. (New Jersey, Prentice Hall, 1999), porque incorpora no sólo la historia de México sino la del sur de los Estados Unidos. Es un primer esfuerzo en esta dirección, aunque hay mucho por hacer a este respecto. *The Oxford History of Mexico* (Nueva York, Oxford University Press, 2000), coordinado por Beezley y Meyer, incluye un buen ensayo, si bien corto, que resume nuevas perspectivas sobre el Porfiriato (ensayos de William French y Robert M. Buffington).

[2] Si el lector está interesado en esta literatura, véanse las siguientes "historias" de los desarrollos teóricos en la disciplina de la historia: Peter Novick, *That Nobel Dream. The Objetivity Question and the American History Profession* (Cambridge, Cambridge University Press, 1988); Mauricio Tenorio Trillo, *De cómo ignorar* (México, FCE/CIDE, 2000), pp. 146-161; François Dosse, *Histoire du structuralisme* (París, Decouverte, 1991-1992); Robert Berkhofer, *Beyond the Great Story: History as Text and Discourse* (Cambridge, Harvard University Press, 1995).

Por ello, a la ardua tarea de poblar la frontera histórica que significaba el Porfiriato se añadió la de crearse un objeto de estudio relativamente bien definido; esto es, la tarea de
buscarse una noción de cultura lo suficientemente amplia para abarcar la ocurrencia simultánea de fenómenos históricos
con intrincadas relaciones, pero lo suficientemente demarcada
para que el oficio de historiador, de escudriñador de papeles,
no se vuelva irrealizable. Pero también el historiador de lo, así
llamado, "cultural" tiene que lidiar con las distinciones asumi-
das como hechos innegables: elites, grupos, géneros, clases y
pueblos. Por otra, tiene que aspirar a definir esas presuposi-
ciones. Lo que se llama "historia cultural" debiera consistir en
la vista fija en la ocurrencia de algún suceso histórico de cualquier naturaleza más o menos evidente (política, artística, científica, económica, etc.), y en el tratamiento de este suceso como
el área de intersección de multitud de lenguajes históricos su-
cediendo en la caótica simultaneidad de la historia. A esta simultaneidad hay que atacarla con imaginación e investigación
hasta que, narrando y narrando, se llegue a armar un tejido
conceptual y cronológico que dé luz tanto del fenómeno original
específico —objeto y excusa de la indagación— como del lenguaje, sentido común y formas de complejidad y obviedad de un
momento histórico. Por eso, la historia cultural es más una forma de ver que una definición de algo por ver. Necesariamente,
pues, exige de la constante violación de los bordes intra e inter-
disciplinarios (siempre a caballo entre la historia social, política, económica, biográfica, de las ciencias, así como entre la
historia, sociología, antropología, crítica literaria, filosofía).[3]

[3] Sobre la definición de cultura en la historia, véase Mauricio Tenorio Trillo, *Ar-
gucias de la historia.* Para una breve exposición sobre el estado de la discusión,
véase Lawrence Stone, "The Revival of Narrativity: Reflections on a New Old
History", *Past and Present,* LXXXV (1979), pp. 3-24; Allan Megill, "Recounting the
Past: Description, Explanation, and Narrative in Historiography", *American
Historical Review,* DCIV, núm. 3 (1989), pp. 627-653; John E. Toews, "Intellectual
History After the Linguistic Turn: the Autonomy of Meaning and the Irreducibility of Experience", *American Historical Review,* DCII, núm. 4 (1987), pp.
879-907; Pascal Ory, "L'histoire culturelle de la France contemporaine: Question
et questionnement", *Vingtième Siècle,* XVI (1987), pp. 67-82; W. J. Bowsman, "Intellectual History in the 1980s: From History of Ideas to History of Meaning",
Journal of Interdisciplinary History, núm. 12 (1981); ensayos en Richard Rorty
et al., Philosophy in History (Cambridge, Cambridge University Press, 1984);
Perry Anderson, "A Culture in Contraflow—II", *New Left Review,* I, núm. 182
(1990), pp. 85-137. Para la visión particular de la llamada escuela de Cambridge
de estudios de historia, véase el clásico ensayo de Quentin Skinner, "Meaning
and Understanding in the History of Ideas", *History and Theory,* VIII (1969), pp.

Porque cultura es todo y nada; se vuelve algo en las manos del historiador si y sólo si el historiador es capaz de contar una trama verosímil; una trama cuya verosimilitud invite a cuestionar los grandes temas políticos y culturales del pasado y del presente. A veces este ejercicio se hace en grande (como en *El otoño de la Edad Media* de Johan Huizinga), a veces en voz baja pero importante (como en el clásico *El queso y los gusanos* de Carlo Ginzburg).[4]

Así, una conjetura empezó a formarse para fines de la década de 1990, a saber: que existía una "nueva historia cultural" de México y, por tanto, del Porfiriato. Y es que estaba en crisis el paradigma de la historia social de las décadas de 1960 y 1970; esa historiografía estaba herida por su cercanía, por un lado, con la concepción de la ciencia social como algo objetivo, científico, falsificable y cuantificable; por otro, por su cercanía con una peculiar ética profesional y política —la de una generación de luchadores sociales de la década de 1960—. La década de 1980 fue de búsqueda teórica, de cruces y encuentros, dentro de la disciplina de la historia, especialmente en su versión universitaria estadunidense, donde se ha producido mucho de la historia mexicana en las últimas décadas.[5] Y así pues surgen varias nuevas inspiraciones para buscar temas

3-53; y la introducción, "The State of the Art", al libro de John G. A. Pocock, *Virtue, Commerce, and History* (Cambridge, Cambridge University Press, 1985). Para un más bien esquemático y tradicional punto de vista de la historia intelectual en México, véase William Raat, "Ideas and History in México. An Essay on Methodology", *Investigaciones contemporáneas sobre historia de México: memorias de la tercera reunión de historiadores mexicanos y norteamericanos, Oaxtepec, Morelos, 4-7 de noviembre de 1969* (Austin, University of Texas Press, 1971) pp. 687-699; para un debate, un poco *"much ado about nothing"*, sobre la llamada Nueva Historia Cultural de México, y la aplicación de nuevas "teorías" a la historia de México, véase un número especial de *Hispanic American Historical Review*, LXXXIX, núm. 2, "Special Issue: Mexico's New Cultural History: una lucha libre" (mayo, 1999). Ahí el lector encontrará las anotaciones para una posible historia cultural del Porfiriato, en el ensayo correspondiente de William French, y un debate casi de todos contra Stephen Haber, pues Haber, con singular gusto, asume el papel de *enfant terrible* que denuncia problemas, por cierto, comunes y visibles, de la historia social y cultural escrita en los Estados Unidos sobre México —un excelente diagnóstico, un flaco remedio (una suerte de fe de converso en la objetividad de la ciencia)—. Véase al respecto el balance de Alan Knight, "Subaltern, Signifiers, and Statistics: Perspectives on Mexican Historiography", *Latin American Research Review*, XXXVII, núm. 2 (2002), pp. 136-158; y Pablo Piccato, "Conversación con los difuntos: una perspectiva mexicana ante el debate sobre la historia cultural", *Signos Históricos,* 8 (2002), pp. 13-41.
[4] Véase Johan Huizinga, *El otoño de la Edad Media* (Madrid, Alianza, 1999); Carlo Ginzburg, *El queso y los gusanos* (Madrid, Península, 1998).
[5] Sobre la historia de México como una historiografía escrita en los Estados Unidos, véase Mauricio Tenorio Trillo, *De cómo ignorar*, pp. 146-161.

distintos y maneras variopintas de contar historias. Una corta divagación aquí para entender lo de cultura y lo de novedad.[6]

¿Cómo venimos a caer en esa coyunda "nueva historia cultural"? Esta duda es especialmente pertinente cuando se le suma a la ecuación "el Porfiriato", es decir: cultura de la estabilidad política, la nación, el desarrollo, el progreso, el autoritarismo, la represión, la modernidad... La historia era y es cultura. Las "nuevas" historias culturales han querido re-enseñar a hablar a la historia, hacerla cultura una vez más. Para la historia pronunciar el mote de la cultura, por etéreo que parezca el nombre, es autonombrarse. Si por cultura se entiende un todo, más o menos homogéneo, histórico y delimitable, temporal y/o espacialmente, entonces hablar de historia cultural es pleonasmo. Si se entiende una variedad de fenómenos que, se diría hoy, son completamente contingentes, diversos, múltiples, híbridos, complejos, incapturables por sus diferencias de género, clase, raza, espacio y tiempo, entonces la historia cultural es imposible, si en verdad se observa la diversidad y relativismo que se pregona. La cultura es historia en la misma medida en que la historia es cultura. Siempre ha sido así de ambigua la relación. De hecho, fue la Ilustración la que separó esta identidad e hizo posible concebir, al menos analíticamente, a la historia y a la cultura como dos "cosas", si cosas son, separadas; separación muy frágil y reciente y que fue profundamente marcada por otro, aún más reciente, matrimonio y posterior divorcio de conceptos: raza y cultura. Cuando a principios del siglo XX la cultura clama independencia frente a la raza, ni la logra ni la quiere, pero, irónicamente, obtiene una mayor independencia de la historia. Se vuelve terreno etnográfico —aquí y ahora— antes que biológico o archivístico, se transforma en cuestión de mitos más que de razas, en un *Weltanschauung* antes que una marca en el pentagrama evolutivo. Además, la cultura se consolida como la alta cultura. En realidad, los dos divorcios de la cultura (de la historia y de la raza) nunca han acabado de concretarse. Por ello el término es promiscuo por antonomasia, y cuando uno dice, por ejemplo, la cultura mexicana, uno está diciendo, de muchas formas, la raza mexicana, la historia mexicana.

---

[6] En lo que sigue, repasamos el argumento presentado en Mauricio Tenorio Trillo, *Argucias de la historia*.

Sin embargo, es a partir de la Ilustración que lo cultural se convierte para el historiador tanto en un nicho, un tipo de historia —ya no *la* historia misma—, como en el criterio para establecer las distintas eras históricas: la era de Pericles, o la idea de la era moderna, o la cultura "porfiriana". La Ilustración, pues, hizo de la cultura un campo de estudio de la historia, pero también la convirtió en el criterio que ordena la materia prima de la historia, el tiempo.

Académicamente, debe decirse, la historia cultural no es hoy por hoy una disciplina en los márgenes, guerrillera, alternativa, *grassroot* o lumpen; es lo más cercano al *mainstream*. Pero, más que una nueva percepción de la cultura, la llamada nueva historia cultural es una renovada duda sobre la historia que decanta en el redescubrimiento de la cultura como el terreno de lo eventual, etéreo, plural e, incluso, como el terruño de lo íntimo y personal del historiador.

En este reto, la cultura conserva su común estado de imprecisión, y en ella coexisten campechanamente universales (civilización, democracia, libertad) con particularismos (identidades culturales encontradas, raza, género, clases, etnias) en perpetua interacción marcada por poder, afanes reivindicativos, venganzas, afirmaciones y autoafirmaciones. Lo que la nueva historia cultural ha apuntalado es la apreciación de la cultura antes que nada como cuestión popular, y en este sentido la llamada nueva historia cultural es simplemente el espíritu de la historia social de los sesenta y setenta dedicándose al terreno que no era, *pace* Raymond Williams, de su incumbencia, pues era el terreno ralo y llano de la superestructura. La cultura recobra importancia, pues, ante el resucitar de las dudas sobre la escritura del pasado. Antes la historia tenía no sólo motor, sino sentido. Ahora la historia avanza sin motor, sin sustento, sin quórum. Estas dudas revividas fueron refresco para la sequía de décadas de historia montada en una comprensión llana de la ciencia. Pero las dudas filosóficas, empaquetadas y canonizadas, entraron a la línea de producción académica. Y entonces la historia se atiborra de pausas, paréntesis, advertencias y la cultura torna a ser principio: la historia aligerada de motores, liberada de inocencia empírica y científica, vuela. Arriba encuentra reinando a una idea consensual que lleva formándose casi dos siglos: la cultura.

En fin, que el Porfiriato no cuenta, seguro, con harta "nueva" y cultural historia. Baste con que se haga de una historia que modestamente intente reencontrar el lenguaje del pasado en el presente. Entonces, se acabará por rebasar la dimensión de la dicotomía continuidad-rompimiento entre la pre y la post Revolución. Poco a poco iremos teniendo noticia de la desmembración del monobloque "Porfiriato". Hablaremos de varios antes y después no relacionados con la Revolución. Una historia más dinámica de lo cultural no sólo iría, como en los años setenta, a las ciencias sociales o a la filosofía en busca de métodos de análisis, sino que innovaría nuevos objetos de análisis históricos que ilustren nuevos significados y conceptos. Por último, debido a la experiencia acumulada, una nueva historiografía estará, o debiera estar, curada contra burdos dogmatismos teóricos o políticos. En una era de desencantos y dudas, coherencia, lógica y, como propone Alan Knight, un bien domado eclecticismo, son terreno seguro.

Tradicionalmente, la historiografía contemporánea de los aspectos culturales del periodo entre 1870 y 1911 se ha centrado en dos áreas fundamentales: por un lado, la historia de las ideas y la historia intelectual se han enfocado en el escrutinio del positivismo, de la elite científica y de la relación de estos temas con el liberalismo.[7] Además, al estudio del libe-

---

[7] Por ejemplo, Abelardo Villegas, *Positivismo y porfirismo* (México, SEP, 1972); William Raat, "Ideas and Society in Don Porfirio's Mexico", *The Americas,* XXX, núm. 1 (1973), pp. 32-53; y del mismo autor, *El positivismo durante el Porfiriato* (México, SEP, 1975); Moisés González Navarro, "El Porfiriato. Vida social", *Historia moderna de México*; y del mismo autor, *Sociología e historia en México* (México, Colmex, 1970); Alan Knight, "El liberalismo mexicano desde la Reforma hasta la Revolución, una interpretación", *Historia Mexicana,* XXXV, núm. 1 (1985), pp. 59-91. También, François-Xavier Guerra, en su capítulo sobre "Las mutaciones culturales", cae en los derroteros de investigar al positivismo en relación con el liberalismo dentro de su óptica de la modernidad como utopía. François-Xavier Guerra, *México: del antiguo régimen a la Revolución*, 2 vols. (México, FCE, 1988), pp. 376-443; sobre su noción de modernidad como utopía, véase la entrevista a François-Xavier Guerra, publicada como "Teoría y método en el análisis de la Revolución mexicana", *Revista Mexicana de Sociología* (1989), pp. 3-24. Para análisis comparativos del liberalismo mexicano con otras tradiciones, véase el lúcido trabajo de Charles Hale, "Political and Social Ideas in Latin America"; para comparación específica con Chile, véase Charles Hale, "Mexican Political Ideas in Comparative Perspetive: The Nineteenth-Century", en Roderic A. Camp *et al.* (eds.), *Los intelectuales y el poder en México* (México, Colmex, 1991); y con Argentina, Tulio Halperín, *El espejo de la historia* (Buenos Aires, Sudamericana, 1987); y "Un término de comparación: liberalismo y nacionalismo en el Río de la Plata", *Los intelectuales y el poder en México* (México, Colmex, 1991), pp. 103-119; para comparaciones de la ideología política porfiriana y la cardenista, véase García Marsh, "Ideology and Power: A Study on the Mexican State under Porfirio Díaz (1876-1911) and Lázaro Cárdenas (1934-1940)", tesis de doctorado, Harvard University, 1982; para una visión más sociológica de la racionalidad política del régimen de Díaz, véase Ariel Rodríguez Kuri, "Los argumentos del porfiriato. La racionalidad política de la clase dominante, 1900-

ralismo se ha sumado la historia del pensamiento religioso y conservador, aunque aún resta harto por hacerse a este respecto.[8] Dado que el análisis de "pensamientos", de "ideas", ha sido tan predominante, sorprende la falta de biografías, aunque ya hay algunas de personajes claves, incluyendo tres biografías recientes de Porfirio Díaz —ninguna dice nada par-

1913", tesis de licenciatura, UNAM, 1985. El anarquismo en el cambio de siglo también ha merecido cierta atención, en especial en su vertiente magonista; véanse las partes correspondientes del estudio de John Hart, *Los anarquistas mexicanos: 1860-1900* (México, SEP, 1974); y Salvador Hernández Padilla, *El magonismo: historia de una pasión libertaria, 1900-1922* (México, Era, 1988). Con referencia específica a las ideas raciales de los intelectuales porfiristas, véase Martin S. Stabb, "Indigenism and Racism in Mexican Thought: 1857-1911", *Journal of Inter-American Studies*, I (1959), pp. 405-423; Moisés González Navarro, "Mestizaje in Mexico during the National Period", en Magnus Mörner (ed.), *Race and Class in Latin America* (Nueva York, Columbia University Press, 1971), pp. 145-155; José Garciadueñas, "Indigenismo en el México de los siglos XVIII a XIX", *Revista de la Universidad de México*, marzo de 1976; William Raat, "Ideas and Society in Don Porfirio's Mexico", *The Americas,* XXX, núm. 1 (1973), pp. 32-53; "Mexican Intellectuals and the Indian Question, 1876-1911", *Hispanic American Historical Review,* XLVIII, núm. 1 (1968), pp. 19-36. Sobre los intelectuales, véase el trabajo de Juan Gómez Quiñonez, *Porfirio Díaz, los intelectuales y la Revolución* (México, El Caballito, 1981), especialmente los capítulos 3 y 4, pp. 61-128. El más acabado trabajo sobre las ideas positivistas y el liberalismo es el libro de Charles Hale, *La transformación del liberalismo en México a fines del siglo XIX* (México, Vuelta, 1991). Sobre el pensamiento de la última generación porfirista, véase Enrique Krauze, *Caudillos culturales en la Revolución mexicana* (México, Siglo XXI, 1976); y James Cockcroft, *Intellectual Precursors of the Mexican Revolution, 1900-1913* (Austin, University of Texas Press, 1976). Sobre el surgimiento de un liberalismo como ciencia social, véanse ensayos sobre varios personajes porfirianos en Ariel Rodríguez Kuri y Carlos Illades, *Ciencia, filosofía y sociedad en cinco intelectuales del México liberal* (México, UAM/Porrúa, 2001).

[8] En relación con la relativa fuerza y ulterior debilidad del pensamiento católico-conservador en las ideas liberal-constitucionalistas, véase J. Adame Goddard, *El pensamiento político y social de los católicos mexicanos, 1867-1914* (México, UNAM, 1981); Manuel Ceballos Ramírez, *El catolicismo social: un tercero en discordia: Rerum Novarum, la "cuestión social" y la movilización de los católicos mexicanos, 1891-1911* (México, Colmex, 1991); R. Case, "Resurgimiento de los conservadores en México 1876-1877", *Historia Mexicana,* XXV, núm. 2 (1975), pp. 204-231; K. M. Schmitt, "The Mexican Positivists and the Church-State Question, 1876-1911", *Journal of Church and State*, núm. 8 (1966), pp. 200-213; y Claude Dumas, "El discurso de oposición en la prensa clerical conservadora en la época de Porfirio Díaz", *Historia Mexicana*, XXXIX, núm. 1 (1989), pp. 243-256. Sobre el liberalismo y el jacobinismo durante el Porfiriato, véase Jean-Pierre Bastian, "Jacobinismo y ruptura revolucionaria durante el Porfiriato", *Journal of Mexican Studies/Estudios Mexicanos*, VII, núm. 1 (1991), pp. 29-46. Sobre las sectas protestantes y su antagonismo con el régimen porfirista, véase Jean-Pierre Bastian, "Las sociedades protestantes y la oposición a Porfirio Díaz", *Historia Mexicana,* XXXVII, núm. 3 (1988), pp. 469-512; y *Los disidentes: sociedades protestantes y revolución en México, 1872-1911* (México, FCE/Colmex, 1989). Sobre los orígenes porfirianos del tema de "lo mexicano", véase Henry C. Schmidt, *The Roots of lo Mexicano. Self and Society in Mexican Thought, 1900-1943* (Austin, Texas A&M University Press, 1978). Sobre el arreglo de Díaz con la Iglesia, vía el padre Gillow, véase Jorge Fernando Iturribarría, "La política de conciliación del general Díaz y el arzobispo Gillow", *Historia Mexicana,* XIV, núm. 1 (1964), pp. 81-101; también K. M. Schmitt, "The Diaz Conciliation Policy

ticularmente novedoso, aunque el gran archivo Díaz permanece ahí, en espera de ser realmente disecado—.[9] Por otro
lado, la historia institucional y la historia política han producido un edificio historiográfico sobre la educación en el Por-

on State and Local Levels, 1876 1911", *Hispanic American Historical Review,*
XL, núm. 4 (1960), pp. 531-532; y "Catholic Adjustment to the Secular State: the
Case of Mexico, 1877-1911", *Catholic Historical Review,* XLVIII (1962), pp. 182-
204; sobre religión y Porfiriato, véanse también Paul Vanderwood, *The Power of
God Against the Guns of Government: Religious Upheaval in Mexico at the Turn
of Nineteenth Century* (Stanford, Stanford University Press, 1998); y partes del
libro editado por William Fowler, *El conservadurismo mexicano en el siglo XIX*
(Puebla/Escocia, BUAP/Saint-Andrews University/Gobierno del Estado de Puebla, 1999).
[9] Sobre Díaz, véase Enrique Krauze, *Místico de la autoridad: Porfirio Díaz* (México, FCE, 1987); Alejandro Rosas, *Porfirio Díaz* (México, Planeta De Agostini,
2002); y Paul Garner, *Porfirio Díaz* (Nueva York, Longman, 2001); A. V. Casasola,
Biografía ilustrada del general Porfirio Díaz (México, Ediciones Gustavo Casasola, 1970). Para aproximaciones biográficas de la elite científica, véase Alfonso de
Maria y Campos, "Porfirianos prominentes: orígenes y años de juventud de ocho
intelectuales del grupo de los científicos, 1846-1876", *Historia Mexicana,* XXXIV,
núm. 10 (1985), pp. 610-661; y "Los científicos: actitudes de un grupo de intelectuales porfirianos frente al positivismo y la religión", en Roderic A. Camp *et al.*
(eds.), *Los intelectuales y el poder en México* (México, Colmex, 1991), pp. 121-138;
Moisés González Navarro, "Los positivistas mexicanos en Francia", *Historia
Mexicana,* IX, núm. 1 (1960), pp. 119-129; Jacqueline A. Rice, "The Porfirian Political Elite: Life Patherns of the Delegates to the 1892 Union Liberal Convention", tesis de doctorado, University of California, 1979; y "Beyond the Cientificos:
the Educational Background of the Porfirian Political Elite", *Aztlan: International
Journal of Chicano Studies Research,* XIV, núm. 2 (1983), pp. 289-306; la carac-
rización de la generación porfirista en el lúcido trabajo de don Luis González, "75
años de investigación histórica en México", en *México: 75 años de revolución.
Educación, cultura y comunicación, II* (México, FCE, 1988), pp. 649-704; y ciertos
aspectos de la biografía de Matías Romero en H. Bernstein, *Matías Romero, 1837-
1898* (México, FCE, 1973); y de la de Ramón Corral en J. Luna, *La carrera pública
de don Ramón Corral* (México, SEP, 1975). Sobre el "niño terrible" de los intelectuales porfirianos, Francisco Bulnes, véase George Lemus, "Francisco Bulnes: su
vida y su obra", tesis de doctorado, University of Texas, 1963; sobre Limantour, véase M. Baranda, "José Ives Limantour juzgado por figura claves del Porfiriato",
Estudios de Historia Moderna y Contemporánea de México, núm. 9 (1983), pp. 97-136;
y el libro de fotografías de la familia Limantour, de Alfonso de Maria y Campos,
José Yves Limantour: el caudillo mexicano de las finanzas, 1854-1935 (México,
Condumex, 1998); sobre la gran personalidad de Justo Sierra, véase Richard W.
Weatherhead, "Justo Sierra: A Portrait of a Porfirian Intellectual", tesis de docto-
rado, Columbia University, 1966; y sobre todo, Claude Dumas, *Justo Sierra y el
México de su tiempo, 1848-1912* (México, UNAM, 1986), y Carmen Sáez Pueyo, *Justo
Sierra: antecedentes del partido único en México* (México, UNAM/Porrúa, 2001);
sobre Francisco Pimentel, monárquico reciclado por el porfirismo y clarísima
mente de la segunda mitad del XIX, véase Joseph A. Ellis, "Francisco Pimentel, his
Life and Times", tesis de doctorado, Columbia University, 1961; sobre Emilio
Rabasa, véase Lorum H. Stratton, "Emilio Rabasa: Life and Works", tesis de doc-
torado, University of Arizona, 1971; sobre Vicente Riva Palacio, véanse José Ortiz
Monasterio, *Patria, tu ronca voz me repetía: biografía de Vicente Riva Palacio y
Guerrero* (México, UNAM/Instituto de Investigaciones Dr. José María Luis Mora,
1999), y del mismo autor su estudio sobre el pensamiento historiográfico de Riva
Palacio (un detallado estudio de *México a través de los siglos,* la obra dirigida por
Riva Palacio), *México eternamente. Vicente Riva Palacio ante la escritura de la his-
toria* (México, FCE/Instituto de Investigaciones Dr. José María Luis Mora, 2004).
Sobre Bernardo Reyes, véase Artemio Benavides, *El general Bernardo Reyes, vida*

firiato.[10] Sobre estos aspectos, puede decirse, contamos con un cuerpo más o menos amplio de trabajos que han causado una verdadera discusión historiográfica. Con todo, no puede decirse que la "historia de las ideas" políticas, sociales y científicas de fines del siglo XIX haya sido cubierta suficientemente. Sin duda, en este aspecto, los trabajos de Leopoldo Zea, Roberto Moreno y, en especial, los de Charles Hale han contribuido mucho. A partir del análisis de lo que Hale llamó el con-

de un liberal porfirista (Monterrey, Ediciones Castillo 1998); y Víctor Niameyer, *El general Reyes* (Monterrey, Gobierno del Estado de Nuevo León, 1966).

[10] Véanse sobre todo Josefina Zoraida Vázquez, *Nacionalismo y educación en México* (México, Colmex, 1970); también: Guadalupe Monroy, "Instrucción pública", *Historia Moderna de México*, III (1956), pp. 643-743; Moisés González Navarro, *El Porfiriato. Vida social*; Mílada Bazant (ed.), *Historia de la educación en el Porfiriato* (México, Colmex, 1993); F. Larroyo, *Historia comparada de la educación en México* (México, Porrúa, 1963); Leopoldo Zea, *Del liberalismo a la Revolución en la educación mexicana* (México, INEHRM, 1956); Clementina Díaz y de Ovando, *La Escuela Nacional Preparatoria*, 2 vols. (México, UNAM, 1972); Claude Dumas, *Justo Sierra y el México de su tiempo, 1848-1912* (México, UNAM, 1986); Irma Wilson, *México: A Century of Educational Thought* (Nueva York, Hispanic Institute in the United States, 1941); J. Hernández Luna (ed.), *La Universidad de Justo Sierra* (México, UNAM, 1948); Annick Lempérière, "La formation des elites libérales au Mexique au XIX siècle: l'Institut des Sciencies et des Arts de l'Etat de Oaxaca (1826-1910)", *Revue d'Histoire Moderne et Contemporaine*, XLII, núm. 3 (1995), pp. 405-434; y Leticia Mayer y Laura Cházaro, "La idea de universidad en el último cuarto del siglo XIX: los silencios culturales", *Quipu*, IX, núm. 3 (1992), pp. 327-347; sobre educación primaria y elemental, véase H. Díaz Zermeño, "La escuela nacional primaria en la ciudad de México, 1876-1910", *Historia Mexicana*, XXXIX (1979), pp. 59-90; Mary Kay Vaughan, "Primary Education and Literacy in Nineteenth-Century México: Research Trends 1968-1988", *Latin American Research Review*, XXV, núm. 1 (1990), pp. 31-66; y Alejandro Martínez Jiménez, "La educación elemental en el Porfiriato", *Historia Mexicana*, XXII, núm. 4 (1973), pp. 514-552; E. Lemoine, *La Escuela Nacional Preparatoria en el periodo de Gabino Barreda, 1867-1878* (México, UNAM, 1970); Edmundo O'Gorman, "Justo Sierra y los orígenes de la universidad de México, 1910", *Seis estudios históricos de tema mexicano* (Xalapa, Universidad Veracruzana, 1960), pp. 145-201; Geralda D. Aparecida, "Conformación social y política de la Escuela Nacional Preparatoria", tesis de doctorado, Colmex, 1979; el estudio comparativo de María de los Ángeles Yáñez Ramírez, "Justo Sierra, José Vasconcelos, Jaime Torres Bodet, Agustín Yáñez; ideas en política educativa", tesis de doctorado, Colmex, 1971; Patricia Escandón, "La historia antigua de México en los textos escolares del siglo XIX", *Secuencia*, núm. 10 (1988), pp. 33-42; los varios trabajos biográfico-analíticos sobre Justo Sierra, como el citado de Weatherhead, *Justo Sierra*; Clementina Díaz y de Ovando, "Justo Sierra en la mira de Vicente Riva Palacio", *Anales del Instituto de Investigaciones Estéticas*, XIII, núm. 52 (1983), pp. 151-166; y el corto pero penetrante ensayo de Luis González Obregón, "Don Justo Sierra, historiador", *Ensayos históricos y biográficos* (México, Botas, 1937), pp. 233-254; el estudio sobre la labor de Enrique Rébsamen, de José Salvador Cerrudo, "Enrique C. Rébsamen and the Educational Reforms of the Porfiriato", tesis de doctorado, University of California, 1976. También, aunque más bien una historia política de la universidad, véase la tesis de doctorado de Javier Garciadiego, *Rudos contra científicos: la Universidad Nacional durante la Revolución mexicana* (México, Colmex, 1996), pues toca ciertos aspectos del desarrollo cultural y educacional de la última parte del Porfiriato. Sobre el papel de Justo Sierra en la creación de la Escuela de Altos Estudios, véase Beatriz Ruiz-Gaitán, "Justo

senso liberal de fines del siglo XIX, con sus bemoles más orto-
doxos y más estatistas, nuevos trabajos han surgido que cons-
tituyen, en conjunto, las raíces de una nueva historia de las
instituciones y las ideas en el Porfiriato: por ejemplo, los trabajos sobre el pensamiento sociológico y las ideas sociales y
socialistas del Porfiriato elaborados por Carlos Illades y Ariel
Rodríguez Kuri; o los trabajos de José Antonio Aguilar sobre
cómo las propias instituciones liberales, intentando acabar
con la segregación territorial, hicieron imposible acuerdos democráticos en medio del crecimiento de constituciones liberales.[11] Éstas son señales de algo por venir.

Aunque estas áreas han sido las más socorridas, existen otros sectores del horizonte cultural que han sido más o
menos tratados. Especial mención merece la cuestión artísti-
co-plástica, en cuyo análisis han descollado dos instituciones:
el Instituto de Investigaciones Estéticas de la UNAM y la Universidad Iberoamericana. Investigadores de estos centros han
escudriñado archivos y bibliotecas en busca de la riquísima
producción artística del periodo entre 1870 y 1910. Los grandes artistas del Porfiriato, como José María Velasco, el escultor Jesús Contreras, el pintor Saturnino Herrán, han merecido especial interés y un cierto renacer artístico. Importantes
exposiciones, que van desde retrospectivas de Contreras y Herrán hasta la masiva exhibición de *Los pinceles de la historia*
(2003-2004) han avanzado muchísimo en el conocimiento al
detalle de las escuelas, las personalidades, los estilos, las ideologías, los nacionalismos que movieron la importantísima
producción plástica de este momento clave del desarrollo del
arte en las Américas. Sin embargo, la historia del arte sólo
muy recientemente empieza a salir precisamente del campo
de la historia del arte para entrar en el campo de la historia
"sin adjetivos". La historia social, política, intelectual y cultural se está beneficiando enormemente de estos trabajos que

---

Sierra y la Escuela de Altos Estudios", *Historia Mexicana*, XVI, núm. 4 (1967),
pp. 541-564. Igualmente, el ensayo-reseña de Henry C. Schmidt, "Education,
Ethnicity, and Humanism: Recent Trends in Mexican Intellectual History",
Journal of Inter-American Studies and World Affairs, XXIII (1981), pp. 225-232.
[11] Véanse Ariel Rodríguez Kuri y Carlos Illanes, *Ciencia, filosofía y sociedad;*
José Antonio Aguilar y Gabriel Negreto, *Rethinking the Legacy of the Liberal
State in Latin America: the Cases of Argentina (1853-1916) and Mexico (1857-
1910)* (Nueva York, Institute for Latin American and Iberian Studies at Columbia University, 1999); y también el estudio de Aguilar sobre el estado de excepción durante el siglo XIX, hasta el inicio del Porfiriato, *El manto liberal: los
poderes de emergencia en México, 1821-1876* (México, UNAM, 2001).

dicen mucho más de lo que comúnmente se espera de los aris-
tocráticos estudios sobre estilos y detalles de grecas (tan de
las historias del arte tradicionales). Los trabajos, por ejemplo,
de Fausto Ramírez son un modelo de lo rico e indispensable
que es la historia del arte para el total de la consideración histórica del Porfiriato.[12] La fotografía, por otra parte, es un campo que está dando muchos frutos y es de esperarse una recon-

[12] Además del clásico de Justino Fernández (el de 1937, *El arte moderno en México; breve historia, siglos XIX y XX*, y el más reciente de 1967, *El arte del siglo XIX
en México*), y el estudio general de Raquel Tibol, *Historia general del arte mexicano. Época moderna y contemporánea* (México, Hermes, 1964), pienso sobre
todo en los trabajos sobre Cuauhtémoc de Josefina García Quintana, *Cuauhtémoc en el siglo XIX* (México, UNAM, 1977); también sobre Cuauhtémoc y su tratamiento en esta época, véase Pablo Alejandro Ferreyra Beltrán, "Cuauhtémoc,
hombre y mito en la historia de México", tesis de licenciatura, ENAH, 1983; acerca de la ciudad de México y el arte, véase la recopilación de Eloísa Uribe (ed.),
*Y todo... por una nación: historia de la producción plástica de la Ciudad de
México. 1761-1910* (México, INAH, 1984); sobre el arte y la consolidación nacional
(vía la apropiación de los indígenas en la pintura), véase Stacie G. Widdifield,
Embodiment of the National in Late Nineteenth-Century Mexican Painting
(Tucson, University of Arizona Press, 1996); especialmente penetrantes en este
aspecto son los estudios de Fausto Ramírez, "Vertientes nacionalistas en el
modernismo", de 1986, y "Dioses, héroes y reyes mexicanos en París, 1889", de
1988; y de Clara Bargellini, "El renacimiento y la formación del gusto moderno
en México" (1988); sobre escultura, véase Salvador Moreno, "Un siglo olvidado
de escultura mexicana. Siglo XIX", *Artes de México* (1970), y Mario Monteforte
Toledo, *Las piedras vivas. Escultura y sociedad en México* (México/Instituto de
Investigaciones Sociales, UNAM, 1965); sobre los trabajos de historia artística,
social y científica recolectados alrededor de la obra del paisajista y científico
mexicano de fines de siglo, José María Velasco, véase Fausto Ramírez *et al.,
José María Velasco. Homenaje* (México, UNAM, 1989); sobre el influyente pintor
de finales del Porfiriato, Saturnino Herrán, véase Fausto Ramírez, *Saturnino
Herrán (1887-1918)* (México, UNAM, 1976); sobre el que fuera el más importante
escultor de fines de siglo en México, Jesús Contreras, véase Patricia Pérez
Walters, "Jesús Contreras (1866-1902). Imágenes escultóricas y personalidad
artística", tesis de licenciatura, UIA, 1989; sobre el mismo artista y con comentarios de Pérez Walter, véase el libro publicado a propósito de una exposición de
la obra de Contreras (México, Conaculta, 1990); sobre el influyente pintor
Santiago Rebull, véase Nanda Lenardini, *El pintor Santiago Rebull, su vida y
su obra, 1829-1902* (México, UNAM, 1983); sobre el pintor Juan Cordero, véase E.
García Barragán, "El pintor Juan Cordero. Su vida y su obra", tesis de doctorado, UNAM, 1984; sobre el artista Julio Ruelas, véase Teresa del Conde, "Julio Ruelas
y su obra", tesis de licenciatura, UNAM, 1974; sobre los paisajistas, véase Jesús
Velasco Márquez, "México en la visión de sus paisajistas del siglo XIX (Ensayo de
interpretación histórica a través del arte)", tesis de licenciatura, UNAM, 1970; y
para una aproximación al tratamiento del arte prehispánico en la prensa durante el Porfiriato, véase María del Carmen Valderrama Zaldívar, "El arte prehispánico en el Porfiriato", tesis de licenciatura, UIA, 1981; sobre la Escuela
Nacional de Bellas Artes, véase Fausto Ramírez, "Tradición y modernidad en la
Escuela Nacional de Bellas Artes, 1903-1912" (1985). Para el análisis del arte y
la crítica artística durante el Porfiriato, especialmente interesante resulta la
recopilación y estudio introductorio de Ida Rodríguez Prampolini, *La crítica de
arte en el siglo XIX*, 3 vols. (México, UNAM, 1964). Sobre el arte litográfico en especial, véanse Edmundo O'Gorman, *Documentos para la historia de la litografía
en México* (México, UNAM, 1955); Manuel Toussaint, *La litografía en México en el
siglo XIX* (México, Instituto de Investigaciones Estéticas, UNAM, 1934); y Michael

sideración del periodo con el descubrimiento de más colecciones
—que esperamos que aparezcan—.[13] Claro, falta un salto casi
paradigmático, seguramente generacional, consistente en que
los historiadores educados fuera de departamentos de historia
del arte aprendan a leer imágenes más allá de utilizarlas como ilustraciones, y que los historiadores del arte encuentren
que las imágenes son sólo un tipo de palabras en el abigarra-
do lenguaje del pasado. Se ha avanzado mucho en este cami-

W. Mathes, *México on Stone. Litography in México, 1826-1910* (San Francisco,
Book Club of San Francisco, 1984). Sobre las instituciones artísticas —la Academia de San Carlos—, véase Jean Charlot, *Mexican Art and the Academy of
San Carlos, 1785-1915* (Austin, University of Texas Press, 1962). También resulta interesante, por su recopilación fotográfica y artística, que no por sus conclusiones estéticas, sociales o culturales, el libro editado por Daniel Schawtzan, *La
polémica del arte nacional en México 1850-1910* (México, FCE, 1988). Para una
revisión del estado de los estudios artísticos del siglo XIX, véase E. García
Barragán, comentarios por Fausto Ramírez, "En torno al arte del siglo XIX, 1850-
1980", *Los estudios sobre el arte mexicano, examen y prospectiva* (México, UNAM,
1986); y John F. Scott, "La evolución de la teoría de la historia del arte por escritores del siglo XX sobre el arte mexicano del siglo XIX", *Anales del Instituto de
Investigaciones Estéticas*, XXXVII (1968), pp. 71-104. Sobre la fascinación porfiriana con Japón y la India, véase Mauricio Tenorio Trillo, *Mexican Odalisque
Mania, 1880-1940* (en prensa).
[13] Sobre la fotografía en el Porfiriato, véase Claudia Canales, "A propósito de
una investigación sobre la historia de la fotografía en México", *Boletín del INAH,*
III, núm. 23 (1978), pp. 62-68; Oliver Debroise y Rosa Casanova, "La fotografía
en México en el siglo XIX", *El Colegio de México, Documentos gráficos para la historia de México, 1848-1911* (México, Colmex, 1985), y Oliver Debroise y Elizabeth Fuentes Rojas, *Fuga mexicana: un recorrido por la fotografía mexicana*
(México, Conaculta, 1994); la tesis sobre el antropólogo y viajero francés Desiré
de Charnay, a cargo de Keith Davis, *Desiré Charnay, Expeditionary Photographer* (Albuquerque, University of New Mexico Press, 1981); Enrique Fernández
Ledesma, *La gracia de los retratos antiguos* (México, Ediciones Mexicanas,
1950); Museo Rufino Tamayo, *Fotografía siglo XIX* (México, Museo Rufino
Tamayo, 1983); P. E. Palmquist, "Mexican Miscellany —National Identity in
19th-Century Photography", *History of Photography* (Arcata, California State
University, 1981); Alba Vargas (ed.), *La Casa de Cita: Mexican Photographs
from The Belle Epoque* (Londres y Nueva York, Quartel Books, 1986); y el análisis cronológico y temático sobre la fotografía periodística, de John Mraz, "From
Positivism to Populism: Towards a History of Photojournalism in Mexico",
Afterimage XVIII (1991), pp. 8-11. Véase también Daniela Marino, "Dos miradas
a los sectores populares: fotografiando el ritual y la política en México, 1870-
1919", *Historia Mexicana*, XLVIII, núm. 2 (1998), pp. 209-276; Alberto del Castillo
Troncoso, "Entre la criminalidad y el orden cívico: imágenes y representaciones
de la niñez durante el Porfiriato", *Historia Mexicana*, XLVIII, núm. 2 (1998), pp.
277-320; Judith de la Torre Rendón, "Las imágenes fotográficas de la sociedad
mexicana en la prensa gráfica del Porfiriato", *Historia Mexicana*, XLVIII, núm. 2
(1998), pp. 343-373; sobre el fotógrafo Cruces y Campa, véase Patricia Massé
Zendejas, *Cruces y Campa: una experiencia mexicana del retrato tarjeta de visi-
ta* (México, Conaculta, 2000). Sobre el famoso fotógrafo C. B. Waite, véase
Francisco Montellano, *Charles B. Waite: la época de oro de las postales en México*
(México, Conaculta, 1998). Sobre los orígenes del cine durante el Porfiriato véanse
los trabajos de Aurelio de los Reyes: *Los orígenes del cine en México (1896-1900)*,
Cuadernos de Cine, 21 (México, UNAM, 1973); *80 años del cine en México*, Serie
Imágenes, 2 (México, UNAM, 1977); y *Cine y sociedad en México, 1896-1903*
(México, UNAM/Cineteca Nacional, 1981); y el catálogo y análisis presentado por

no y poco a poco veremos surgir más trabajo con esta dirección y montados en esta sólida base de trabajos.

Como el Porfiriato fue el primer periodo del México independiente en que la ciudad capital se desarrolló aceleradamente, la ciudad de México como espacio por excelencia de la cultura y como corazón administrativo y cultural de la nación también se va abriendo brecha como tema prometedor.[14] Los esfuerzos pioneros de Ismael Katzman, sobre arquitectura, van obteniendo eco poco a poco. Sin embargo, aún falta mucho por hacerse en la historia de la arquitectura que tanto puede revelar sobre la cultura de la época porfiriana. El México, D. F., porfiriano ha merecido ya varios estudios, como las síntesis de Jonathan Kandell (1988) —toda la historia—, la de Claudia Agostoni (2003) —en especial aspectos de higiene y

---

Juan Felipe Leal *et al.*, *Vistas que no se ven. Filmografía mexicana, 1896-1910* (México, UNAM, 1993).

[14] Véase al respecto Marcial Ocasio-Meléndez, "Mexican Urban History: The Case of Tampico, Tamaulipas, 1876-1924", tesis de doctorado, Michigan State University, 1988; para una aproximación a las ideas urbanas porfirianas, véanse Hira de Gortari Rabiela, "¿Un modelo de urbanización? La ciudad de México de finales del siglo XIX", *Secuencia*, núm. 8 (1987), pp. 42-52; Federico Fernández Christlieb, *Mexico, ville néoclassique: les espaces et les idées de l'aménagement urbain, 1783-1911* (París, L' Harmattan, 2002), y también S. N. Masuoka, "Architecture of the Turn of the Century: México Enters the Modern World", *Journal of the West*, XXVII, núm. 4 (1988), pp. 33-40; y la obra compilada por Alejandra Moreno Toscano, *Ciudad de México. Ensayo de construcción de una historia* (México, INAH, 1978); el excelente libro, aunque más bien con acento artístico, de Israel Katzman, *Arquitectura del siglo XIX en México* (México, UNAM, 1973); y el artículo sobre el Paseo de la Reforma y sus estatuas de Barbara Tanenbaum, "Murals in Stone, The Paseo de la Reforma and Porfirian México, 1873-1910", *La ciudad y el campo en la historia de la ciudad de México* (México, UNAM, 1992), pp. 369-381; sobre el arte en la ciudad, véase la recopilación de Eloísa Uribe (ed.), *Y todo... por una nación*; para un estudio comparativo, aunque con acento económico, entre el crecimiento del centralismo urbano en Brasil y México, véase Stephen Topik, "Metrópolis Macrocéfalas: Uma Comparação entre a Primazia do Rio de Janeiro e a da Cidade do México entre 1888 e 1910", *DADOS. Revista de Ciéncias Sociais*, XXXIV, núm. 1 (1991), pp. 53-77. Sobre el centenario véase Mauricio Tenorio Trillo, "1910 Mexico City: Space and Nation in the City of the 'Centenario'", *Journal of Latin American Studies*, XXVIII, núm. 1 (1996), pp. 75-104. Especialmente ricos para el estudio de la relación tecnología, desarrollo social y cultura son los estudios de la arquitectura porfirista. Véase, por ejemplo, el trabajo sobre la colonia Juárez de Elena Segura Jáuregui, *Arquitectura porfirista. La colonia Juárez* (México, UAM/Tilde, 1990); las notas sobre la arquitectura porfirista en Carlos Lira Vásquez, *Para una historia de la arquitectura en México* (México, UAM/Tilde, 1990); del mismo autor, el excelente trabajo sobre Jerez, Zacatecas, *Una ciudad ilustrada y liberal. Jerez en el Porfiriato* (México, UAM/Ficticia, México/Gobierno del Estado de Zacatecas, 2005); sobre la arquitectura durante el Porfiriato, véase Vicente Martín Hernández, *Arquitectura doméstica de la ciudad de México, 1890-1925* (México, Escuela Nacional de Arquitectura, UNAM, 1981); y el de Francisco de la Maza sobre el *art nouveau* y la arquitectura en México, *El art nouveau en México en la arquitectura de la época porfiriana* (México, INBA, 1980); y el punto de vista de un arquitecto protagonista de la arquitectura oficial de las primeras cuatro

salubridad— y, la menos afortunada de todas, la de Michael
Johns (1997) —una especie de largo trabajo sobre el Centenario— y varios ejercicios de síntesis (Fernando Benítez, 1984)
o de la ciudad en la literatura (Vicente Quirarte, 2001); sobre
la ciudad como polis y gobierno, el mejor trabajo es el de Ariel
Rodríguez Kuri (1996) y las partes correspondientes de Andrés
Lira en la relación de las comunidades indígenas con la ciudad
(1983). Aún falta mucho por hacerse con la ciudad como sujeto
histórico, pero algo hay.[15] Ciudades como Puebla, Monterrey y

décadas del siglo, a saber: Carlos Obregón Santacilia, *50 años de arquitectura
mexicana 1900-1950* (México, Patria, 1952); véase también el análisis sobre la
modernidad arquitectónica mexicana de Rafael López Rangel, *La modernidad
arquitectónica mexicana. Antecedentes y vanguardias, 1900-1940*, Cuadernos
Temporales, núm. 15 (México, UAM, 1989); y el estudio sobre los estilos y la ense-
ñanza de la arquitectura en la tesis de Jaime Cuadriello, "La arquitectura en
México (*ca.* 1857-1920): ensayo para el estudio de sus tipos y programas", tesis
de licenciatura, UIA, 1983. Daniel Schavelzon, "Teoría e historia de la restauración en México: los monumentos prehispánicos de Mesoamérica entre 1880-
1980", tesis de licenciatura, UNAM, 1984 (contiene información sobre la consideración de los estilos arquitectónicos prehispánicos durante el Porfiriato). Sobre
la influencia de estilos arquitectónicos europeos en México, véase Karim Meddel
Ledesma, "El art decó y la arquitectura en México", tesis de licenciatura, UIA,
1983. Sobre arquitectos porfiristas, véase María Eugenia Olivares Obregón, "La
obra arquitectónica de Antonio Rivas Mercado", tesis de licenciatura, UIA, 1986;
sobre edificios porfirianos, véase Ricardo Zamora, "El edificio de correos de la
ciudad de México. Estudio histórico-artístico", tesis de licenciatura, UNAM, 1986.
Para una bibliografía sobre arquitectura, véase "Cuadernos de arquitectura y
conservación del patrimonio artístico, 30-31", *Catálogo de publicaciones perió-
dicas mexicanas de arquitectura, urbanismo y conexos* (México, INBA, 1985). Para
una muy completa bibliografía sobre la ciudad de México (incluyendo libros y
artículos desde el siglo XIX hasta 1990), véase Hira de Gortari Rabiela *et al.*,
Bibliografía de la ciudad de México, siglos XIX y XX, 5 vols. (México, Departamento del Distrito Federal/Instituto de Investigaciones Dr. José María Luis
Mora, 1991). Sobre la ciudad de México, véase también Mauricio Tenorio Trillo,
City upon a Lake. Mexico City 1880-1940 (en prensa).
[15] Especial mención merece aquí el trabajo del espacio social que la ciudad significó para la clase obrera del Porfiriato. Véase John Lear, *Workers, Neighbors,
and Citizens: the Revolution in Mexico City* (Lincoln, University of Nebraska
Press, 2001); sobre la ciudad como botín de inversionistas y urbanizadores:
Jorge H. Jiménez Muñoz, *La traza del poder* (México, 1993); sobre el importante recurso financiero del desagüe, W. Pearson y Priscilla Connolly, *El contratista
de don Porfirio: obras públicas, deuda y desarrollo desigual* (Zamora-México,
Colmich/UAM, 1997); sobre el desagüe mismo, M. Cohen Perló, *El paradigma
porfiriano: historia del desagüe del Valle de México* (México, UNAM/Porrúa, 1999);
sobre vendedores en la ciudad, véase Isaac Gary Gordon, "Peddlers, Pesos and
Power: The Political Economy of Street Vending in Mexico City", tesis de doctorado,
University of Chicago, 1997; sobre vendedoras, trabajadoras y espacios femeninos,
véase Susie S. Porter, "And that it is Custom Makes it Law. Class Conflict and
Gender Ideology in the Public Sphere, Mexico City, 1880-1910", *Social Science
History*, XXIV, núm. 1 (2000), pp. 111-148; de la misma autora, *Working Women in
Mexico City: Public Discourse and Material Conditions, 1879-1931* (Tucson, Uni-
versity of Arizona Press, 2003); sobre mendigos y urbanistas, véase Pablo Picca-
to, "Urbanistas, Ambulantes and Mendigos: The Dispute for Urban Space in Mé-
xico, 1890-1930", en Carlos Aguirre y Robert Buffington (eds.), *Reconstructing
Criminality in Latin America* (Wilmington, SR Books, 2000); sobre policía véase
Pedro Santoni, "La policía de la ciudad de México durante el Porfiriato: los prime-

Guadalajara han merecido un cierto análisis, pero la preocupación por las ciudades no ha vencido, en la consideración del Porfiriato, la obsesión historiográfica por el campo.[16] Las letras, en general, han merecido la atención de estudiosos, afortunadamente no del todo involucrados en la farándula académica de historiadores.[17] En este aspecto, descansa un rico campo no sólo para la historia cultural o intelectual, sino para el análisis socioeconómico del México decimo-

ros años (1876-1884)", *Historia Mexicana*, XXXIII, núm. 1 (1983), pp. 97-129; y José Arturo Yáñez, *Policía mexicana: cultura política, (in)seguridad y orden público en el gobierno del Distrito Federal, 1821-1876* (México, UAM/Plaza y Valdés, 1999). Sobre la comunidad estadunidense y sus negocios en la ciudad, véase William Schell, *Integral Outsiders: the American Colony in Mexico City, 1876-1911* (Wilmington, SR Books, 2001).

[16] Nydia Barrera Cruz, para el caso de Puebla, "Reclusión, control social y ciencia penitenciaria en Puebla en el siglo XIX", *Siglo XIX. Revista de Historia*, núm. 12 (1992), pp. 119-146; Carlos Augusto Contreras y Cruz, *La gran ilusión urbana: modernidad y saneamiento en la ciudad de Puebla durante el Porfiriato, 1880-1910*, 2 vols. (Leiola, C. A. Contreras y Cruz, 2000).

[17] Los trabajos se remontan desde las propias historias literarias de los años setenta y ochenta del siglo pasado (pensamos en Francisco Pimentel y en Riva Palacio en su seudónimo de "Cero") hasta los estudios de tiempos de la inmediata Revolución con Luis G. Urbina, *La vida literaria en México* (Madrid, 1917), así como los posteriores trabajos como John Brushwood, *Mexico in its Novel* (Austin, University of Texas Press, 1966); véanse también, R. E. Warner, *Historia de la novela mexicana en el siglo XIX* (México, Antigua Librería Robledo, 1953); Julio Jiménez Rueda, *Letras mexicanas en el siglo XIX* (México, FCE, 1944); el estupendo trabajo de Luis M. Aguilar, *La democracia de los muertos*; las antologías comentadas de José Emilio Pacheco, *La poesía mexicana del siglo XIX. Antología* (México, Empresas Editoriales, 1965), y de Emmanuel Carballo, *Poesía mexicana del siglo XIX* (México, Diógenes, 1984). Sobre cuentistas, véanse los correspondientes en la historia del cuento mexicano de Luis Leal, *Breve historia del cuento mexicano* (México, ICUAP, 1990). En el ensayo que Carlos Monsiváis escribió para la *Historia general de México* del Colmex (1981) se encuentra una aguda interpretación de la literatura del cambio de siglo mexicano; véase también su ensayo sobre cultura nacional, "Cultura nacional y cultura colonial en la literatura mexicana", *Características de la cultura nacional* (México, UNAM, 1969). Sobre la revista *Azul* y el modernismo, véase Harley D. Overhelman, "La revista *Azul* y el modernismo mexicano", *Journal of Inter-American Studies*, I, núm. 3 (1959), pp. 335-339. Además existen ya algunos estudios de variada calidad sobre varios autores de este periodo. Véase por ejemplo sobre Federico Gamboa, Charles W. Butler, "Federico Gamboa, Novelist of Transition", tesis de doctorado, University of Colorado, 1955; y el estudio comparativo de Elizabeth Smith, "Nana, Santa, et Nacha Regules: Trois Courtisanes Modernes", tesis de doctorado, University of Georgia, 1974. Sobre Gutiérrez Nájera, véase Gary Leroy Kester, "The Poetry of Manuel Gutiérrez Nájera", tesis de doctorado, University of Kansas, 1970. Sobre el otrora popular poeta Juan de Dios Peza, véase Herbert L. Cobb, "The Life and Works of Juan de Dios Peza", tesis de doctorado, University of Missouri-Columbia, 1947. Sobre Díaz Mirón, véase Clifton M. Lewis, "The Poetry of Salvador Díaz Mirón. A Biographical and Analytical Study", tesis de doctorado, University of New Mexico, 1974. Sobre Amado Nervo, el más popular de los poetas a finales del Porfiriato, véase William Ray, *Major Themes in the Poetry of Amado Nervo* (Norman, Oklahoma University Press, 1971). Sobre el escritor e historiador Vicente Riva Palacio, véanse los trabajos citados de José Ortiz Monasterio, y sobre los aspectos románticos del pensamiento historiográfico de Riva Palacio, véase el corto artículo de

nónico. ¡Cuánto cuenta un relato de Micrós! En este sentido, y como aconseja don Luis Leal, habría que superar la creencia común de que nos faltan testimonios autobiográficos en la literatura y la historia mexicana. En verdad, varios personajes escribieron sus vidas con más o menos atino, dejando ricos testimonios de la era.[18] Falta harto por hacerse, pues mucho de

Francesca Gargallo, "Vicente Riva Palacio: Uno Storico Liberale", *Revista de Storia della Storiografia*, 3, núms. 2-3 (1982), pp. 123-130, y sobre el mismo aspecto (historiografía y literatura) en Riva Palacio, véase Clementina Díaz y de Ovando, "Un gran literato liberal, Vicente Riva Palacio", *Anales del Instituto de Investigaciones Estéticas*, XVII (1958), pp. 47-62; sobre este autor como cuentista, véase el breve pero interesante análisis de Luis Leal, "Vicente Riva Palacio, cuentista", *Revista Iberoamericana*, XXII, núm. 41 (1957), pp. 301-309. Sobre el empresario, financiero pero también escritor y mecenas literario, Joaquín D. Casasús, véase G. Fix-Zamudio, "Joaquín D. Casasús: humanista mexicano del siglo XIX", tesis de licenciatura, UNAM, 1963. Sobre Luis González Obregón, cronista de la ciudad de México, véase Leandro Calderón de Morelos, "Luis González Obregón, 1865-1938, Chronicler of Mexico City", tesis de doctorado, Columbia University, 1954. También véanse los estudios sobre influyentes publicaciones literarias del Porfiriato, como Carole A. Holdsworth, "A Study of the Revista Moderna de México (1903-1911)", tesis de doctorado, Northwestern University, 1968; Nelson Rafael Devega, "El mundo ilustrado como vehículo literario de México entre 1905 y 1910", tesis de doctorado, University of Missouri-Columbia, 1972. Para estudios sobre la vida y discusión literaria en este periodo, véase Claude Dumas, "Traditionalistes et Modernistes au Mexique: la querelle littéraire de 1898", en Claude Dumas (ed.), *Culture et Société en Espagne et en Amérique Latine au XIXe siècle* (Lille, Université de Lille III, 1980), pp. 149-166, y "Une théorie et une practique du nationalisme en littérature: le mexicain Salado Álvarez, critique littéraire et nouvelliste autour de 1900", en Claude Dumas (ed.), *Nationalisme et Littérature en Espagne et en Amérique Latine au XIXe siècle* (Lille, Université de Lille II, 1982), pp. 269-288; Varsovie Grazyna Grudzinska, "Teoría y práctica del nacionalismo literario en Ignacio Manuel Altamirano", en Claude Dumas (ed.), *Nationalisme et Littérature en Espagne et en Amérique Latine au XIXe siècle* (Lille, Université de Lille II, 1982), pp. 255-268; Eligio Calderón Rodríguez, *La cultura literaria en el porfirismo y los modernistas mexicanos* (México, UNAM, 1972); el trabajo de Clementina Díaz y de Ovando sobre Riva Palacio como "Cero", "La incógnita de algunos ceros de Vicente Riva Palacio", tesis de doctorado, UNAM, 1965; y el más bien superficial estudio comparativo socioliterario de Amado Manuel Lay, "Visión del Porfiriato de cuatro narradores mexicanos: Rafael Delgado, Federico Gamboa, José López Portillo y Rojas y Emilio Rabasa", tesis de doctorado, University of Arizona, 1981. Sobre escritoras mexicanas y la situación literaria de la mujer, véase la primera antología de mujeres escritoras del siglo XIX elaborada por Ana Rosa Domenella y Nora Pasternac, *Las voces olvidadas. Antología crítica de narradoras mexicanas nacidas en el siglo XIX* (México, Colmex, 1991); y la mayor parte de la biografía de Antonieta Rivas Mercado, por Fabienne Bradu, *Antonieta, 1900-1931* (México, FCE, 1991). El citado trabajo de Vicente Quirarte, *Elogio de la calle,* sobre la ciudad como tema literario; sobre Rafael Delgado, María Gracia Castillo, "La sociedad porfiriana: una lectura de 'Los parientes ricos' de Rafael Delgado", *Historias*, núm. 38 (1997), pp. 83-91; sobre espacio social con representación literaria, véase Carlos Illades y Adriana Sandoval, *Espacio social y representación literaria en el siglo XIX* (México, Plaza y Valdés/UAM, 2000); y el estudio acerca del importante intelectual Victoriano Salado Álvarez en Alberto Vital, *Un porfirista de siempre: Victoriano Salado Álvarez: 1867-1931* (México, UNAM, 2002).

[18] En términos de biografías de hombres de ideas y de acción política, además de los varios diccionarios biográfico-laudatorios de la época, v. g. el libro de Ire-

las letras del Porfiriato permanece en revistas y periódicos y no en libros. Aquí el enemigo principal es el papel ácido posterior a *circa* 1870; ojalá sobrevivan los periódicos y revistas que fueron importantes precisamente por su amplia circulación, hecha posible por el bajo precio del papel ácido, el mismo que hoy se hace polvo en las manos del historiador (véase nota de archivos y papeles).

Lo que debiera ser un fructífero tema cultural de la historiografía del Porfiriato, a saber: el desarrollo de las ciencias, ha atraído poca pero certera atención.[19] Crimen y sexo,

---

neo Paz, *Hombres prominentes de México* (México, Patria, 1888); el de Francisco Sosa, *Biografías de mexicanos distinguidos* (México, Fomento, 1884); para mujeres, el de Lausana Kleinhaus de Wright, *Mujeres notables mexicanas* (México, Tipografía Económica, 1910), y el de José Francisco Godoy, *Enciclopedia biográfica de contemporáneos* (Washington, Thos W. Cadick, 1898); existen ciertos trabajos de gran interés, como autobiografías de porfiristas claves. Sin duda, de las más ricas es el interesantísimo diario del novelista, político y diplomático Federico Gamboa, *Mi diario. Mucho de mi vida y algo de la de otros*, dos series, varios tomos (México, Botas, 1907-1911). También existen apuntes autobiográficos de Limantour, *Apuntes de mi vida pública (1892-1911)* (México, Porrúa, 1965); una más bien incompleta autobiografía de Porfirio Díaz, *Memorias, 1830-1867*, 2ª ed. (México, El Libro Francés, 1922-1923); del obispo y gran amigo de Díaz, Eulogio Gillow, *Reminiscencias* (Puebla, Escuela Linotipográfica Salesiana, 1921); parte de las memorias de Alberto J. Pani, *Apuntes autobiográficos* (México, Porrúa, 1950). Las autobiografías de periodistas y escritores son de especial interés, como la de Victoriano Salado Álvarez, *Memorias de Victoriano Salado Álvarez* (México, EDIAPSA, 1946, reeditada en 1990); también cubren parte del periodo en cuestión los apuntes de José Juan Tablada, *La feria de la vida* (México, Botas, 1937); Justo Sierra también escribió diarios de viajes y apuntes autobiográficos: véase la selección de Andrés Henestrosa en Justo Sierra, *Conversaciones, cartas y ensayos* (México, SEP, 1947); sus cartas y papeles privados en Justo Sierra, *Epistolario y papeles privados*, edición establecida por Catalina Sierra de Peimbert (México, UNAM, 1949). Véanse también los apuntes biográficos de Sierra y otros personajes porfirianos en *Semblanzas* (México, Victoria, 1938). Importantes hombres de ciencia también escribieron sus memorias, como Antonio García Cubas, *El libro de mis recuerdos; narraciones históricas, anecdóticas y de costumbres mexicanas anteriores al actual estado social...*, 2ª ed. (México, Imprenta de M. León Sánchez, 1934); Eduardo Liceaga, el higienista, también dejó algunos apuntes: *Mis recuerdos de otros tiempos. Obra póstuma, arreglada y preparada por Francisco Fernández del Castillo* (México, 1949). Para información sobre fuentes biográficas y autobiográficas de los personajes del periodo, véase Richard D. Woods, *Mexican Autobiography* (Nueva York, Greenwood Press, 1988); y la amplia recopilación de biografías y autobiografías hecha por J. B. Iguiniz, *Bibliografía biográfica mexicana*, 2 vols., I, Monografías Bibliográficas Mexicanas, núm. 18 (México, SRE, 1930).

[19] Véase al respecto la recopilación de documentos e introducción, así como el estudio correspondiente al siglo XIX, en Elías Trabulse (ed.), *Historia de la ciencia en México*, 4 vols. (México, FCE, 1985); véase también la historia general de la ciencia de Eli de Gortari, *La ciencia en la historia de México* (México, FCE, 1963); asimismo, los varios trabajos recopilados en el primer congreso mexicano de historia de la ciencias en Juan José Saldaña (ed.), *Memorias del primer coloquio mexicano de historia de la ciencia y de la tecnología, México, D. F., del 27 al 30 de septiembre de 1989* (México, Sociedad Mexicana de Historia de la Ciencia, 1989). Los estudios de Roberto Moreno son de especial interés para entender la

con todas sus implicaciones científicas y sociales, es lo más socorrido, no porque la sociedad porfiriana fuera especialmente criminosa o concupiscente o porque todos los científicos porfirianos sólo hablaran de sexo y crimen —de hecho son dos los grandes criminólogos, Guerrero y Roumagnac, más o menos conocidos; falta conocer a los otros, los de la prensa médica y militar—. Sexo y crimen se han vuelto importantes por-

evolución de los paradigmas científicos de la época: *La polémica del darwinismo en México* (México, UNAM, 1984); *Ensayos de historia de la ciencia y la tecnología en México* (México, UNAM, 1986, y la versión en inglés de la recepción mexicana de Darwin, "Mexico", en Thomas F. Glick (ed.), *The Contemporary Reception of Darwinism* (Chicago, Chicago University Press, 1988), pp. 346-374; también sobre darwinismo en México, véase R. Ruiz y F. J. Ayala, "Darwinismo y sociedad en México", *Siglo XIX* (julio-diciembre de 1992), pp. 87-104; en relación con el uso y abuso de las teorías eugenésicas en México entre 1890 y 1930, véase Nancy L. Stepan, *The Hour of Eugenics. Race, Gender, and Nation in Latin America* (Ithaca, Cornell University Press, 1991), aunque sólo secundariamente trata la época porfiriana y México, pues habla sobre todo de Brasil y Argentina; y Laura Luz Suárez y López Guazo, *Eugenesia y racismo en México* (México, UNAM, 2005). Para la historia de la aplicación de la ciencia a la tecnología, véase la sección correspondiente al Porfiriato en el trabajo de Ramón Sánchez Flores, *Historia de la tecnología y la invención en México: introducción a su estudio y documentos para los anales de la técnica* (México, Fomento Cultural Banamex, 1980), y el análisis y catálogo del ramo de patentes y marcas hecho por J. A. Soberanis, "Catálogo de invención en México durante el siglo XIX (1840-1900). Ensayo de interpretación sobre el proceso de industrialización del México decimonónico", tesis de licenciatura, UNAM, 1989. De especial interés son los estudios sobre ciencias "no tan duras", por ejemplo, los trabajos de Germán Somolinos, *Historia de la psiquiatría en México* (México, SEP, 1976), e *Historia y medicina. Figuras y hechos de la historiografía médica mexicana* (México, Imprenta Universitaria, 1957); sobre historia de la medicina, véanse la historia bibliográfica del Instituto Médico Nacional, a cargo de Francisco Fernández del Castillo —1961— y la historia general de la medicina hecha por Fernando Martínez Cortes —1984—; para un sucinto recuento de la medicina en el siglo XIX, incluyendo el periodo del Porfiriato, véase Fernando Martínez Cortés, *La medicina científica y el siglo XIX mexicano* (México, FCE/SEP, 1987); sobre la ciencia estadística, véase Francisco Barrera Lavalle, *Apuntes para la historia de la estadística en México, 1821 a 1910. Estudio presentado en nombre de la "Sociedad Mexicana de Geografía y Estadística"* (México, Tipografía de la Viuda de F. Díaz de León, 1911); sobre geografía, la historia de esa ciencia elaborada por Manuel Orozco y Berra a finales de siglo, *Apuntes para la historia de la geografía en México* (México, Imprenta de F. Díaz de León, 1881); y Raymond B. Craib, *Cartographic Mexico: A History of State Fixations and Fugitive Landscapes* (Durham, Duke University Press, 2004); sobre la arqueología, Luis Vázquez, *El leviatán arqueológico: antropología de una tradición científica en México* (Leiden, Research School CNWS, 1996); y Carmen Ruiz, "Insiders and Outsiders in Mexican Archaeology (1880-1930)", tesis de doctorado, The University of Texas, Austin, 2003; sobre antropología, véanse los varios ensayos coleccionados en la obra dirigida por Carlos García Mora, *La antropología en México*, 15 vols. (México, INAH, 1987); Mauricio Tenorio Trillo, "Stereophonic Scientific Modernisms: Social Science between Mexico and the United States, 1880s-1940s", *The Journal of American History*, 86, núm. 3 (1999), pp. 1156-1187. Sobre las profesiones en general, véase Mílida Bazant, "La república restaurada y el Porfiriato", *Historia de las profesiones en México* (México, Colmex/SEP, 1982). Sobre científicos de la época, véase la bella edición sobre Alfredo Dugués a cargo de E. Beltrán, *Alfredo Dugués* (México, Gobierno del Estado de Guaque "vigilar y castigar" se volvió tema importante para la historiografía después de 1980.[20] Sin embargo, las numerosas sociedades e instituciones científicas —con sus ricas bibliotecas— han sido víctimas por igual de la indiferencia del historiador y, más grave, del descuido de autoridades y particu-

najuato, 1990); para el análisis de la obra del médico, historiador y antropólogo michoacano Nicolás León, véase Antonio Arriaga, "El Dr. Nicolás León y la historia de la ciencia en México", *Sociedad Mexicana de Historia de la Ciencia y la Tecnología* (México, 1964), pp. 15-27; sobre la influyente institución científica del Porfiriato, la Sociedad Mexicana de Historia Natural, véase el trabajo de Patricia Carpy Navarro, "La Sociedad Mexicana de Historia Natural y su influencia en el siglo XIX", tesis de licenciatura, UNAM, 1986; sobre el papel del pintor José María Velasco en las ciencias, véanse los ensayos recopilados por Fausto Ramírez (ed.), *José María Velasco*; el trabajo de Hortensia Solís Ogarrio, *José María Velasco. Naturalista, científico y pintor* (México, UNAM, 1980), y el bello libro editado por Elías Trabulse (ed.), *José María Velasco. Un paisaje de la ciencia en México* (Toluca, Instituto Mexiquense de Cultura, 1992); sobre biología, véase Ismael Ledesma Mateos y Ana Barahona Echeverría, "Alfonso Luis Herrera e Isaac Ochotorena: la institucionalización de la biología en México", *Historia Mexicana*, XLVIII, núm. 3 (1999), pp. 635-674; sobre la influencia del pensamiento francés, la comisión geográfico-exploradora y las comunidades científicas a fines del Porfiriato (el caso de Genin), véase Paul Edison, "Latinizing America: The French Scientific Study of Mexico, 1830-1930", tesis de doctorado, Columbia University, 1999; sobre museos, véase Luis Gerardo Morales Moreno, *Orígenes de la museología mexicana: fuentes para el estudio histórico del Museo Nacional, 1780-1940* (México, UIA, 1994), y "Museo y grafía: observación y lectura de los objetos", *Historia y Grafía*, núm. 13 (1999), pp. 225-253; sobre tecnología, Barbara Hibino, "Cervecería Cuauhtémoc: A Case Study of Technological and Industrial Development in Mexico", *Mexican Studies/Estudios Mexicanos*, VIII, núm. 1 (1992), pp. 23-43; sobre medicina y estadística, véase Laura Cházaro (ed.), *Medicina, ciencia y sociedad en México: siglo XIX* (Morelia, Colmich/Universidad Michoacana de San Nicolás de Hidalgo, 2002); sobre mujer y medicina, Roberto Uribe Elías, *La invención de la mujer: nacimiento de una escuela médica* (México/Puebla, FCE/BUAP, 2002); sobre estadísticas, Leticia Mayer, *Entre el infierno de una realidad y el cielo de un imaginario: estadística y comunidad científica en el México de la primera mitad del siglo XIX* (México, Colmex, 1999).

[20] Sobre las costumbres sexuales, véase el esquemático aunque pionero trabajo de Alfredo Saavedra, *México en la educación sexual (de 1860 a 1959)* (México, Costa Amic, 1967). Sobre los sistemas penitenciarios, la disciplina y la represión, véase John L. Rohlfes, "Police and Penal Correction in Mexico 1876-1911: A Study of Order and Progress in Porfirian Mexico", tesis de doctorado, Tulane University, 1983; sobre homosexuales y discursos científicos, véase Jaime Alex Garza, "Tales from the Mexican Underworld: Sex, Crime, and Vice in Porfirian Mexico City, 1876-1911", tesis de doctorado, Texas Christian University, 2001; sobre prostitución, véase el caso de la famosa "Chiquita" que mató a una mujer por celos en Rafael Sagredo, *María Villa. La Chiquita, núm. 4002, un paraíso social del Porfiriato* (México, Cal y Arena, 1996); y R. Buffington y Pablo Piccato, "Tales of Two Women: The Narrative Construal of Porfirian Reality", *The Americas*, LV, núm. 3 (1999), pp. 391-424; las primeras partes de Katherine Bliss, *Compromised Positions: Prostitution, Public Health, and Gender Politics in Revolutionary Mexico City* (University Park, Pennsylvania State University Press, 2001); sobre bajos fondos, Sergio González Rodríguez, *Los bajos fondos: el antro, la bohemia y el café* (México, Cal y Arena, 1992); sobre pederastas, Martin Nesvig, "The Lure of the Perverse: Moral Negotiation of Pederasty in Porfirian Mexico", *Mexican Studies/Estudios Mexicanos*, XVI, núm. 1 (2000), pp. 1-37; sobre crimen, Elisa Speckman Guerra, "Las flores del mal: mujeres criminales en el Porfiriato", *Historia Mexicana*, XLVII, núm. 1 (1997), pp. 183-229; de ella

lares.[21] El Instituto Médico Nacional, la Sociedad Antonio Alzate, la Sociedad A. Humboldt, la Sociedad Mexicana de Historia Natural, la Comisión Geográfico Exploradora, la Sociedad Mexicana de Geografía y Estadística y varias sociedades científicas estatales, por mencionar sólo algunos ejemplos, merecen mucho más atención de la que han recibido, así como del rescate de sus archivos y bibliotecas. Poco a poco van surgiendo las historias de instituciones y disciplinas académicas que van revelando la particular historia de las ideas, por ejemplo, antropológicas, arqueológicas, médicas, geográficas, etc. Aquí hay varios personajes que merecen ser rescatados del anonimato, pues nos revelarían una cara desconocida del Porfiriato. Una cara que diría de una gran dedicación académica combinada con intereses personales económicos y políticos y con afanes de ser universalmente escuchados. Pensamos en personajes como Nicolás León, Francisco Pimentel, Eduardo Liceaga, Manuel Carmona y Valle, Antonio García Cubas, Justo Sierra, A. Duguès, Joaquín García Icazbalceta...

También han surgido trabajos que intentan descifrar áreas culturales o determinados "tipos" de cultura: la cultura obrera, el ambiente lúdico, la moral, o la vida cotidiana del Porfiriato. En esto, los temas de esfera pública y privada y ciudadanía van adquiriendo cuerpo historiográfico.[22] A este respecto falta mucho por hacer, y no ayuda lo deficiente de las colecciones hemerográficas mexicanas. Estudiosos mexicanos interesados en estos temas han de agenciarse viaje a Austin, Berkeley, Nueva York o Washington. Con todo, el trabajo hecho a este respecto aún no rebasa el estado de los temas geniales superficialmente tratados, o de los temas menores pomposamente interpretados. Existen importantes estudios sobre la prensa porfiriana y su importancia en la creación de una cultura política, un humor, una "esfera pública".[23] Un tema que ha merecido estudio, en busca de la historia del nacionalismo y la

misma, *Crimen y castigo: legislación penal, interpretación de la criminalidad y administración de justicia, Ciudad de México, 1872-1910* (México, Colmex, 2002); y Pablo Piccato, *City of Suspects: Crime in Mexico City, 1900-1931* (Durham, Duke University Press, 2001).

[21] Véanse los trabajos bibliográficos de Roberto Moreno, *Catálogo de los manuscritos científicos de la biblioteca nacional* (s. n., 1969), y *Ensayos de bibliografía mexicana: autores, libros, imprenta, bibliotecas* (México, Instituto de Investigaciones Bibliográficas, UNAM, 1986).

[22] Sólo dos ejemplos: Pablo Piccato, *City of Suspects*, y Susie S. Porter, "And that it is Custom Makes it Law; Class Conflict and Gender Ideology in the Public Sphere, México City, 1880-1910", *Social Science History*, XXIV, núm. 1 (2000).

[23] Por ejemplo, sobre el surgimiento de una cultura obrera en la ciudad de Mé-

formación de una imagen de la nación, es el de las celebraciones y ferias. La elite porfirista pudo crear esta imagen de nación moderna —independientemente de su existencia real—
guiada por intereses económicos evidentes: vincularse a los
círculos de capital internacional y atraer capital y colonizadores
blancos. Es sobre todo la incuestionable autoridad de la ciencia

xico está el trabajo de Barbara L. Kantz, "A Social History of the Urban Working
Class in México City, 1882-1910", tesis de doctorado, State University of New
York, 1988; y Ralph W. Kirkham, "A Social History of the Urban Working Class
in Mexico City, 1882-191", tesis de doctorado, State University of New York,
1988; así como la antología sobre la mujer y el movimiento obrero, Centro de
Estudios Históricos del Movimiento Obrero Mexicano, *La mujer y el movimiento
obrero mexicano en el siglo XIX; antología de la prensa obrera* (México, Centro
de Estudios Históricos del Movimiento Obrero Mexicano, 1975); y parte del desigual trabajo de Anna Macías, *Against all Odds. The Feminist Movement in Mexico to 1940* (Londres, Greenwood Press, 1982); también la antología de imágenes sobre la mujer en varias épocas de Esperanza Tuñón Pablos, "El álbum de la
mujer: antología ilustrada de las mexicanas", *El Porfiriato y la Revolución* (México, INAH, 1991); el trabajo de Carmen Ramos Escandón, "Mujeres trabajadoras en
el México porfiriano. Género e ideología del trabajo femenino, 1876-1911", *European Review of Latin American and Caribbean Studies*, núm. 48 (1990), pp.
27-44; y Liborio Villalobos Calderón, *Las obreras en el Porfiriato* (México, Plaza
y Valdés/UAM, 2002). Un ejemplo de la historia de los deportes, diversiones y chis-
mes del Porfiriato es el trabajo de William Beezley, *Judas at the Jockey Club: and
other Episodes of Porfirian Mexico* (Lincoln, University of Nebraska Press, 1987);
sobre teatro, véase Armando de Maria y Campos, *El programa en cien años de teatro en México* (México, Ediciones Mexicanas, 1950), e *Informe sobre el teatro social, XIX-XX* (México, Talleres Linotipográficos Cuauhtémoc, 1959); y Susan
Bryan, "Teatro popular y sociedad durante el Porfiriato", *Historia Mexicana*,
XXXIII, núm. 1 (1983), pp. 130-169. En Paul Vanderwood puede encontrarse refe-
rencia a la cultura del bandidaje; véase su libro *Disorder and Progress: Bandits,
Police, and Mexican Development* (Lincoln, University of Nebraska Press, 1981).
Sobre la prensa en general durante el Porfiriato, véase Florence Toussaint,
Escenario de la prensa en el Porfiriato (México, Fundación Manuel Buen-
día/Universidad de Colima, 1984); capítulos correspondientes de María del
Carmen Ruiz Castañeda, *El periodismo en México. 450 años de historia* (México,
UNAM, 1980); y el viejo pero completo trabajo de Henry Lepidus, *The History of
Mexican Journalism* (Saint Louis, University of Missouri, 1928); Laura Edith
Bonilla de León, *El reportaje en el Porfiriato: Manuel Caballero* (México, UNAM,
2003); de la misma autora, *Entrevistas en el siglo XIX: Ángel Pola*, 2 vols. (México,
UNAM, 2003); sobre prensa femenina, véase Elvira Hernández Carballido, "La
prensa femenina en México durante el siglo XIX", tesis de licenciatura, UNAM,
1986. Por último, el importante trabajo sobre la moral en el siglo XIX, incluyendo
el Porfiriato, de Fernando Escalante, *Ciudadanos imaginarios*; María Teresa
Camarillo Carvajal, *El sindicato de periodistas, una utopía mexicana: agrupaciones de periodistas en la ciudad de México, 1872-1929* (México, UNAM, 1988);
sobre prensa, arte y publicidad, Julieta Ortiz Gaitán, "Arte, publicidad y consumo en la prensa: del porfirismo a la posrevolución", *Historia Mexicana*, XLVIII,
núm. 2 (1998), pp. 411-435; sobre la prensa de oposición, Phyllis Lynn Smith,
"Contentious Voices Amid the Order: the Opposition Press in Mexico City, 1876-
1911", *Journalism History*, XXII, núm. 4 (1997), pp. 138-145; sobre el *Mexican
Herald*, véase J. W. Knudson, "The Mexican Herald: Outpost of Empire, 1895-
1915", *Gazette: The International Journal for Communication Studies*, LXIII,
núm. 5 (2001), pp. 387-398. También Antonio Saborit, *El Mundo Ilustrado de
Rafael Reyes Spíndola* (México, Grupo Carso/Centro de Estudios de Historia
de México, Condumex, 2003).

y el progreso industrial lo que ayudó a definir esta figura universal de mundo. A ella aspiró la elite porfiriana ilustrada.[24]

A estos estudios de celebraciones y exposiciones se les suele acusar de ser cultura de elite, visiones hegemónicas de la nación; hay, pues, visiones de lo más cotidiano, como el pionero, si somero, trabajo de William Beezley (1987). Pero varios trabajos hay que tratan, con variopinta calidad, desde caricaturas hasta vida diaria.[25] Éste es un campo riquísimo donde sin duda debe haber mucho más que investigar. Pero hay que tener cuidado. Hay una confianza ciega en la diferencia entre elite y populus —no sabemos por qué, pues la di-

[24] La literatura sobre la presencia mexicana en exposiciones universales, aunque con pocos trabajos, cuenta con un buen nivel de análisis. Véanse los trabajos ya citados de Fausto Ramírez. Además: Paolo Riguzzi, "México próspero"; G. Yeager, "Porfirian Commercial Propaganda"; y, también sobre México en París 1889, Clementina Díaz y de Ovando, "México en la Exposición Universal de 1889", *Anales del Instituto de Investigaciones Estéticas*, núm. 61 (1990), pp. 109-171. Sobre México en Filadelfia 1876, María de la Concepción Fuente Salcedo, "La participación de México en la Exposición Universal de Filadelfia, 1876", tesis de licenciatura, UIA, 1984; sobre la posible exposición en México en 1880, Clementina Díaz y de Ovando, *Las ilusiones perdidas del general Vicente Riva Palacio: la exposición internacional mexicana, 1880 y otras utopías* (México, UNAM, 2002); en general, Mauricio Tenorio Trillo, *Artilugio de la nación moderna*; sobre el centenario y la ciudad, Mauricio Tenorio Trillo, "1910 Mexico City"; sobre celebraciones en general, véase Loic Abrassart, "El pueblo en orden: el uso de las procesiones cívicas y su organización por contingentes en las fiestas porfirianas, 1900-1910", *Historias*, núm. 43 (1999), pp. 51-63; sobre los dos centenarios (1910-1921), A. Lemperière, "Los dos centenarios de la independencia mexicana, 1910-1921: de la historia patria a la antropología cultural", *Historia Mexicana*, XLV, núm. 2 (1995), pp. 317-352; sobre celebraciones de muerte y panteones, Matthew Donald Esposito, "Memorializing Modern Mexico: The State Funerals of the Porfirian Era, 1876-1911", tesis de doctorado, Texas Christian University, 1997.
[25] Por ejemplo, Mark Wasserman, *Everyday Life and Politics in Nineteenth Century Mexico: Men, Women, and War* (Albuquerque, University of New Mexico Press, 2000); de caricaturas, aunque cubre sólo someramente el Porfiriato, véase Anne Rubenstein, *Bad Language, Naked Ladies, and other Threats to the Nation: A Political History of Comic Books in Mexico* (Durham, Duke University Press, 1998); sobre la venta de la modernidad a nivel popular, véase Steven Bunker, "Consumers of Good Taste: Marketing Modernity in Northern Mexico, 1890-1910", *Mexican Studies/Estudios Mexicanos*, XIII, núm. 2 (1997), pp. 227-269; sobre comida, véase J. M. Pilcher, "Tamales or Timbales: Cuisine and the Formation of Mexican National Identity, 1821-1911", *The Americas*, LIII, núm. 2 (1996), pp. 193-216; sobre drogas y música popular, Ricardo Pérez Montfort, *Estampas de nacionalismo popular mexicano: ensayos sobre cultura popular y nacionalismo* (México, CIESAS, 1994); Ricardo Pérez Montfort (ed.), *Hábitos, normas y escándalo: prensa, criminalidad y drogas durante el Porfiriato tardío* (México, CIESAS/Plaza y Valdés, 1997); y del mismo autor, *Avatares del nacionalismo cultural: cinco ensayos* (México, CIESAS, 2000); sobre locos, Cristina Rivera-Garza, "Dangerous Minds: Changing Psychiatric Views of the Mentally Ill in Porfirian Mexico, 1876-1911", *Journal of the History of Medicine and Allied Sciences*, LVI, núm. 1 (2001), pp. 36-67; y Alberto Carvajal, "Mujeres sin historia: del hospital de La Canoa al manicomio de La Castañeda", *Secuencia*, núm. 51 (2001), pp. 30-55.

ferencia no es moco de pavo—. Es mucha fe creer que el historiador puede leer con propiedad una vieja broma, una caricatura, una obscenidad, un chiste de, digamos, 1870. Constance Roucke, que a fines de la década de 1920 recolectó todo tipo de humor *American*, se cuidó siempre de creer que lo entendía todo.[26] Con todo, entre la visión de tamales, caricaturas y cosas así, se dan visiones como las de Fernando Escalante (1995), que sugieren, sin la obsesión cronológica o empírica del historiador pero con la valentía conceptual e interpretativa del pensador, la existencia de una particular moral mexicana en el siglo XIX; una no liberal, ni democrática, ni republicana, pero "tolerante", basada en la "eficaz gestión de la desigualdad" y que "acepta el uso de las instituciones públicas para fines privados... porque eso hacía posible la protección de las particulares necesidades de cada grupo".

El estudio de la cultura popular, y de la cultura política, del Porfiriato está aún por escribirse y de ello tendremos algo que decir en el mapa de lo por hacer. Pero la cultura de la llamada elite, aunque siempre es difícil fijarla en ese papel cultural, que no económico, sí cuenta con algunos estudios. Si el Porfiriato como tal era un no tema, qué decir de los excesos de la aristocrática vida de la porfiriana gente de bien. Sin embargo, poco a poco van surgiendo interesantes historias de la vida de esta gente bonita, las cuales han permanecido en la mente de sus descendientes y en los archivos privados celosamente guardados.[27] El trabajo de Carlos Tello Díaz, por ejem-

---

[26] Constante Roucke, *American Humor, a Study of National Caracter* (Nueva York, 1931).

[27] Véase, por ejemplo, Carlos Tello Díaz, *El exilio. Un retrato de familia* (México, Cal y Arena, 1993); del mismo autor, los ensayos sobre algunos ricos porfirianos en *Historias del olvido* (México, Cal y Arena, 1998); el artículo sobre la supervivencia de la elite porfiriana en Chihuahua, de Mark Wasserman, "Strategies for Survival of the Porfirian Elite in Revolutionary Mexico: Chihuahua during the 1920s", *Hispanic American Historical Review*, LXVII, núm. 1 (1987), pp. 87-107. Véase también Mark Wasserman, *Capitalists, Caciques and Revolution: The Native Elite and Foreign Enterprise in Chihuahua, Mexico, 1854-1911* (Chapel Hill, University of North Carolina Press, 1984). Sobre la aristocracia porfiriana, Víctor Manuel Macías-González, "The Mexican Aristocracy and Porfirio Diaz, 1876-1911", tesis de doctorado, Texas Christian University, 1999; sobre la familia Escandón, véase Nora Pérez Rayón, *Entre la tradición señorial y la modernidad: la familia Escandón Barrón y Escandón Arango. Formación y desarrollo de la burguesía en México durante el porfirismo. 1890-1910* (México, UAM, 1995); sobre la aristocracia de Zamora, Michoacán, véase Gladys Lizama Silva, "Zamora: las grandes fortunas del Porfiriato", *Siglo XIX. Cuadernos de Historia*, VI, núm. 16 (1996), pp. 39-68; sobre el general Ramón Alcázar, véase Federico Macías Cervantes, *Ramón Alcázar: una aproximación a las elites del Porfiriato* (Guanajuato, Ediciones La Rana, 1999); sobre la familia Braniff, véase María

plo, es una muestra ricamente documentada, bien escrita, interesante aunque excesiva de que los ricos también lloran, como lo son también ciertos trabajos sobre familias "de bien" extranjeras en el Porfiriato.[28]

Existen algunos temas culturales que han empezado a ser tratados, como el regreso de la religión como tema, la mujer y el género e historias intelectuales más allá del liberalismo —por ejemplo, la historia de la cultura económica, de la cultura electoral, entre otras—. De esto hablaremos más adelante.

LA POLÍTICA Y LA SOCIEDAD

En México, decía Justo Sierra, no existe más clase que la burguesía que "ha absorbido a las antiguas oligarquías, la reformista y la reaccionaria...[y que] tomó conciencia de su ser, comprendió a dónde debía ir... el mismo día que se sintió gobernada por un carácter que lo nivelaría todo para llegar a un resultado: la paz". En efecto, *la paz* es el centro de la política y sociedad del Porfiriato y, curiosamente, no ha merecido más comentario que la burla. Es decir, los historiadores no hemos creído en la paz porfiriana, aunque, por lo que se lee en documentos y panfletos, la clase política porfiriana y la gente común, dependiendo del lugar donde se encontrara, creían en ella. Varios movimientos locales apelaban al presidente, al de la paz, en nombre de, o chantajeando a, la paz. Pero la paz no ha sido bien vista historiográficamente, por fingida, por ser un logro menor, una cosa sólo real en el México urbano y en la seguridad de caminos, "caminos de hierro" y carreteras. La verdad es que la paz se convirtió en la mercancía que el régimen marcaba con propios y extraños. Y era el centro de varias alianzas intra, entre y extra clases y grupos. No obstante, ni como concepto, ni como práctica, la paz ha merecido análisis. Estudiar la paz porfiriana sería estudiar no los límites de la política que no fue, la democrática, sino los parámetros de la política entonces posible; sería estudiar negociaciones y conflictos, violentos y no, en la lógica de una estabilidad apreciada y defendida por

del Carmen Collado, *La burguesía mexicana: el emporio Braniff y su participación política, 1865-1920* (México, Siglo XXI, 1987).
[28] Sobre las familias estadunidenses en México, véase William Schell, *Integral Outsiders;* y sobre la influyente familia Bucker, véase Jürgen Buchenau, *Tools of Progress: a German Merchant Family in Mexico City, 1865-Present* (Albuquerque, University of New Mexico Press, 2004).

varios sectores y no sólo impuesta militarmente —15 000 sol-
dados y 2 000 rurales, más unos cuantos cientos o, si se quiere, miles de guardias de una índole o de otra no explican tres
décadas de poca violencia generalizada y estabilidad institucional—.[29]

Por el contrario, los estudios de la política y sociedad
del Porfiriato han sido, hasta muy recientemente, marcados
por la leyenda negra posrevolucionaria, la de la *pax porfiriana*. Pero ha habido cambios importantes en la consideración
de la *pax*. Así, se pueden señalar tres deslices generales de la
historiografía política y social: primero, el que va del análisis
del autoritarismo de don Porfirio a los estudios de la naturaleza oligárquica y el elitismo de las redes de la clase política
porfiriana; segundo, el desliz del surgimiento y desarrollo de
la clase obrera, que caracterizó la historiografía social de las
décadas de 1960 y 1970, a la historiografía del "liberalismo popular" o de campesinos e indígenas como alternativa al proyecto autoritario y liberal porfirista; y, finalmente, el desliz
que va de la estructura social de las haciendas porfirianas a
la multitud de desigualdades porfirianas (esto es, del estudio
de peones y hacendados al estudio de grupos de poder, mujeres, indígenas, marginados sociales de toda ralea). Los tres
deslices han sostenido y sostienen un entendimiento dicotó-
mico del Porfiriato; esto es, asumen la diferencia tajante entre
elite-clases populares, entre ciudad y regiones, entre la ciudad
de México y el resto, entre el México real (rural, campesino, indígena) y el falso (el urbano, afrancesado). En el capítulo de lo
por saber hemos de volver a esto. Por lo pronto veamos los asegunes de cada uno de estos deslices.

Entre 1890 y 1910 se publican tres importantes libros: *Legislación y jurisprudencia sobre terrenos baldíos* (1895)
de Luis Wistano Orozco, *Los grandes problemas nacionales*
(1909) de Andrés Molina Enríquez y *Barbarous Mexico* (1910)
del periodista estadunidense John Kenneth Turner. El primero era un abogado preocupado por la irregularidad en la tenencia de la tierra y la dificultad de ejercer un Estado de derecho en la cuestión agraria. El segundo era también abogado,
preocupado por la concentración de tierra y la desigualdad social y racial. El tercero era un periodista, inspirado en lo me-

---

[29] Lo más cercano ha sido el estudio de los rurales como brazo armado de la *pax*
porfiriana: Paul Vanderwood, *Los rurales mexicanos* (México, FCE, 1982).

jor del progresivismo norteamericano, enamorado de un míti-
co sentido de comunidad, del "verdadero México", el indígena,
el de los pequeños pueblos no tocados por la corrupción del
Estado y por la modernización. Ante estos tres libros, *La suce-
sión presidencial de 1910* del joven empresario y hacendado
porfirista Francisco I. Madero, obra célebre para la historia
nacional, resulta un libro menor y más porfirista, una suerte
de suma porfiriana que ensalzaba los logros de don Porfirio,
excepto, claro, la existencia de elecciones limpias, la tarea
incumplida del Porfiriato. El libro de Madero pasa a la historia
como un gran manifiesto, pero los otros tres libros marcan y
deciden el inicio y futuro de la historiografía del autoritarismo porfiriano, siempre con una ambigüedad que va de la aceptación ante el progreso económico alcanzado a la denuncia del
abandono del campo, de la explotación y de la represión. Los
primeros estudios del pionero "U. S. *Latinoamericanist*",
Frank Tannenbaum, y luego de José C. Valadés se nutren
mucho de la perspectiva de estos libros. En esencia, se trata
de la denuncia del clientelismo y autoritarismo del dictador, de
la idea de un Estado *poderoso,* afrancesado, que abandonó el
campo y se alejó de su pueblo. Sobre esto, se produjeron innumerables trabajos en la época revolucionaria, un número de
libros sólo comparable con la cantidad de libros pro-Díaz
publicados entre 1890 y 1910. Lo cierto es que el Porfiriato era
Estado y el primero en la historia de México, pero poderoso...
eso sí, no se sabe qué tanto.

De esa historiografía se ha pasado a distintos trabajos de estudios de la clase política porfiriana, tanto en su versión regional como en su versión nacional. Los lugares comunes son los vínculos estrechos entre el poder económico y el
poder político, entre el poder nacional, el regional y el internacional. Los trabajos de Valadés y Cosío Villegas aún consti-
tuyen el mejor índice de las luchas y cambios en la clase política. En esencia se habla del surgimiento de un caudillo que
poco a poco va atando intereses políticos con económicos y con
vínculos financieros internacionales. Por ejemplo, la lúcida
síntesis de Friedrich Katz (1974, y en la *Cambridge History of
Latin America)* bien hila este tipo de explicación general. Al
respecto se ha avanzado con varios estudios regionales como
los de Gilbert Joseph y Allan Wells para Yucatán (1996), o como el de Jesús Ricardo Rendón Garcini (1993) sobre el gober-
nador indígena de Tlaxcala, Próspero Cahuantzi, o el trabajo

otrora clásico de Juan Felipe Leal (1974) o sobre bandidos (Paul Vanderwood, 1982). Está también el estudio de la continuidad de elites entre Porfiriato y posPorfiriato (Peter Smith, 1979; Roderic A. Camp, 1991). El estudio de los "científicos" ha sido siempre cantado pero aún no contamos con el trabajo definitivo al respecto, aunque el estudio que mejor resume redes, y el más influyente de toda la era política como el encuentro entre redes modernas y redes tradicionales de *sociabilité*, es el de François-Xavier Guerra, *Del Ancient Regime à la Revolution* (1988). Este trabajo es no sólo la colección de datos más importante sobre la clase política porfiriana, sino también la suma interpretativa más influyente del Porfiriato como una frustrada modernidad política.[30] ¿Qué es esa modernidad política y dónde existió? Eso es harina de otro costal.

En cuanto al funcionamiento entre elite local, elite nacional e intereses internacionales, se ha avanzado bastante desde los trabajos de don Daniel Cosío Villegas. Por ejemplo, el trabajo de Robert Holden (1994) sobre las traídas y llevadas compañías deslindadoras muestra que esta vinculación no siempre fue fácil, ni siempre fue tan buena para todas las partes. Al hacer el catastro de grandes extensiones de terreno, los intereses locales a veces exageraban el valor de la tierra, el gobierno central concedía y al final salían perdiendo los capitalistas internacionales. Otras veces no: las compañías internacionales ganaban mucho a costa de intereses locales y nacionales. Pero la cosa parece haber sido más caótica y difícil de controlar que la historia de un Estado poderoso, vendido a capitalistas internacionales, encargados de la venta de la nación; parece haber sido una cosa muy parecida a la política y el dinero hoy y en cualquier parte. Los trabajos de John Mason Hart (1987, 2002) siempre han sostenido cómo el país era prácticamente poseído por manos extranjeras y por una elite corrupta y no patriótica. La sombra de Molina Enríquez y Turner nos humea. Llevamos varias décadas de señalar este vínculo, ya es hora de hacer la historia puntual de cómo, cuándo y hasta qué punto. Los trabajos de Riguzzi, Kuntz y Grunstein sobre ferrocarriles muestran cómo esta imagen está necesitada de matices y de una visión

---

[30] Véase al respecto la discusión de Alan Knight, "Interpretaciones recientes de la Revolución mexicana", *Secuencia*, núm. 13 (1989), pp. 23-43, y el primer tomo de su *Historia de la Revolución mexicana* (México, Grijalbo, 1996).

menos mecánica.[31] (Sobre estos autores y libros hablaremos más en la sección de historia económica.)

El segundo desliz va de la clase obrera como motora y protagonista de la historia al multiforme estudio de campesinos e indígenas como protagonistas de la verdadera nación. Los estadios de la clase obrera en el Porfiriato estaban muy marcados por la historia de la Revolución, los Batallones Rojos y el surgimiento del Partido Comunista en 1919. A este respecto, sin duda el trabajo esencial sigue siendo el de Rodney Anderson (1976), pero nuevos trabajos, como los de Jonathan Brown (1994), Andrew Wood (2001) y Paul Brian Hart (1997), han añadido profundidad regional y sectorial a esta historiografía del trabajo obrero.[32] Esta historiografía, creemos, poco a poco se ha de unir a otras historias: las aproximaciones de género, la historia de la tecnología, de la ciudad, de la cultura urbana.[33]

La novedad hoy es el desliz de la historiografía hacia la clase campesina, la que antes era "pequeña burguesía" no sujeto de la historia. Antes la inspiración historiográfica venía de Darwin, Spencer o de la escuela histórica de jurisprudencia alemana o, luego, de Marx o de E. P. Thompson; para la década de 1980 las musas venían de una mezcla variopinta de lecturas, especialmente en la historiografía del Porfiriato escrita en inglés. Y así llegó para quedarse James Scott y la idea de una economía moral campesina basada en el libre albedrío y resistencia de los campesinos, y de ahí a Foucault, los estudios subalternos, Gramsci y demás lecturas.[34] Los tra-

---

[31] Sandra Kuntz Ficker y Paolo Riguzzi, *Ferrocarriles y vida económica en México, 1850-1950. Del surgimiento tardío al decaimiento precoz* (México, El Colegio Mexiquense/UAM/Ferrocarriles Nacionales de México, 1996); Arturo Grunstein, "De la competencia monopolio: la formación de los ferrocarriles nacionales de México", en Sandra Kuntz Ficker y Priscilla Connolly (eds.), *Ferrocarriles y obras públicas* (México, Colmex/Instituto de Investigaciones Históricas, UNAM/Instituto de Investigaciones Dr. José María Luis Mora/Colmich, 1999). Este tema se desarrollará más adelante.

[32] Sobre prensa obrera, véase Guillermina Bringas y David Mascareño, *Esbozo histórico de la prensa obrera en México* (México, UNAM, 1988); sobre sociedades mutualistas en el Distrito Federal, véase Felipe Arturo Ávila Espinosa, "La sociedad mutualista y moralizadora de obreros del Distrito Federal (1909-1911)", *Historia Mexicana*, XLIII, núm. 1 (1993), pp. 117-154; sobre clase obrera en Guatemala y México, Clara Lida y Sonia Pérez Toledo, *Trabajo, ocio y coacción: trabajadores urbanos en México y Guatemala en el siglo XIX* (México, UAM/Porrúa, 2001); sobre clase obrera y la ciudad de México, el citado trabajo de John Lear, *Workers*, y Susie S. Porter, *Working Women*; sobre la historia social de los obreros textiles poblanos, Leticia Gamboa, *La urdimbre y la trama* (Puebla, BUAP, 1985).

[33] Sobre este tema se dirá más en el apartado específico a la historia económica.

[34] James Scott, *The Moral Economy of the Peasant: Rebellion and Subsistence*

bajos más influyentes a este respecto van de John Tutino
(1990) a Guy Thomson (1999), Florencia Mallon (1995) y (para
un periodo anterior) Peter Guardino (1996). Se trata de una
historiografía que mezcla dos tendencias: por un lado, la busca
de la especificidad local vs. los grandes trazos y generalidades
a que nos tenía acostumbrados la historiografía oficial; por
otro, la redefinición del foco de la historia social de la clase
obrera a la gente común, rural, "agentes" de su propia historia
y poseedores de alternativas de nación y Estado. El liberalismo aquí, si no es en una versión popular, más o menos descrita o soñada por los historiadores, es el villano de la historia
(esto es, el proyecto hegemónico de nación y Estado). La base
empírica de esta nueva historiografía es admirable y poco a
poco está revelando detalles desconocidos de la política del
Porfiriato. A veces, la misma fuente documental produce
resultados interpretativos distintos. Por ejemplo, compárese el
trabajo de Thomson y Mallon sobre la sierra de Puebla; para
el primero, Juan Francisco Lucas es un caudillo local que, debido a guerras nacionales e internacionales, se articuló a un proyecto liberal, porfiriano, de nación, y así negoció, con la posibilidad de la paz, ayuda local, intereses locales, regionales y
nacionales; para la segunda, el movimiento de Juan Francisco
Lucas en la sierra de Puebla era un proyecto "contrahegemó-
nico" de nación y Estado. Sea como sea, lo que esta historiografía va mostrando es la extendida red de negociaciones con
que el Porfiriato funcionaba, a nivel internacional, nacional y
local, negociaciones que usaban el lenguaje de la paz pero que
existían no sólo por intereses militares o económicos, sino
también culturales —mantenimiento de costumbres, de valores locales—.[35]

En esta prometedora historiografía existe una lúcida

in Southeast Asia (New Haven, Yale University Press, 1976); Mary Kay Vau-
ghan, "Cultural Approaches to Peasant Politics in the Mexican Revolution", His-
panic American Historical Review, LXXIX, núm. 2, edición especial: "Mexico's
New Cultural History: Una Lucha Libre" (mayo de 1999), pp. 269-305; Florencia
Mallon, "The Promise and Dilemma of Subaltern Studies: A Perspective From
Latin American History", American Historical Review, XCIX (1994), pp. 1491-
1516; y de la misma autora, "Indian Communities, Political Cultures, and the
State in Latin America, 1780-1990 (The Colonial and Post-Colonial Experience:
Five Centuries of Spanish and Portuguese America)", Journal of Latin
American Studies, XXIV, suplemento (1992), pp. 35-54.
[35] Véase como ejemplo el excelente trabajo de Emilio H. Kourí, A Pueblo
Divided: Business, Property, and Community in Papantla, Mexico (Stanford,
Stanford University Press, 2004).

agenda de investigación, pero también, como señala Emilio Kourí al estudiar el legado de Molina Enríquez en la historia de los pueblos indios y su despojo durante el Porfiriato, una serie de supuestos nunca cuestionados: "el primero consiste en una creencia firme en la idea de que los habitantes del pueblo o los miembros de la comunidad (casi) siempre y en todas partes se opusieron —en principio y en la práctica— a la privatización de las tierras del *village*... [el segundo supuesto] sostiene que —al menos en las regiones predominantemente indígenas— esta supuesta resistencia a cualquier cambio en el sistema de posesión de tierras inevitablemente tomó un carácter mayoritariamente étnico (esto es, tomó la forma de solidaridad étnica), de tal forma que la división entre los unos (de afuera) que promovían la apropiación y los otros (de adentro) que se oponían era una división cultural. Y una tercera noción, un corolario de las primeras dos, es que la razón detrás de esta oposición generalizada de los habitantes de las villas era la 'defensa de la comunidad' ".[36] En este diagnóstico, el lector puede intuir la cantidad de "peros..." que puede haber en una historiografía de las identidades campesinas, entendidas como alternativa no sólo histórica sino moral. Esperamos que la nueva historiografía, más que asumir, defina y demarque, más allá de un valor ético evidente, la utilidad y realidad de categorías como "comunidad", "indígena", "nación", "Estado" y "resistencia".

Esta nueva historiografía también conlleva una nueva interpretación del nacionalismo mexicano. El nacionalismo revolucionario de entre 1910 y 1930 produjo una nueva mística nacional en la cual la nación surgía de las cenizas, de la oscuridad a la luz, de la explotación extranjerizante a la autenticidad y la libertad. Sin embargo, los trabajos de Edmundo O'Gorman y David A. Brading abrieron la caja de Pandora del estudio del nacionalismo mexicano.[37] Ambos his-

---

[36] Emilio H. Kourí, "Interpreting the Expropriation of Indian Pueblo Lands in Porfirian Mexico: The Unexamined Legacies of Andrés Molina Enríquez", *Hispanic American Historical Review*, LXXXII, núm. 1 (2002), pp. 69-117. Sobre Molina Enríquez, véase Agustín Basave Benítez, *México mestizo: análisis del nacionalismo mexicano en torno a la mestizofilia de Andrés Molina Enríquez* (México, FCE, 1992).

[37] Véase de David A. Brading, *Los orígenes del nacionalismo mexicano* (México, SEP, 1973). De Edmundo O'Gorman, véanse sus introducciones a las obras de Carlos María de Bustamante y fray Servando Teresa de Mier, *México: el trauma de su historia* (México, Conaculta, 1977), y *Destierro de sombras: luz en el origen*

toriadores analizaron los muchos mitos y las varias reconstrucciones históricas inherentes al patriotismo criollo enraizado en el siglo XVIII y al patriotismo liberal del siglo XIX. Este análisis ha sido el cimiento de varias interpretaciones posteriores, ora para adelantar, ora para negar en nombre de otras bases populares el nacionalismo "hegemónico", todo en una suerte de drama trágico-cómico comandado por "elites" nacionales y extranjeras en busca de la identidad mexicana. Emblema de esto fue la literatura de *lo mexicano* que comenzó en la década de 1930 a veces utilizando, otras ignorando, a la historia. Para la década de 1950, el nacionalismo mexicano era considerado una expresión natural de una identidad original. Más aún, se creía que era posible condensar, extractar y conocer esa identidad. Las ideas de Bergson, Adler, Freud y Ortega, entre muchas otras, fueron utilizadas en la busca de esta esencia mexicana. Memoria y mitos históricos fueron usados, como ha mostrado Enrique Florescano (1991), en la procura de esto que era "México". Las buscas por lo mexicano dejaron estampados a los mexicanos, a decir de Roger Bartra, como "almas arcaicas cuya relación trágica con la modernidad las obliga a reproducir permanentemente su primitivismo".[38] Por irónico que parezca, después de los muchos libros sobre lo mexicano, los mexicanos aparecían retratados, por poetas, estudiosos e intelectuales, de manera no muy distinta a los estereotípicos libros de muchos viajeros: fiesta, siesta, día de muertos, sombrero...

Las miradas de O'Gorman y Brading ganaron un nuevo impulso en la década de 1980, precisamente cuando el nacionalismo oficial y el sistema político mexicano se emborrachaban de discursos modernizantes. *La jaula de la melancolía* (1988) de Roger Bartra fue la muy necesitada parodia de los mitos fundacionales del nacionalismo y la identidad mexicana. Mostraba cómo ese nacionalismo y esa identidad, prístina, homogénea y aparentemente benigna, era otra expresión de corrientes occidentales muy esparcidas. También mostraba cómo esos mitos y corrientes habían sido utilizados por distintos proyectos autoritarios, revolucionarios y populistas de Estado. El Porfiriato, la era afrancesada por excelencia, tenía que te-

de la imagen y culto de Nuestra Señora de Guadalupe del Tepeyac (México, UNAM, 1986).
[38] Roger Bartra, *La jaula de la melancolía* (México, Grijalbo, 1988).

ner una nueva cara ante esta perspectiva. Bartra, por supuesto, fue acusado de elitismo, de no considerar el nacionalismo popular, de occidentofilia, por no considerar el verdadero México. Porque si toda esas cosas alternativas y hermosas, que eran consideradas mexicanas, eran en verdad viejas tradiciones y creencias occidentales, ¿de dónde iban a abrevar las visiones nativistas y alternativas? ¿Y el Porfiriato? ¿Más indigenista que francés? ¿Tan francés o tan occidentalizante como el nacionalismo revolucionario?

Así, la década de 1990 vio surgir los estudios regionales de identidades y nacionalismos. De ahí el desliz a lo campesino desde una perspectiva desencantada (frente a las visiones políticas y epistemológicas de la década de 1960), y se trató de estudios a nivel local, de patriotismos populares, que intentaron otro nacionalismo diferente al "hegemónico" e internacionalista.[39] Por momentos estos lúcidos estudios, como el de Florencia Mallon, se ven llenos de un cierto espíritu épico: la búsqueda del verdadero México, que, seguro, es indígena, igualitario y tolerante, aunque se hagan todos los paréntesis necesarios para mostrar que es contingente, partido por clase, por relaciones de género y de etnia. La revuelta zapatista de Chiapas en 1994 reforzó esta tendencia, incluso en la historiografía del Porfiriato. No es de extrañar que en varias ocasiones los análisis empezaran en el Porfiriato y terminaran en Chiapas 1994. Pareciera que se quiere que el verdadero México sea un eterno *under the volcano*. De hecho, la historia social del Porfiriato hoy resulta en una historiografía del nacionalismo mexicano, por ello la raza y la identidad. Y esto, una vez más, Bartra mediante, significa un eco de debates internacionales y no sólo mexicanos.

Sin embargo, las ideologías globales modernas, como el liberalismo o el socialismo o el anarquismo o el marxismo o el nacionalismo mismo —una de las globalidades más globales—, no solían gustar mucho de la idea de "identidades"; para el nacionalismo, identidad, sí, pero una y homogénea. Identidad, sí, la de obrero, la solidaridad de clase, lo demás virguería burguesa. Después de todo, lo importante era la ciu-

---

[39] Véase, por ejemplo, Florencia Mallon, *Peasant and Nation. The Making of Postcolonial Mexico and Peru* (Berkeley y Los Ángeles, University of California Press, 1995); Guillermo Bonfil Batalla, *México profundo: una civilización negada* (México, SEP/CIESAS, 1987).

dadanía liberal o la conciencia de clase o la identidad nacional. Quizá sólo el anarquismo y los socialistas utópicos, como los llamaba Marx, con su acento en lo pequeño de la comunidad autogobernada y en la naturaleza y la tierra, desarrollaron respeto por las nociones de identidad local. Pero incluso el anarquismo fue impregnado de universalismo científico racial —por ejemplo, el programa magonista hacía un llamado a la expulsión de los inmigrantes chinos, en vista de las anomalías de la raza china y de la necesidad de apoyar a pequeños agricultores mexicanos que competían con los chinos—.

A fines del siglo XX, con la crisis de la izquierda y el colapso de viejos imperios y Estados-naciones, renació la obsesión por las identidades. Aún no sabemos qué cara tendrá el pasado centrado en las identidades que hoy juzgamos eternas pero que son efímeras. Una visión social del pasado basada en identidades puede resultar en una terapia para el presente pero en poca historia; ya va bien una historia cultural de identidades —si es sobre la construcción consciente de identidades, cambios estratégicos de sentidos de pertenencia, asumir posiciones políticas a partir de identidades—; lo malo es cómo marcar lo que puede historiarse y lo que no; ¿cómo no caer en esencias y cómo salir de ellas?

Una cuestión vital para esta historiografía del campesino, de la "gente sin historia" y de las identidades del Porfiriato es un secreto "exoticismo". Es decir, de alguna manera se ha creado la idea de que lo que sucede fuera de la ciudades "afrancesadas" es auténtico; por tanto, no occidental, no afrancesado. Pero lo interno y externo, no occidental-occidental, en una región colonizada a fines del siglo XV por imperios europeos, es una cosa difícil de establecer.[40] Las dimensiones del llamado poscolonialismo en las Américas son muy complicadas; se trata de sociedades partidas por clase, raza, etnia, pero sociedades, por mucho que las hagamos exóticas, pertenecientes a la cristiandad moderna.[41] El pasado es siempre *terra incognita,* pero

---

[40] Véase el controvertido ensayo de Jorge Klor de Alva, "The Postcolonialization of the (Latin) American Experience: A Reconsideration of Colonialism, and Mestizaje", en Gyan Prakash (ed.), *After Colonialism: Imperial Histories and Postcolonial Displacements* (Princeton, Princeton University Press, 1995), pp. 241-275; y véase la opinión de François-Xavier Guerra, *Modernidad e independencia. Ensayos sobre las revoluciones hispánicas* (México, FCE, 1993).
[41] Véase al respecto François-Xavier Guerra, "The Spanish-American Tradition of Representation". También el estudio de Anju Reejhsinghani que compara los estudios poscoloniales y subalternos en India y América Latina, Anju Reejhsinghani,

flaco favor le hacemos a Clío si a eso añadimos una capa de exotismo cual si habláramos de odaliscas orientales.

El último desliz de la historiografía ha ido de la consideración de la jerarquía social basada en la hacienda, peones y rancheros, a una visión de la sociedad y la economía mucho más multiforme. La historiografía del peón acasillado (por ejemplo, Turner 1910, Valadés 1941, Katz 1974) ha dejado de ser el único centro de atención y surge la historiografía de otros grupos marginales y no marginales: las mujeres, los bandidos, los movimientos milenaristas, los movimientos religiosos.

La historia de la mujer en el Porfiriato inició como una mirada al sector de la clase obrera o de la sociedad urbana que no había sido estudiada. Así, se hicieron estudios de mujeres en fábricas, tejedoras o de maestras y mujeres de letras. Pero gradualmente esta historiografía, sin dejar su parte de "traer a cuento" la historia no contada de las mujeres, empieza a ser la historia de cómo se establecieron las barreras entre lo femenino y lo masculino, y de cómo estas barreras determinaron la historia tanto de hombres y mujeres como de la nación, la ciencia y la sociedad en general.[42] Algunos trabajos, como los de Florencia Mallon, William French o las visiones generales del periodo (libros de texto arriba citados), incluyen estas distinciones entre lo femenino y lo masculino y las luchas y resistencias que producen. Inclusive algunos trabajos hacen la historia del peculiar feminismo mexicano que fue

"Parallel Lives?: Subalternity in the South Asian and Latin American Contexts", tesis de maestría, University of Texas, 2000.

[42] Véase Heather Fowler-Salamini, "Gender, Work, and Coffee in Córdoba, Veracruz, 1850-1910", en Heather Fowler-Salamini y Mary Kay Vaughan (eds.), *Women in the Mexican Countryside, 1850-1990: Creating Space, Shaping Transitions* (Tucson, University of Arizona Press, 1994); Gabriela Cano, "Género y construcción cultural de las profesiones en el Porfiriato: magisterio, medicina, jurisprudencia y odontología", *Historia y Grafía*, núm. 14 (2000), pp. 207-243; y de la misma autora, con Georgette Emilia y José Valenzuela, *Cuatro estudios de género en el México urbano del siglo XIX* (México, Porrúa, 2001); Ana María Carrillo, "Nacimiento y muerte de una profesión: las parteras tituladas en México", *Dynamis,* XIX (1999), pp. 167-190; Elisa Speckman Guerra, "Las flores del mal"; Francie R. Chassen-López, "Más baratas que las máquinas: mujeres y agricultura en Oaxaca (1880-1911)", *Siglo XIX: Cuadernos de Historia,* V, núm. 14 (1996), pp. 7-35; Cristina Rivera-Garza, "The Masters of the Streets. Bodies, Power and Modernity in Mexico, 1867-1930", tesis de doctorado, University of Houston, 1995; Gloria Tirado Villegas, *Hilos para bordar en el Porfiriato* (Puebla, Consejo de la Crónica/H. Ayuntamiento del Municipio de Puebla, 2000); Lourdes Bates, "From the Restored Republic to the Porfiriato: Nineteenth-Century Mexican Women Artists", tesis de maestría, San Diego State University, 2000; Susie S. Porter, *Working Women*; Roberto Uribe Elías, *La invención de la mujer*.

mantenido, y rechazado, por hombres y mujeres por igual.[43]
Así, resulta que la distinción entre femenino y masculino fue
hecha no sólo con costumbres, sino también con ciencia y conciencia y afectó tanto al trabajo como a la mismísima cara de
la nación; resulta igualmente que banderas tan aparentemente
feministas, como el divorcio, eran más cosa de hombres —ávidos de librarse de responsabilidades adquiridas— que de mujeres. De esta nueva historiografía podemos esperar mucho más.

La religión, ese tema que como buenos herederos del
secular siglo XIX aprendimos a olvidar, está de regreso. Y precisamente ubicado donde siempre estuvo a pesar de nuestra mirada jacobina: en los movimientos sociales. La rebelión de Tomochic, que hiciera popular Heriberto Frías en el Porfiriato, ha
merecido un renacer como un ejemplo de gran lucha religiosa
y milenarista, pero hay otros estudios sobre Michoacán y Chiapas. Quizá algún día podamos tener una síntesis que explique
el por qué y cómo de rebeliones y símbolos que van de 1810 a
la década de 1920. Pareciera ser que los liberales de mediados
del siglo XIX hubieran logrado su objetivo: hacer de todo hijo de
vecino un ciudadano racional, secular e incluso jacobino. Lo
cierto es que el Porfiriato es rico en expresiones religiosas de
todo tipo, en creencias milenaristas y futuros imaginados que
nunca llegaron a nada. Tomochic es sólo un ejemplo de esta

[43] Véase Florencia Mallon, *Peasant and Nation;* William French, *A Peaceful and
Working People*; el somero y muy general estudio de Anna Macías, *Against all
Odds*; Patience Schell, "An Honorable Avocation for Ladies: The Work of the Me-
xico City Unión de Damas Católicas Mexicanas, 1912-1926", *Journal of Women's
History*, X, núm. 4 (1999), pp. 78-103; sobre fotografía, véase Adriana Zavala,
"Constituting the Indian/Female Body in Mexican Painting, Cinema and Visual
Culture, 1900-1950", tesis de doctorado, Brown University, 2001. Sobre el moli-
no de nixtamal y la mujer, véase D. Keremitsis, "Del metate al molino: la mujer
mexicana de 1910 a 1940", *Historia Mexicana*, XXXIII, núm. 2 (1983), pp. 285-302;
sobre la educación higiénica y el establecimiento de la diferencia mujer-hombre,
Claudia Agostini, "Discurso médico, cultura higiénica y la mujer en la ciudad de
México al cambio de siglo (XIX-XX)", *Mexican Studies/Estudios Mexicanos*, XVIII,
núm. 1 (2002), pp. 1-22; sobre clubes de mujeres inmigrantes cubanas en Yucatán, véase Carlos E. Bojórquez Urzaiz, "Emigracion, patria e mulleres: Clubs de
cubanas en Yucatan durante a guerra do 95", *Estudios Migratorios*, núms. 7-8
(1999), pp. 95-105; sobre Yucatán y mujeres y formación del Estado, véase S. J.
Smith, "Engendering the Revolution: Women and State Formation in Yucatan,
Mexico, 1872-1930", tesis de doctorado, State University of New York, 2002;
sobre mujeres y manicomios, A. Carvajal, *Mujeres sin historia*; y Cristina
Rivera-Garza, *Dangerous Minds*; sobre mujeres y educación, Mary Kay
Vaughan, "Women, Class, and Education in Mexico, 1880-1928", *Latin American
Perspectives*, IV, núms. 1-2 (1977), pp. 135-152; sobre trabajadoras, Carmen
Ramos-Escandón, "Mujeres trabajadoras en el México porfiriano. Género e ideo-
logía del trabajo femenino, 1876-1911", *European Review of Latin American and
Caribbean Studies*, núm. 48 (1990), pp. 27-44.

mezcla entre lo religioso y lo político. Pero hubo comunidades socialistas, utópicas, menonitas, protestantes, y las religiones se aparearon con la nueva y esparcida religión cívica. La religión fue también una veta muy importante en el reformismo social porfiriano, en la manera como se pensaron las políticas sociales para mujeres y niños. La historia del Porfiriato como Estado benefactor está ligada a las creencias que eran algo más que santos y mojigatería.[44] El espiritismo, como han mostrado Krauze y Saborit, fue también una creencia importante y esparcida, como en todo el mundo, y que no respetó ni la sacrosanta virginidad atea y jacobina de Plutarco Elías Calles.[45]

Si bien contamos con historias sociales locales que muestran el libre albedrío de los pueblos ante la nación y el desarrollo capitalista, en esas historias la gente no reza a sus santos. Imposible. Dios no murió, a Dios lo matamos. Dejémoslo vivir en nuestras historias. La gente en el XIX y en el XX le quemaba copal al santo, de eso podemos estar seguros. Aún falta mucho por hacerse.[46]

LA ECONOMÍA

En las últimas dos décadas algunos historiadores, acaso los más ingenuos, se han resistido a dejar de pensar que en la historia, además de mucho de arte, hay algo de ciencia. Estos historiadores han querido hacer volar a la historia no aligerándola de motores, sino dotándola de motores más potentes, esto es, nutriéndola de los avances en las ciencias sociales y haciéndola dialogar con ellos. Esta tendencia, que últimamente se ha dado en llamar *social science history,* no es exclusiva de la historia económica; sin embargo, este

[44] Véase, por ejemplo, Ann Shelby Blum, "Children without Parents: Law, Charity and Social Practice, Mexico City, 1867-1940", tesis de doctorado, University of California, 1998; y Christopher Joseph Gill, "The Intimate Life of the Family: Patriarchy and the Liberal Project in Yucatan, Mexico, 1860-1915", tesis de doctorado, Yale University, 2001.

[45] Véase Charles Hale, "Political and Social Ideas"; Kaja Finkler, "Dissident Sectarian Movements, the Catholic Church, and Social Class in Mexico", *Comparative Studies in Society and History,* XXV, núm. 2 (1983), pp. 277-305; Silvia Ortiz Echaniz, "Origen, desarrollo y características del espiritualismo en México", *América Indígena,* XXXIX, núm. 1 (1979), pp. 147-170; Antonio Saborit, "Pedro Castera: una vida subterránea", *Historias,* núm. 39 (1997-1998), pp. 45-63.

[46] Véase sobre Michoacán, Luis Enrique Murillo, "The Politics of the Miraculous: Popular Religious Practice in Porfirian Michoacan, 1876-1910", tesis de doctorado, University of California, 2002; sobre Tomóchic, Paul Vanderwood, *The Power of God;* y Antonio Saborit, *Los doblados de Tomóchic* (México, Cal y Arena, 1994).

último campo ha sido uno de los más contagiados por este espíritu.[47]

Al igual que en el resto del mundo, la historia económica de México ha ido incorporando más herramientas tanto teóricas como cuantitativas de la economía, siguiendo la tendencia que comenzó en la década de 1960 en los Estados Unidos a partir del surgimiento de la *new economic history*.[48] De igual forma, la historia económica ha incorporado muchas de las preguntas y herramientas teóricas del neoinstitucionalismo, cuyo principal exponente ha sido Douglas C. North.[49]

Para la historia económica de México, a diferencia de lo que ocurre en otros campos de la historia, el Porfiriato resulta la etapa central, la más y mejor estudiada.[50] Esta marcada preferencia tiene varios motivos. Primero está la fascinación que este periodo despierta en los historiadores económicos, en el fondo fieles "creyentes en el desarrollo".[51] Por ello no sorprende la atención que ha ganado el Porfiriato entre los historiadores económicos: se trata del primer periodo en la histo-

---

[47] Como vimos para el campo de la historia cultural, en la historia económica también se da el viejo debate epistemológico de la filosofía de la ciencia, y más particularmente de la filosofía de la historia, sobre la posibilidad de objetividad y cientificidad de la misma ha tomado una gran actualidad a través de las posturas antagónicas de algunos historiadores culturales y algunos historiadores económicos. Para quien le interese adentrarse en este debate específicamente en relación con la historiografía mexicana, véase Stephen Haber, "The Worst of Both Worlds: The New Cultural History of Mexico", *Mexican Studies/Estudios Mexicanos*, XIII, núm. 2 (1997), pp. 363-383, y "Anything goes: Mexico's New Cultural History", *The Hispanic American Historical Review*, LXXIX, núm. 2 (1999), pp. 309-330; Alan Knight, "Subaltern, Signifiers"; Pablo Piccato, "Conversación con los difuntos"; Eric van Young, "La pareja dispareja: breves comentarios acerca de la relación entre historia económica y cultural", *Historia Mexicana*, LII, núm. 207 (2003), pp. 831-870; Pedro San Miguel, "La representación del atraso: México en la historiografía estadunidense", *Historia Mexicana*, LIII, (2004), pp. 745-796; y Sandra Kuntz Ficker, "Sobre el ruido y las nueces. Comentarios al artículo de Pedro San Miguel, 'La representación del atraso: México en la historiografía estadunidense'", *Historia Mexicana*, LIII, núm. 212 (2004), pp. 959-988.
[48] En la página de internet: http://www.eh.net el lector podrá apreciar la importancia internacional y amplia salud de la que goza este programa de investigación.
[49] Algunos trabajos que describen esta tendencia historiográfica son: John Coatsworth, "Cliometrics in Mexican History", *Historical Methods*, XVIII, núm. 1 (1985), pp. 31-33; Stephen Haber (ed.), *How Latin America Fell behind: Essays on the Economic Histories of Brazil and Mexico, 1800-1914* (Stanford, Stanford University Press, 1997), introducción; Douglass C. North y Barry Weingast, "Concluding Remarks: The Emerging New Economic History of Latin America", en Stephen Haber (coord.), *Political Institutions and Economic Growth in Latin America*, (Stanford, Stanford University Press, Hoover Institute, 2000), pp. 273-283.
[50] El único periodo que rivaliza con el Porfiriato en lo profuso de la historiografía económica es el siglo XVIII mexicano.
[51] Sobre la creencia en el desarrollo, véase Pedro San Miguel, "La representación del atraso: México en la historiografía estadunidense", p. 786.

ria independiente de México, en el que el país experimentó un proceso de crecimiento económico sostenido, de industrialización, de integración del mercado nacional y de integración a los mercados internacionales, así como de construcción de instituciones "modernizadoras" —léase liberales— que buscaban el desarrollo económico del país. Otra razón de esta preferencia está ligada a la abundancia de fuentes cuantitativas y cualitativas que facilitan el estudio del periodo, de forma más rigurosa que la de tal vez cualquier otro periodo de la historia nacional, con excepción del periodo más reciente.

Al igual que la historia de otros temas del Porfiriato, la historia económica ganó su principal sustento con la *Historia moderna de México,* editada por Daniel Cosío Villegas. En *El Porfiriato: Vida económica* (volúmenes VII y VIII) encontramos los puntos de partida de muchos de los temas que se volverían recurrentes sobre el Porfiriato: la agricultura, la minería, la industria, los ferrocarriles, el comercio, la banca, las finanzas públicas y la inversión extranjera, entre otros.[52]

Es difícil exagerar la importancia de esta publicación para la historia económica de México puesto que detrás de cada uno de los ensayos realizados se encuentra un esfuerzo colectivo, sin paralelo, de investigación, de recopilación, organización y análisis de fuentes cualitativas y cuantitativas. La construcción de las series estadísticas constituyó una tarea en sí misma, con importancia propia, pues, como Fernando Rosenzweig bien preveía, las estadísticas serían de una gran utilidad por sí mismas para investigaciones ulteriores. Con esta larga labor de recolección y cálculo, y como pocas veces sucede en el caso del historiador social o cultural, el historiador económico se apersonaba conscientemente como historiador del futuro, como el ayudante de investigación del historiador del porvenir. La elaboración de las estadísticas económicas del Porfiriato fue un proyecto que implicó años de esfuerzo constante por parte de un equipo que se llamó a sí mismo Seminario de Historia Moderna de México. Las estadísticas económicas del Porfiriato se publicaron en dos volúmenes: uno dedicado al comer-

---

[52] Para la realización de las monografías de historia económica del Porfiriato, Daniel Cosío Villegas convocó a una serie de historiadores y economistas, entre quienes, si bien algunos no tenían experiencia previa en el campo, todos contaban con las capacidades necesarias para participar con brillantez. Ellos fueron: Fernando Rosenzweig, Francisco Calderón, Guadalupe Nava, Gloria Peralta, Luis Nicolau d'Olwer, Luis Cossío Silva y Ermilo Coello.

cio exterior y el otro a la fuerza de trabajo y actividad económica por sectores.[53] En ellos encontramos desde series de salarios, precios y empleo, pasando por series de finanzas públicas y producción por sector y por producto, hasta series de importaciones-exportaciones y balanzas comerciales. No se escatimaron esfuerzos en consultar para su elaboración prácticamente todos los documentos gubernamentales disponibles, tanto nacionales como extranjeros.

El sustento cuantitativo que está detrás de cada una de las monografías de los volúmenes de *Vida económica* del Porfiriato hace de ellos un verdadero parteaguas con respecto a cualquier escrito que les precediera. Pero el trabajo de investigación que se realizó para escribir los volúmenes de *Vida económica* no paró con la construcción de las estadísticas económicas del Porfiriato, sino que significó también una amplia revisión bibliográfica y hemerográfica de fuentes primarias y secundarias. Así, por ejemplo, se estudiaron revistas porfirianas dedicadas a negocios y a la economía, tales como *La Semana Mercantil* o *El Economista Mexicano,* entre muchas otras, así como una gran cantidad de informes gubernamentales, leyes y decretos. Asimismo, se dedicaron importantes recursos a la consulta de fuentes internacionales.[54]

No cabe duda, sin embargo, que de 1964 a la fecha se han dado importantes avances y cambios en nuestra comprensión de la vida económica del Porfiriato.[55] Las diferencias y similitudes en la forma de entender la historia económica del Porfiriato de entonces a acá hacen evidente que la historia, sea cultural o económica, siempre es revisión, reimaginación, reexploración y reinvención.

Al igual que fue para quienes escribieron los volúmenes VII y VIII de la *Historia moderna de México,* para el histo-

[53] Seminario de Historia Moderna de México, Estadísticas Económicas del Porfiriato, *Comercio Exterior de México, 1877-1911* (México, Colmex, 1960); y Seminario de Historia Moderna de México, Estadísticas Económicas del Porfiriato, *Fuerza de trabajo y actividad económica por sectores* (México, Colmex, s. f.)

[54] Se contrató, por ejemplo, a la Unidad de Investigación de la revista *The Economist* para que hiciera una relación sobre la inversión extranjera en México, que sigue constituyendo una de las recopilaciones documentales más exhaustivas sobre el tema.

[55] Una buena síntesis del estado del conocimiento sobre distintos temas de la historia económica del Porfiriato se puede encontrar en el capítulo V de Enrique Cárdenas, *Cuando se originó el atraso económico de México. La economía mexicana en el siglo XIX, 1780-1920* (Madrid, Biblioteca Nueva Fundación Ortega y Gasset, 2003).

riador actual resulta difícil estudiar al Porfiriato en sí mismo, olvidándose del final de la película que le hace buscar en el Porfiriato las semillas de su destrucción. En 1964, cuando la Revolución mexicana aún se vivía en tiempo presente, como dejó ver Cosío y Villegas en el prólogo a uno de los volúmenes citados, era aún más difícil estudiar el Porfiriato fuera de la perspectiva de la Revolución. Hoy esa dificultad ha disminuido, la Revolución mexicana se ubica claramente en el pasado.

Reflexionar sobre las perspectivas ideológicas que influenciaron a los distintos autores que participaron en la *Historia moderna* nos hace pensar en los particulares sesgos con los que cargamos hoy día al hacer historia. Si los maestros de la *Historia moderna* se reconocían partidarios del liberalismo económico y político, muchos de los historiadores económicos de las últimas décadas se ubican dentro del reencuentro de su disciplina con los presupuestos básicos del liberalismo económico y del pensamiento neoclásico. Esto, junto con una nueva ola de globalización en el mundo, nos hace encontrar en el Porfiriato resonancias con el presente de formas que hace poco no se percibían. Tal pareciera que a medida que pasa el tiempo, el Porfiriato, en lugar de alejarse, se vuelve cada vez más próximo.

Releer las monografías de la *Vida económica* hace también evidente que la historiografía del Porfiriato ha tenido importantes progresos en los cuarenta años que han transcurrido desde su edición. Al hablar de progreso es necesario aceptar que en la historia hay algo así como avance científico, es decir, un cierto grado de objetividad, un proceso acumulativo y constructivo en el conocimiento.[56] Son tantos los trabajos

---

[56] El concepto de ciencia al que hago referencia dista mucho del concepto positivista de la misma que prevalecía a fines del siglo XIX, o incluso del concepto "falsificacionista" de Popper. La filosofía de la ciencia actual, fuertemente influida por los trabajos de Kuhn, sostiene que la ciencia (incluso las ciencias exactas) está muy distante de la "objetividad" que le atribuía el positivismo. Si esto es cierto para las ciencias naturales, lo es todavía más para ciencias sociales como la economía y aún más para disciplinas como la historia. Sobre la filosofía de la ciencia, véase Karl Popper, "Verdad y aproximación a la verdad (1960)", en David Miller (comp.), *Popper, escritos selectos* (México, FCE, 1995), pp. 197-214; Thomas Kuhn, *La estructura de las revoluciones científicas* (México, FCE, 2002); Imre Lakatos, *La metodología de los programas de investigación científica*, John Worall y Gregory Curie (eds.) (Madrid, Alianza Editorial, 1983). Sobre la filosofía de la economía, véase Dan Hausman, *The Inexact and Separate Science of Economics* (Cambridge, Cambridge University Press, 1992). Sobre la historia como ciencia, véase Edward Carr, *¿Qué es la historia?* (Barcelona, Seix Barral, 1973), por citar a un clásico.

de historia económica que han contribuido a nuestro conocimiento del Porfiriato que resulta imposible referirse a cada
uno de ellos en este ensayo. A cambio, describiremos algunas
de las líneas de investigación más importantes que se han
visto enriquecidas en los últimos años.

Si la *Historia moderna* describía los grandes trazos
de una historia económica nacional que giraban alrededor de
la capital y del gobierno federal, una gran cantidad de trabajos realizados a partir de entonces presentan una perspectiva
distinta. Una de las vertientes de desarrollo más favorecida
en las últimas décadas ha sido la construcción de historias
económicas regionales y locales.[57] Además, muchos de estos
estudios logran escapar al énfasis que se solía poner al papel
gubernamental, al utilizar fuentes de información distintas a
las que dicho organismo generaba. De esta manera se ha escrito una multiplicidad de trabajos sobre haciendas, minas,
comercio y empresarios de diversas partes del país que en
conjunto proporcionan una imagen mucho más compleja y
heterogénea de la economía mexicana que la que proponía la
Historia moderna.

Con esta nueva literatura queda claro que la centra-
lización y la homogeneización que caracterizaron al Porfiriato,
según Daniel Cosío Villegas, no fueron tan profundas como
anteriormente se pensaba.[58] Las diferencias regionales conti-
nuaban existiendo y eran muy profundas. Estos trabajos confirman, por el contrario, que el elevado crecimiento que se dio
a nivel regional tuvo importantes repercusiones nacionales en
la medida en que los círculos virtuosos de crecimiento sobre-
pasaron el ámbito regional y se comunicaron a lo largo y
ancho de la República.

Otra importante diferencia que nos separa de la *Historia moderna* es el sustancial giro metodológico que ha dado
la historia económica en los últimos treinta años. Este cambio
es el de una historia descriptiva, como la que encontramos en
la *Historia moderna*, a una historia mucho más analítica que
utiliza más las teorías de las ciencias sociales.

---

[57] Eric van Young, *Mexico's Regions: Comparative History and Development*
(San Diego Center for U. S.-Mexican Studies, USCD, 1992), ofrece en sus distintos ensayos una interesante reflexión sobre la aproximación regional a la historia de México.
[58] Daniel Cosío Villegas, *Historia moderna,* vol. VII, pp. XIV-XV.

MACROECONOMÍA Y FINANZAS PÚBLICAS

La *Historia moderna,* en los capítulos sobre hacienda pública y sobre moneda y bancos, aporta una visión amplia sobre los principales rasgos de la política macroeconómica del Porfiriato.[59] De entonces a acá, una gran cantidad de trabajos nos permiten conocer mucho mejor el devenir macroeconómico del Porfiriato, así como la naturaleza de las distintas políticas fiscales y monetarias que el gobierno llevó a cabo durante este periodo. Hoy, gracias a un extenso trabajo de recopilación y ordenamiento de los datos, podemos distinguir con precisión los distintos subperiodos que caracterizaron al Porfiriato en términos del entorno económico general y de las políticas implementadas.

El trabajo de Marcelo Carmagnani fue un parteaguas para la historia de la fiscalidad en México; despertó un creciente interés en el tema. Sus hallazgos hicieron evidente que construir unas finanzas públicas sanas —requisito indispensable para la formación de un Estado nacional viable— fue el principal reto que enfrentó México a lo largo del siglo XIX, reto que no comenzó a resolver sino hasta mediados de la década de 1890.[60] Su trabajo abrió una nueva dimensión al viejo tema del federalismo e impulsó varios estudios sobre el mismo desde una perspectiva económica y fiscal.[61] La amplia investigación de Carlos Marichal, Manuel Miño y Paolo Riguzzi sobre las finanzas públicas del Estado de México de 1834 a 1923 fue un esfuerzo pionero en el estudio de la fiscalidad no del Estado federal, sino de uno de los estados. Este estudio revela la importancia de adentrarse en las finanzas estatales para comprender las finanzas públicas, la economía y la política no sólo regional sino nacional.[62] Los retos, avances y retrocesos que experimentó la hacienda pública mexicana en la construcción de un nuevo orden financiero en los periodos de Matías Romero, Manuel Dublán y José Ives Limantour han sido espléndi-

[59] Los autores de estos capítulos fueron Gloria Peralta Zamora y Fernando Rosenzweig, respectivamente.
[60] Marcello Carmagnani, *Estado y mercado: la economía pública del liberalismo mexicano, 1850-1911* (México, FCE, 1994), y "Finanze e stato in Messico, 1820-1880", *Nova Americana,* V (1982), pp. 175-213.
[61] Alicia Hernández Chávez, *¿Hacia un nuevo federalismo?* (México, Colmex/ FCE, 1996).
[62] Carlos Marichal *et al., El primer siglo de la hacienda pública del Estado de México, 1824-1923* (México, El Colegio Mexiquense/Gobierno del Estado de México, 1994).

damente analizados en los recientes ensayos de Graciela Márquez, Leonor Ludlow y Alicia Salmerón.[63]

Un rubro de política fiscal que ha recibido particular atención en fechas recientes ha sido el de la política arancelaria. El precursor en el estudio de las políticas comerciales del gobierno mexicano fue también Daniel Cosío Villegas, aunque en este caso en un trabajo muy anterior a la *Historia moderna*.[64] Después de muchos años en que se prestó escasa atención al tema, el cambio en el paradigma económico ocurrido a partir de mediados de la década de 1980 dio al tema del proteccionismo un lugar privilegiado en la agenda de investigación.[65]

Hablar de aranceles no es solamente hablar de finanzas públicas. Desde los escritos de David Ricardo es claro que la protección comercial está vinculada a temas más amplios de industrialización y desarrollo económico, y que ésta se construye en una ardua lucha política en la que distintos grupos procuran salvaguardar sus intereses. La política comercial es, a fin de cuentas, política y su estudio implica adentrarse en un espectacular campo de batalla.

La historiografía del Porfiriato incluye sin duda los mejores estudios que existen acerca de política comercial en México. El avance de los años recientes ha sido enorme, si bien aún queda mucha tela de dónde cortar. Partimos de una visión de la política comercial porfiriana en la que se asumía al gobierno como actor autónomo que hacía y deshacía a su antojo. La cuestión era averiguar cuáles eran los objetivos que éste perseguía. A ese respecto la *Historia moderna* planteaba que

[63] Graciela Márquez, "The Political Economy of Mexican Protectionism, 1868-1911", tesis de doctorado, Universidad de Harvard, 2002; Leonor Ludlow, "Manuel Dublán: la administración puente en la hacienda pública porfiana", en Leonor Ludlow (coord.), *Los secretarios de Hacienda y sus proyectos (1821-1933)* (México, Instituto de Investigaciones Históricas, UNAM, 2002), 2 t., pp. 141-174; y Alicia Salmerón, "Proyectos heredados y nuevos retos del ministro José Yves Limantour (1893-1911)", en Leonor Ludlow (coord.), *Los secretarios de Hacienda y sus proyectos (1821-1933)*, pp. 175-210. Asimismo, la investigación de Javier Pérez Siller, *La fiscalidad, un observatorio para el historiador. Ensayo de historiografía sobre el Porfiriato, 1867-1995* (México, BUAP, 1999), aporta nuevas luces sobre el tema.
[64] Daniel Cosío Villegas, *La cuestión arancelaria en México, Historia de la política aduanal III* (México, Ediciones del Centro Mexicano de Estudios Económicos, 1932).
[65] Luis Jáuregui, "Vino viejo y odres nuevos. La historia fiscal en México", *Historia Mexicana*, LII, núm. 3 (2003), pp. 725-771, constituye un extraordinario ensayo historiográfico sobre finanzas públicas en el que se destaca la gran influencia que tienen los debates económicos de cada momento sobre los estudios históricos que se van elaborando.

el gobierno mexicano no tenía un objetivo industrializador claro. El proteccionismo se debía, de acuerdo con Fernando Rosenzweig, a las necesidades fiscales del gobierno. Si bien la depreciación de la moneda de plata generaba un importante aliento a la sustitución de importaciones, esta política no tenía como objetivo principal el desarrollo de la industria sino el de la minería.[66] No se detiene el trabajo en indagar acerca de las presiones políticas que pudieran haber estado detrás de esos objetivos gubernamentales.

Los trabajos de Edward Beatty y Graciela Márquez no sólo desmienten esta idea sino que van más allá.[67] Adentrarse en el tema arancelario develó a ambos autores las distintas escaramuzas políticas que se dieron durante el Porfiriato en torno a la protección comercial. La capacidad del gobierno federal para definir la política comercial no era un supuesto del que se podía partir, sino un dato histórico por descubrir. Ambos trabajos encuentran que el gobierno de Díaz nunca tuvo consigo todas las canicas, pero que fue capaz de ir consiguiendo cada vez más, a modo de definir una política comercial coherente, sobre todo a partir de 1893, en que se pueden percibir objetivos nacionales que iban más allá de la suma de las exigencias planteadas por distintos grupos de interés. Para ambos autores, la política arancelaria porfiriana tenía el objetivo claro y explícito de disminuir el nivel general de protección mientras se protegía selectivamente a los sectores que se deseaba promover, entre los cuales estaban primordialmente las manufacturas.[68] El trabajo de Márquez hace además un extraordinario recuento de la lucha política y en el terreno de

---

[66] Fernando Rosenzweig, "La industria", en Daniel Cosío Villegas (ed.), *Historia moderna de México*, vol. VII, *El Porfiriato: Vida económica* (México, Hermes, 1965), pp. 311-482.

[67] Edward Beatty, *Institutions and Investment. The Political Basis of Industrialization in Mexico Before 1911* (Stanford, Stanford University Press, 2001); Graciela Márquez, "Tariff Protection in Mexico, 1892-1910: Ad Valorem Tariff Rates and Sources of Variation", en John Coatsworth y Alan Taylor (eds.), *Latin America and the World Economy since 1800* (Cambridge, Harvard University Press, 1998), pp. 407-442, y Graciela Márquez, *The Political Economy of Mexican Protectionism*. Este último trabajo no sólo analiza la política arancelaria sino que hace también una excelente revisión de la política fiscal porfiriana en un sentido más amplio, por lo que su lectura es ampliamente recomendada para los interesados en la política fiscal porfiriana.

[68] Estos trabajos indican cómo durante el Porfiriato el gobierno promovió la racionalización de las tarifas arancelarias ordenándolas en cascada a modo que los aranceles sobre productos finales fueran más altos que sobre los insumos.

las ideas, adentro y fuera del gabinete de Díaz, la cual fue definiendo la política comercial del régimen. Por su parte, el reciente libro de Paolo Riguzzi lleva esta discusión al plano internacional, estudiando a fondo la política exterior de México
con Estados Unidos, su principal socio comercial. En este trabajo, Riguzzi argumenta que durante el Porfiriato la política
exterior mexicana fue capaz de allanar la profunda asimetría
política y económica en la relación de estos países para lograr
acuerdos que avanzaban los intereses de México.[69] Una imagen mucho más compleja y ambigua que aquella del Porfiriato,
como la era de vendepatrias.

La cuidadosa reconstrucción de series de comercio exterior que realizó Sandra Kuntz a partir de datos internacionales ofrece una idea más precisa de la evolución del comercio
exterior y de la balanza de pagos durante el Porfiriato.[70] Los
nuevos datos permiten revaluar el papel del sector externo en
el desarrollo económico del país durante este periodo. Los
datos muestran cómo, gracias al despegue del sector exportador ocurrido en la década de 1880, el país pasó de una
balanza comercial severamente deficitaria durante las primeras dos décadas del Porfiriato a un déficit moderado a partir
de la década de 1890, e incluso modestos superávits en el último lustro de la década de 1900.[71]

Las finanzas públicas durante el Porfiriato estuvieron intrínsecamente relacionadas con el desarrollo del mercado financiero (tema del que hablaremos con mayor detalle en
la siguiente sección) y con la evolución de la deuda externa.[72]

---

[69] Paolo Riguzzi, ¿La reciprocidad imposible? La política del comercio entre México y Estados Unidos 1877-1938 (México, Colmex/Instituto de Investigaciones
Dr. José María Luis Mora, 2003).
[70] Sandra Kuntz Ficker, "Nuevas series del comercio exterior de México", Revista
de Historia Económica, xx, núm. 2 (2002), pp. 213-270.
[71] Los hallazgos de Kuntz contrastan con la visión convencional de que el sector exportador generó pocos beneficios al crecimiento económico del país como
se argumenta en Luis Catao, The Failure of Export-led Growth in Brazil and
México c. 1870-1930 (Londres, Institute of Latin American Studies, 1992); y
menos radicalmente en Víctor Bulmer-Thomas, The Economic History of Latin
America since Independence (Cambridge, Cambridge University Press, 1996),
pp. 60-70. Una visión amplia muy esclarecedora sobre el papel de las exportaciones en el crecimiento económico de México durante ese periodo puede leerse
en Alan Knight, "El estímulo de las exportaciones en el crecimiento económico
mexicano, 1900-1930: I. Reflexiones iniciales: unidades y periodos de análisis",
en Enrique Cárdenas, José Antonio Campo y Rosemary Thorp (comps.), La era
de las exportaciones latinoamericanas de fines del siglo xix a principios del xx
(México, FCE, 2003), pp. 165-202.
[72] Sobre este tema consúltese Carlos Marichal, "The Construction of Credibility:

El trabajo de Jan Bazant (1968) sobre la deuda externa de México presentó por primera vez una reconstrucción de las cifras de la deuda y un análisis sistemático de las mismas. Las breves pero rigurosas incursiones en el campo de la historia económica de dos importantes economistas, Luis Téllez y Jaime Zabludowsky, han enriquecido nuestro conocimiento sobre el costo de la deuda externa y su interrelación con otras variables económicas e incluso políticas, así como sobre las operaciones financieras realizadas por el gobierno de Díaz en el manejo de la deuda y los usos que se dieron a la misma.[73] Por su parte, los múltiples trabajos de Carlos Marichal han situado el problema de la deuda mexicana en un ámbito latinoamericano e internacional[74] y han puesto la deuda mexicana en el contexto de los ciclos macroeconómicos y en el de los episodios de crisis financieras vividas durante el Porfiriato.[75] Los trabajos de Marichal también han vinculado la deuda al proceso general de construcción de mercados financieros creíbles durante este periodo y al desarrollo económico en general.[76]

La crucial interrelación entre el arreglo de la deuda externa, el déficit fiscal, la construcción del sistema financiero y el desarrollo económico durante el Porfiriato es analizada de forma brillante por Thomas Passananti. Este trabajo reinterpreta la historia de la deuda externa, argumentando, de

Financial Market Reform and the Renegotiation of Mexico's External Debt in the 1880's", en Jeffrey Bortz y Stephen Haber (eds.), *The Mexican Economy, 1870-1930. Essays on the Economic History of Institutions, Revolution and Growth* (Stanford, Stanford University Press, 2002), pp. 93-119.

[73] Luis Téllez, "Préstamos externos, primas de riesgo y hechos políticos: la experiencia mexicana en el siglo XIX", en Enrique Cárdenas (comp.), *Historia económica de México*, 3 vols. (México, FCE, 1992); Jaime Zabludovsky, "La depreciación de la plata y las exportaciones", en Enrique Cárdenas (comp.), vol. II, *Historia económica de México* (México, FCE, 1992).

[74] Carlos Marichal, *A Century of Debt Crisis in Latin America: from Independence to the Great Depression, 1820-1930* (Princeton, Princeton University Press, 1989); también, *Historia de la deuda externa de América Latina* (México, Alianza Mexicana, 1988).

[75] Carlos Marichal, "El manejo de la deuda pública y la crisis financiera de 1884-1885", en Leonor Ludlow y Jorge Silva (eds.), *Los negocios y las ganancias de la Colonia al México moderno* (México, Instituto de Investigaciones Dr. José María Luis Mora/Instituto de Investigaciones Históricas, UNAM, 1993), pp. 419-444.

[76] Carlos Marichal, *La deuda externa y las políticas del desarrollo económico durante el Porfiriato: algunas hipótesis de trabajo* (México, Instituto de Investigaciones Dr. José María Luis Mora, 1988); "Foreign Loans, Banks and Capital Markets in Mexico, 1880-1910", en Reinhard Liehr (ed.), *The Public Debt in Latin America in Historical Perspective* (Francfort del Meno-Madrid, Vervuert/Iberoamericana, 1995); y "The Construction of Credibility: Financial Market Reform and the Renegotiation of Mexico's External Debt in the 1880s", en Jeffrey Bortz y Stephen Haber (eds.), *The Mexican Economy, 1870-1930*, pp. 93-119.

forma contraria a lo que había sostenido la historiografía, que durante la primera etapa del Porfiriato (entre 1870 y 1890) el gobierno fue más independiente y más efectivamente "nacionalista" de lo que sería a partir de la llegada de Limantour al control de las finanzas públicas.[77]

En cuanto a la política monetaria, han cobrado especial interés la cuestión de la depreciación de la plata y la reforma monetaria de 1905 que llevó a la adopción del patrón oro. Estos temas, ya destacados por Rosenzweig en la *Historia moderna,* han sido estudiados a profundidad por múltiples trabajos. Márquez ha cuantificado la importancia de la depreciación de la plata como instrumento de protección comercial y ha mostrado que el gobierno de Díaz poseía una gran claridad respecto del papel de este mecanismo de protección no arancelario. Enrique Cárdenas ha calculado la pérdida que significó, en los términos de intercambio de México, la depreciación de la plata. A su vez, Zabludowski analizó el papel de la depreciación en relación con los costos de la deuda externa.[78]

[77] Thomas Passananti, "International and Domestic Conflict in Late Porfirian Mexico: A History of the Mexican Monetary Reform of 1905", tesis de doctorado, University of Chicago, 2001; el autor encuentra que durante el primer Porfirist el gobierno rechazó la ortodoxia financiera posponiendo deliberadamente un acuerdo con los acreedores extranjeros hasta que pudo conseguir de otras fuentes —banqueros extranjeros y compañías ferrocarrileras— la inversión necesaria para llevar a cabo los proyectos de infraestructura de transporte que tenía contemplados. En cambio, hacia mediados de la década de 1890, el gobierno porfiriano comenzó a seguir las políticas fiscales ortodoxas que demandaban los prestamistas internacionales. Esto permitió renegociar la deuda externa en varias ocasiones, obteniendo cada vez mejores términos y condiciones, incluyendo menores tasas de interés. Para los funcionarios porfirianos, estos logros significaban una prueba del progreso económico que se iba alcanzando y los consideraban un avance en términos de los intereses nacionales. Sin embargo, Passananti considera que a consecuencia de esta estrategia se ajustaron el presupuesto y las prioridades económicas a las del servicio de la deuda, dejando al gobierno sin los medios e instrumentos necesarios para enfrentar los crecientes problemas aparentes ya en la víspera de la Revolución.
[78] Edwin Kemmerer, *Modern Currency Reforms* (Nueva York, The MacMillan & Co., 1916), es una fuente fundamental sobre el tema. Torres Gaytán, *Un siglo de devaluaciones del peso mexicano* (México, Siglo XXI, 1990 [1980]), da una perspectiva general bastante útil. Entre los trabajos recientes destacan Jaime Zabludowski, "Money, Foreign Indebtness and Export Performance in Porfirist Mexico", tesis de doctorado, Yale University, 1984; María Luna Argudín, "La reforma monetaria limanturiana (1905)", *Relaciones,* núm. 67-68 (1996), pp. 173-201; Enrique Cárdenas, "A Macroeconomic Interpretation of Nineteenth Century Mexico", en Stephen Haber (ed.), *How Latin America Fell Behind. Essays on the Economic History of Brazil and Mexico, 1800-1914* (Stanford, Stanford University Press, 1997), pp. 65-92; y Graciela Márquez, "El proyecto Hacendario de Matías Romero", en Leonor Ludlow (coord.), *Los secretarios de Hacienda y sus proyectos (1821-1933),* vol. II (México, UNAM, 2002), pp. 111-140. Una descripción detallada de los efectos de la depreciación de la plata por sectores se encuentra en Aldo Musacchio, "Entre el oro y la plata: un estudio de las

En cuanto a la adopción del patrón oro, los trabajos de Aldo Musacchio y Thomas Passananti indagan sobre las razones que llevaron al gobierno de Díaz a optar por ese régimen monetario. Su análisis sitúa la entrada de México al patrón oro como parte de un proceso internacional, ampliamente estudiado en la literatura, del que México formó parte.[79] Por su parte, el estudio de la crisis económica de 1907 y sus efectos sobre los mercados financieros como preámbulo a la debacle financiera que sufrió el país durante la Revolución es un tema que comienza a cobrar relevancia.[80]

La elaboración de un nuevo índice de precios del Porfiriato, que supera muchos de los problemas del índice de precios propuesto por las *Estadísticas económicas del Porfiriato*, nos permite tener hoy un mejor conocimiento del devenir macroeconómico del periodo. Las estadísticas actuales indican una mayor estabilidad de precios que la sugerida por las *Estadísticas económicas del Porfiriato*, inclusive durante la última década del Porfiriato.[81] Además, las nuevas series se comportan con mayor suavidad y se relacionan más consistentemente con otras variables monetarias y con las series de precios internacionales. La disponibilidad de estas nuevas estadísticas nos permite deflactar las series del Porfiriato distorsionando (o ensuciando) mucho menos los datos cuando los ponemos en términos reales.[82]

LA BANCA Y EL SISTEMA FINANCIERO

Otro tema que ha experimentado un desarrollo muy importante es el de los mercados financieros y el surgimiento

causas de la adopción del patrón oro en México (1905)", tesis de licenciatura, ITAM, 1998.

[79] Thomas Passananti, "International and Domestic Conflict"; Aldo Musacchio, "Entre el oro y la plata" y "La reforma monetaria de 1905: un estudio de las condiciones internacionales que contribuyeron a la adopción del patrón oro en México", *Secuencia*, núm. 52 (2002), pp. 99-127. Sobre el efecto que tuvo la caída en el precio de la plata sobre la deuda pública, véase Ana Escalona, "La entrada de México al patrón oro y el acceso de México a los capitales extranjeros", tesis de licenciatura, ITAM, 1998.

[80] Luis Anaya, "La crisis internacional y el sistema bancario mexicano, 1907-1909", *Secuencia*, núm. 54 (2002), pp. 155-185.

[81] De 1900 a 1911 la inflación acumulada de acuerdo con las estadísticas económicas del Porfiriato fue de 63.05%, y de acuerdo con los nuevos índices de 46.05%.

[82] Aurora Gómez Galvarriato, "The Evolution of Prices and Real Wages in Mexico from the Porfiriato to the Revolution", en John Coatsworth y Alan Taylor (eds.), *Latin America and the World Economy since 1800* (Cambridge, Harvard University Press, 1998), pp. 347-378; y Aurora Gómez Galvarriato y Aldo Musacchio, "Un nuevo índice de precios para México, 1886-1929", *El Trimestre Económico*, núm. 265 (2000), pp. 47-91.

y evolución de la banca.[83] Una cuestión central ha sido el estudio detallado de la conformación del sistema bancario mexicano que va de la fundación en 1864 del Banco de Londres y México —el primer banco que se estableció en el país como sociedad anónima— a la institucionalización del sistema bancario a través de la Ley General de Instituciones de Crédito (1897). Mucho de lo que sabemos sobre el tema se lo debemos a los múltiples trabajos de Leonor Ludlow, en los que lo analiza tanto desde la perspectiva de las instituciones y de la política gubernamental como del estudio de los empresarios que llevaron a cabo el proceso.[84]

Por su parte, Carlos Marichal ha elaborado un trabajo analítico y comparativo en el que trata de descubrir las especificidades del caso México, intentando responder al por qué se desarrolló el sistema financiero en México tan lentamente, inclusive desde el punto de vista de la historia de Latinoamérica.[85] Otra rica veta historiográfica ha encontrado que el lento desarrollo del sector bancario no implicó la ausencia de créditos, sino la creación de instituciones y mecanismos crediticios no bancarios, los cuales han comenzado a ser estudiados a profundidad.[86] La tesis doctoral de Leonor Ludlow estudia los mercados financieros de la ciudad de México antes de la

---

[83] Una excelente revisión del estado del arte sobre este tema se encuentra en Gustavo del Ángel y Carlos Marichal, "Poder y crisis historiográfica reciente del crédito y la banca en México, siglos XIX y XX", *Historia Mexicana,* LII, núm. 3 (2003), pp. 677-724.

[84] Leonor Ludlow, "La construcción de un banco: el Banco Nacional de México (1881-1884)", en Leonor Ludlow y Carlos Marichal (eds.), *Banca y poder en México (1800-1825)* (México, Grijalbo/Enlace, 1985), pp. 299-345; "El Banco Nacional Mexicano y el Banco Mercantil Mexicano: radiografía social de sus primeros accionistas 1881-1882", *Historia Mexicana,* XXXIX, núm. 4 (1989), pp. 979-1027; "Un tema por explorar: los bancos hipotecarios del periodo porfiriano", *América Latina en la historia económica. Boletín de fuentes,* núm. 6 (1996), pp. 73-81; y *Catálogo de los fondos documentales del Banco Mercantil de Veracruz: 1897-1933* (México, Instituto de Investigaciones Dr. José María Luis Mora, 1997).

[85] Carlos Marichal, "Foreign Loans, Banks and Capital Markets in Mexico, 1880-1910", en Reinhard Liehr (ed.), *The Public Debt in Latin America in Historical Perspective;* y "Obstacles to the Development of Capital Markets in Nineteenth-Century Mexico", en Stephen Haber (ed.), *How Latin America Fell Behind,* pp. 118-145, y *Un siglo de deuda pública en México* (México, Instituto de Investigaciones Dr. José María Luis Mora/Colmich/Colmex/Instituto de Investigaciones Históricas, UNAM, 1998).

[86] Este enfoque ha sido más común para el periodo colonial y para el siglo XIX que para el Porfiriato. Véase, por ejemplo, Ciro Cardoso, *Formación y desarrollo de la burguesía en México, siglo XIX* (México, Siglo XXI, 1978); David Walker, *Parentesco, negocios y política: la familia Martínez del Río en México, 1823-1867* (México, Alianza Mexicana, 1991); Barbara Tenenbaum, *México en la época de los agiotistas, 1821-1857* (México, FCE, 1985).

aparición de los primeros bancos y analiza cómo respondieron y confluyeron ante la creación de dichos bancos.[87] Por su parte, Juliette Levy analiza los mercados hipotecarios en Yucatán en la ausencia de instituciones financieras formales (el primer banco se establece en Yucatán en 1889). Levy encuentra que el mercado hipotecario de Mérida fue fundamental para el desarrollo del auge henequenero de mediados y fines del siglo XIX, constituyéndose como la única fuente de financiamiento de largo plazo, inclusive después de la aparición de los bancos.[88]

En los años recientes, gracias a la apertura y organización del archivo del Banco Nacional de México,[89] ha sido posible estudiar con más profundidad la evolución de esta compañía y su relación con el desarrollo del sistema financiero y con el resto de la economía. Leonor Ludlow ha destacado en distintos trabajos el doble papel del Banco Nacional de México como banco de gobierno y como banco comercial.[90] Por su parte, Noel Maurer en un trabajo de gran rigor analítico muestra cómo los amplios privilegios tanto legales como *de facto* otorgados por el gobierno a Banamex no tuvieron como contraparte que dicho banco siguiera un comportamiento de prestamista de última instancia o banco central. Maurer considera que en México privilegiar a un banco fue perjudicial al desarrollo del sistema bancario del país, pues, a pesar de su importante desarrollo, esto introdujo problemas estructurales que hicieron que México fuera particularmente vulnerable a las crisis económicas.[91]

Al igual que Maurer, Mónica Gómez (2001) se pregunta acerca del grado de control monopólico que ejerció Bana-

[87] Leonor Ludlow, "Las dinastías financieras en la ciudad de México. De la libertad comercial a la reforma liberal, 1778-1859", tesis de doctorado, Colmich, 1995.

[88] Juliette Levy, "Yucatan's Arrested Development: Social Networks and Credit Markets in Merida, 1850-1899", tesis de doctorado, UCLA, 2003. Este trabajo analiza el papel de los notarios, quienes escribían los contratos de crédito hipotecario en la estructuración de las redes socioeconómicas que facilitaban la distribución de crédito en Mérida. Además, Levy relaciona estos mecanismos de créditos con una concentración en la distribución del ingreso en la región.

[89] Importante logro alcanzado gracias al esfuerzo que en él plasmaron Carlos Marichal, Leonor Ludlow, José Antonio Bátiz, su actual director, y el espléndido apoyo institucional de Banamex.

[90] Leonor Ludlow, *La banca en México, 1820-1920* (México, Instituto de Investigaciones Dr. José María Luis Mora/Colmex/Colmich/UNAM, 1998).

[91] Noel Maurer, "Finance and Oligarchy Banks, Politics, and Economic Growth in Mexico, 1876-1928", tesis de doctorado, Stanford University, 1997; y *The Power and the Money: the Mexican Financial System, 1876-1932* (Stanford, Stanford University Press, 2002).

mex sobre el mercado bancario mexicano durante el Porfiriato. Sin embargo, a diferencia de Maurer, quien contrasta el sistema bancario mexicano con el caso norteamericano, Gómez lo
pone en un contexto internacional más amplio.[92] La importancia de su trabajo consiste en ubicar a Banamex como parte
de un sistema bancario que mezclaba tanto la tradición europea como la americana respecto de las facultades de emisión
monetaria.[93]

Por su parte, el trabajo de Thomas Passananti (2001),
a partir de una extensa investigación de archivos internacionales, destaca la habilidad del gobierno de Porfirio Díaz para,
no obstante las grandes dificultades financieras que enfrentaba, consolidar una red de bancos nacionales nutrida de importantes recursos extranjeros.[94] Passananti considera que la
nueva legislación bancaria de 1897 permitió la proliferación
de bancos regionales que de otra forma no hubieran existido,
y la consolidación de al menos dos bancos nacionales. Para él,
al contrario de Maurer, la alternativa a esta política hubiera
sido menos bancos y, por tanto, menos competencia.[95]

El reciente libro de Carlos Marichal y Mario Cerutti
(2003) compila varios ensayos sobre los bancos regionales
—en Sinaloa, Puebla, Coahuila, Veracruz, Estado de México,
Durango y Jalisco— que aparecieron durante el Porfiriato.
En general, estos ensayos indican que los bancos regionales

[92] Puede verse esto como un ejemplo de la tendencia a tomar a Estados Unidos
como modelo por antonomasia del desarrollo a la que se refiere Pedro San Miguel, "La representación del atraso", p. 779.
[93] Mónica Gómez, "Un sistema bancario con emisión de billetes por empresarios
privados: el comportamiento del Banco de México en el proceso de creación de
dinero, 1884-1910", tesis de doctorado, Colmex, 2001. Este trabajo argumenta
que el gobierno mexicano alentó, como sus contrapartes en el hemisferio ameri-
cano, la pluralidad de emisión; sin embargo, lo hizo de forma bastante restricti-
va, apegándose más a la tradición europea en la cual después de 1870 se tendió
a otorgar a los bancos de gobierno el monopolio de emisión.
[94] Thomas Passananti considera que la legislación bancaria de 1897 siguió tres
objetivos: 1) estimular la creación de bancos estatales, otorgando al primer banco que se estableciera en cada estado privilegios fiscales y facultades de emisión
a nivel estatal; 2) controlar y regular la expansión bancaria para impedir la proliferación de quiebras bancarias que, como había ocurrido en Brasil en la década de 1890, podrían llevar a una mayor concentración bancaria, y 3) reposicionar
al Banco de Londres y México a modo de convertirlo en un contrapeso efectivo
del Banco Nacional de México, permitiéndole incrementar su capital y la participación de capitales nacionales.
[95] De acuerdo con Passananti, las políticas anteriores de *free-banking* no habían
generado los incentivos necesarios para el establecimiento de bancos estatales.
La nueva ley establecía un oligopolio de emisión en cada estado, pues a la emisión de los bancos estatales se sumaban los billetes del Banco Nacional de México y del Banco de Londres y México que circulaban por todo el país.

fueron exitosos medios de intermediación financiera, medios más eficientes que las casas privadas. Además, concuerdan en que para estos bancos regionales el conocimiento profundo de la clientela local les otorgaba importantes ventajas comparativas.[96]

En cuanto a la interrelación del sector financiero con el resto de la economía destaca el trabajo de Stephen Haber (1997). Este autor muestra cómo el desarrollo relativamente limitado y concentrado del sistema financiero mexicano tuvo fuertes implicaciones en la industria mexicana, pues retrasó su crecimiento y concentró su estructura. En la misma dirección, Noel Maurer (1999) analiza la importancia que representaba para las empresas manufactureras tener buenas conexiones en el sector bancario. Los bancos porfirianos desarrollaron, de acuerdo con Maurer, estrategias de *insider-lending* o préstamos preferentes a empresas del propio grupo empresarial, a modo de resolver las dificultades institucionales que enfrentaban. Esta práctica, si bien representaba una estrategia empresarial óptima, dadas las circunstancias, limitaba el desarrollo industrial.

Un tema menos estudiado, pero que va tomando creciente interés, es el del financiamiento del sector agrícola. Al respecto contamos con el trabajo de Abdiel Oñate sobre la Caja de Préstamos para la Irrigación y Fomento de la Agricultura y las recientes contribuciones al tema de Paolo Riguzzi y Jesús Méndez Reyes.[97] Si de los bancos conocemos ahora mucho más, no podemos decir lo mismo de los mercados financie-

[96] En este libro encontramos diversos ensayos: Carlos Marichal y Mario Cerutti ofrecen una visión de conjunto sobre las singularidades del sistema bancario mexicano a principios del siglo XX. Gustavo Aguilar escribe sobre el sistema bancario en Sinaloa. Leonor Ludlow escribe sobre el Banco Mercantil de Veracruz; Mario Cerutti sobre el Banco Refaccionario de La Laguna; María Eugenia Romero Ibarra sobre el Banco del Estado de México; María Guadalupe Rodríguez López sobre los bancos en Durango; Jaime Olveda sobre la banca en Guadalajara y Mónica Gómez sobre el crecimiento de la banca local de emisión en el periodo 1897-1910.
[97] Abdiel Oñate, *Banqueros y hacendados: la quimera de la modernización* (México, UAM, 1991); Paolo Riguzzi, "Un modelo histórico de cambio institucional: la organización de la economía mexicana, 1857-1911", *Investigación Económica*, núm. 59 (1999), pp. 205-235; y "The Legal System, Institutional Change, and Financial Regulation in Mexico, 1870-1910, Mortgage Contracts and Long Term Credit", en Jeffrey Bortz y Stephen Haber (eds.), *The Mexican Economy, 1870-1930*, pp. 120-160; Jesús Méndez Reyes, "La creación del sistema mexicano (1903-1936). La Comisión Monetaria. Fuente para su estudio", *Boletín del Archivo General de la Nación*, cuarta serie, núm. 14 (2001). La tesis de doctorado que Méndez Reyes elabora sobre el tema promete iluminarlo de forma importante.

ros en su conjunto. Por ejemplo, todavía sabemos muy poco del funcionamiento y evolución de las acciones y los mercados en que se intercambiaban.[98]

LOS FERROCARRILES Y LA INTEGRACIÓN DE LOS MERCADOS REGIONALES

La extensa descripción que hace Francisco Calderón en la *Historia moderna* del desarrollo del sistema ferroviario y sus repercusiones económicas ha sido muy enriquecida por varios trabajos posteriores. Entre ellos destaca el estudio de John Coatsworth, el cual, siguiendo la línea de investigación del premio Nobel Robert Fogel, se dio a la tarea de medir el ahorro social que produjo el ferrocarril en México.[99] En este trabajo, Coatsworth encontró que el impacto del ferrocarril en México fue mucho más importante que en los Estados Unidos. Además, Coatsworth profundizó en el estudio de algunas de las hipótesis esbozadas por Calderón sobre la distribución desigual de los beneficios producidos por los ferrocarriles. Asimismo, el libro de Coatsworth exploró algunas de las hipótesis más importantes que se discutían en la década de 1970 sobre el desarrollo económico de América Latina, esto es, por ejemplo, el tema de las consecuencias en el desarrollo nacional de la inversión y la tecnología extranjeras, así como los eslabonamientos hacia atrás y hacia adelante que generó o dejó de generar el ferrocarril. El trabajo de Coatsworth hacía explícitas sus hipótesis y conjeturas utilizando una gran cantidad de información tanto cuantitativa como cualitativa. Este estudio, realizado durante el auge de la teoría de la dependencia en América Latina, pone de manifiesto que un buen o un mal trabajo de historia económica no depende de su sonoridad ideológica.[100]

---

[98] Alfredo Lagunilla, *Historia de la bolsa de México, 1895-1970* (México, Bolsa Mexicana de Valores, 1973), es todavía la mejor fuente para su estudio. Jorge Chirinos, "Pozos, coyotes, crac y optimismo: origen y clausura de la bolsa en México, 1895-1896", tesis de licenciatura, ITAM, 1999, es un excelente estudio sobre la bolsa de México, la primera bolsa de valores en el país. Este trabajo hace evidente la riqueza del tema y todo lo que aún nos falta por explorar sobre él.

[99] John Coatsworth, *El impacto económico de los ferrocarriles en el Porfiriato* (México, ERA, 1984).

[100] Existe en algunos historiadores económicos la noción de que el auge de las ideas del dependentismo y estructuralismo durante varias décadas afectó negativamente el desarrollo de la historia económica de México. Véase la introducción a Stephen Haber (ed.), *How Latin America Fell Behind;* y Noel Maurer, "Progress Without Order: Mexican Economic History in the 1990s", *Revista de Historia Económica*, XVII (1999), número especial, pp. 13-36.

Los planteamientos de Coatsworth motivaron una larga serie de proyectos de investigación que se dedicaron a explorar a profundidad algunas de las hipótesis planteadas sobre el impacto de los ferrocarriles y la pertinencia de la política ferrocarrilera seguida por el gobierno de Díaz. Sandra Kuntz investigó minuciosamente una de las principales líneas ferroviarias: el Ferrocarril Central Mexicano. Su análisis detallado de la composición y los recorridos realizados por la carga ferroviaria mostró la importancia de la circulación interna de bienes, "lo cual cuestiona la pertinencia de reducir los beneficios de los ferrocarriles al sector externo de la economía nacional".[101]

Por su parte, el trabajo de Arturo Grunstein va más allá del de Calderón en el análisis de la política ferroviaria seguida por el gobierno de Porfirio Díaz. El amplio desarrollo de la literatura sobre regulación ferroviaria, así como sobre la formación de conglomerados ferroviarios e industriales en los Estados Unidos, proporciona a Grunstein una perspectiva desde la cual analizar la política seguida en México. Grunstein descubre que, al igual que en los Estados Unidos, en México la competencia oligopólica generó inestabilidad en los ingresos ferroviarios, lo cual producía altos costos para la sociedad. Dentro de este contexto puede entenderse la racionalidad de la política ferroviaria seguida por Limantour, el cual creía que si el gobierno no unificaba las principales compañías ferroviarias en una sola, tarde o temprano lo haría alguna compañía

---

[101] Sandra Kuntz Ficker hace un estudio detallado del Ferrocarril Central y hace ver, por ejemplo, que si bien es cierto que, como indicaba Coatsworth, 57.6% de la carga de dicho ferrocarril en 1907 estaba constituida por productos minerales, ello no significaba que esa carga fuera de exportación, ya que 47% de ella eran productos destinados al consumo productivo en el interior del país; Sandra Kuntz Ficker, *Empresa extranjera y mercado interno. El ferrocarril central mexicano, 1880-1907* (México, Colmex, 1995), p. 353. Sandra Kuntz corrobora este argumento en un estudio más amplio, en el que analiza la carga, el destino y la distancia recorrida por los once ferrocarriles más importantes en México hacia 1907; es decir, la mayor parte del transporte de carga por ferrocarril estaba destinada al mercado interno. Sandra Kuntz Ficker, "Los ferrocarriles y la formación del espacio económico en México, 1880-1910", en Sandra Kuntz Ficker y Priscilla Connolly (coords.), *Ferrocarriles y obras públicas* (México, Instituto de Investigaciones Dr. José María Luis Mora/Colmich/Colmex/ Instituto de Investigaciones Históricas, UNAM, 1999), pp. 118-123. En otro trabajo, Sandra Kuntz muestra que las nuevas líneas férreas contribuyeron al abaratamiento del transporte, pues las tarifas se redujeron en términos reales a partir de 1884. Sandra Kuntz Ficker, "Ferrocarriles y mercado: tarifas, precios y tráfico ferroviario en el Porfiriato", en Sandra Kuntz Ficker y Paolo Riguzzi (coords.), *Ferrocarriles y vida económica en México 1850-1950. Del surgimiento tardío al decaimiento precoz* (México, El Colegio Mexiquense/Ferrocarriles Nacionales de México/UAM-Xochimilco), pp. 99-166.

extranjera. Este análisis desmiente la idea de que la política seguida por el gobierno de Díaz estuviese encaminada sólo a favorecer los intereses extranjeros.[102]

En similar dirección, Paolo Riguzzi hace una explicación consistente de la necesidad que enfrentó el país de atraer inversión extranjera para el desarrollo del sistema ferroviario. De acuerdo con Riguzzi, "esto no significaría un fracaso de los empresarios mexicanos en detectar oportunidades favorables de mercado: la rentabilidad baja y precaria de los ferrocarriles [...] indicaría la presencia de una racionalidad económica en el rechazo de la inversión en ferrocarriles". Estas decisiones, sin embargo, incluían costos importantes para el país, tales como: "gran retraso en la introducción de los ferrocarriles, dependencia absoluta de los ciclos de construcción respecto a las condiciones de los capitales externos, ausencia de relaciones entre ferrocarriles y mercados de capitales locales", entre otros.[103]

La tesis doctoral de Armando Rojas sobre el ferrocarril del istmo de Tehuantepec explora el papel del gobierno y su relación con la iniciativa privada en el desarrollo de este importante proyecto de infraestructura, que ejemplifica claramente el ambicioso plan de desarrollo económico del gobierno porfiriano.[104] La relación del gobierno con Weetman D. Pearson en la construcción de grandes proyectos de infraestructura, como el ferrocarril y puerto de Tehuantepec, el canal y puerto de Veracruz y otros tantos, ha sido también estudiada por Priscilla Connolly.[105] Otros trabajos recientes han indagado con mayor profundidad el impacto regional del desarrollo del ferrocarril; Mario Cerruti (1995) lo hace para el norte de México, Antonio Avitia (2002) lo hace para Durango, y Juan José Grecida (2001) para Sonora.[106]

---

[102] Véanse, entre otras publicaciones, Arturo Grunstein, "Surgimiento de los ferrocarriles nacionales de México (1900-1913). ¿Era inevitable la consolidación monopólica?", en Carlos Marichal y Mario Cerutti (comps.), *Historia de las grandes empresas en México, 1850-1930* (México, FCE, 1997), pp. 65-106; y "¿Competencia o monopolio? Regulación y desarrollo ferrocarrilero en México, 1885-1911", en Sandra Kuntz Ficker y Paolo Riguzzi (coords.), *Ferrocarriles y vida económica en México*, pp. 167-222.
[103] Paolo Riguzzi, "Los caminos del atraso: tecnología, instituciones e inversión en los ferrocarriles mexicanos, 1850-1900", en Sandra Kuntz Ficker y Paolo Riguzzi (coords.), *Ferrocarriles y vida económica en México*, pp. 31-98.
[104] Armando, Rojas, "El ferrocarril de Tehuantepec, ¿el eje del comercio del mundo?, 1893-1913", tesis de doctorado, UAM, 2004.
[105] Priscilla Connolly, *El contratista de don Porfirio: obras públicas, deuda y desarrollo desigual* (México, FCE, 1997).
[106] Antonio Avitia Hernández, *Llanos franqueados y sierras aisladas: historia*

Otros trabajos han explorado hasta qué punto el país logró durante el Porfiriato una mayor integración de los mercados regionales en una economía nacional, gracias en parte al establecimiento de los ferrocarriles.[107] El trabajo de Rafael Dobado y Gustavo Marrero encuentra una importante convergencia de los precios del maíz en las capitales de los estados durante el periodo 1885-1910.[108] Este resultado concuerda con el hallazgo de Sandra Kuntz sobre la creciente distancia a la que los productos agropecuarios eran transportados durante el Porfiriato.[109] Aurora Gómez-Galvarriato, por su parte, encuentra una tendencia a la concentración regional de la industria textil durante el Porfiriato, también relacionada con la disponibilidad de las empresas a acceder a mercados cada vez más amplios.[110]

INDUSTRIA MANUFACTURERA

El debate sobre el desarrollo de la industria manufacturera en el México porfiriano parte de la visión presentada en la *Historia moderna de México* por Fernando Rosenzweig. De acuerdo con ella, la industria porfiriana era poco eficiente y competitiva, pero gracias a una elevada protección arancelaria pudo alcanzar niveles de ganancias muy altos. Para Rosenzweig, el problema fundamental que enfrentaba la industria era la escasa demanda interna, producto del pobre nivel de vida de las clases medias y populares, que ponía un freno a su desarrollo.[111] A fines de los ochenta, *Industrialización y subdesarrollo* de Stephen Haber avanza de forma sustantiva en el campo del desarrollo industrial durante el Porfiriato al centrar su estudio no en los sectores industriales, como venía haciéndose, sino en las propias empresas, indagando sobre algunas de las más importantes a partir de los documentos que ellas mismas generaban y reconstruyendo sus series de

---

de los ferrocarriles en el estado de Durango (México, Consejo de Ciencia y Tecnología del Estado de Durango, 2002).
[107] A esto coadyuvaron también otros factores, como la gradual abolición de las alcabalas.
[108] Rafael Dobado y Gustavo A. Marrero, "Corn Market Integration in Porfirian Mexico", *Journal of Economic History*, vol. 65, núm. 1 (marzo de 2005), pp. 103-128.
[109] Sandra Kuntz Ficker, "Los ferrocarriles y la formación del espacio económico en México, 1880-1910", en Sandra Kuntz Ficker y Priscilla Connolly (coords.), *Ferrocarriles y obras públicas*, pp. 118-123.
[110] Aurora Gómez Galvarriato, "The Impact of Revolution".
[111] Fernando Rosenzweig, "La industria".

producción y de tasas de ganancia. Este innovador trabajo concuerda con Rosenzweig en una de sus principales conclusiones: la escasa demanda interna era la gran traba al desarrollo industrial. Sin embargo, *Industrialización y subdesarrollo* propone una explicación mucho más elaborada y apoyada en mucha más evidencia que lo que mostraba el ensayo de Rozensweig. De acuerdo con Haber, la estrecha demanda interna tuvo un efecto muy pernicioso sobre el desarrollo industrial debido a que la maquinaria que los industriales mexicanos podían importar estaba diseñada para niveles de producción más altos a los sostenibles por el mercado mexicano. Esto llevaba a excesos de capacidad, que a su vez generaban bajas tasas de ganancias, hallazgo empírico que iba en contra de lo que Rosenzweig había sostenido. La protección arancelaria era necesaria para que las empresas pudieran sobrevivir a pesar de la ineficacia estructural que generaba la escasa demanda, junto con una mano de obra poco productiva y una seria dificultad en el financiamiento de las empresas.[112]

Trabajos más recientes que estudian más a fondo algunas de las empresas paradigmáticas para el estudio de Haber encuentran que, contra lo que creían Rosenzweig y Haber, la demanda interna no representó una restricción sustancial al desarrollo de estas empresas. En el caso de Fundidora Monterrey resulta claro que no fue la escasa demanda, sino el inconstante abastecimiento de materias primas lo que llevó a una deficiente utilización de la capacidad instalada. Por su parte, el análisis de la Compañía Industrial Veracruzana (CIVSA) y la Compañía Industrial de Orizaba (CIDOSA) señala que las empresas no sufrían de escasez de demanda y que las tasas de utilidad eran altas para las fábricas textiles. En el caso de Fundidora Monterrey, si bien las ganancias fueron bajas durante el Porfiriato, éstas mostraron una clara tendencia ascendente una vez que se superaron los problemas de abastecimiento de insumos y hasta 1911, a partir de cuando la Revolución las afectaría de nueva cuenta, esta vez por distintas razones.[113]

---

[112] Stephen Haber, *Industria y subdesarrollo*.
[113] Aurora Gómez Galvarriato, "Definiendo los obstáculos a la industrialización en México: el desempeño de Fundidora Monterrey durante el Porfiriato", en Carlos Marichal (ed.), *La historia de las grandes empresas en México, 1850-1913* (México, FCE/UANL, 1997), pp. 201-243; y "The Impact of Revolution".

En cuanto a la eficacia y la competitividad internacional de las empresas manufactureras porfirianas, los nuevos
estudios presentan una perspectiva menos pesimista. El estudio detallado de la Fundidora Monterrey y de la Compañía
Industrial Veracruzana indica que si bien ambas requerían de
protección arancelaria, gozaban de más protección de la que
requerían para competir en el mercado mexicano. Más aún,
algunos de sus productos podrían haber competido exitosamente sin protección alguna. Un análisis comparativo de producción y costos de ambas empresas con sus contrapartes en
el resto del mundo muestra que hacia fines del Porfiriato la
productividad de la Fundidora era similar a la de la industria
inglesa y presentaba una tendencia a mejorar, en tanto que la
CIVSA producía telas capaces de competir en costos con las in-
glesas (la mayor competencia que México enfrentaba en ese
entonces). En fin, estos trabajos sugieren que durante el Porfiriato la industria iba por buen camino, siendo cada vez más
eficiente y competitiva internacionalmente y siendo capaz de
resolver gradualmente los problemas que le generaba su localización en México.[114]

El estudio de la industrialización y las industrias durante el Porfiriato está íntimamente relacionado con el de los
trabajadores industriales y la conformación de espacios urbanos
particulares —los pueblos de compañía o *company towns*—
que, si bien existieron en otros países, adquirieron una especial relevancia en el México porfiriano.[115] Aquí la historia
económica converge con la historia social, política y cultural y
resulta difícil trazar líneas de demarcación claras entre los
distintos campos. Lo cierto es que bajo la especial influencia
del trabajo de E. P. Thompson, en las últimas décadas surgie-
ron estudios sobre los trabajadores, el trabajo y la vida cotidiana, y ya no solamente sobre obreros, huelgas y motines. La

---

[114] Aurora Gómez Galvarriato, "The Impact of Revolution".
[115] Sobre este tema destaca el trabajo de J. Sariego *et al., El Estado y la minería mexicana. Política, trabajo y sociedad durante el siglo XX* (México, FCE/INAH/Se-
cretaría de Energía, Minas e Industria Paraestatal/Comisión de Fomento Mine-
ro, 1988), sobre el pueblo de compañía de Cananea; el de Dennis Kortheuer,
"Santa Rosalía and Compagnie du Boléo: The Making of a Town and Company
in the Porfirian Frontier, 1855-1900", tesis de doctorado, University of California, Irvine, 2001, sobre el pueblo de compañía de Boleo; asimismo, Bernardo
García Díaz, *Un pueblo fabril del Porfiriato: Santa Rosa, Veracruz* (México,
FCE/SEP, 1981); y Aurora Gómez Galvarriato, "The Impact of Revolution", sobre
los pueblos de compañía de Santa Rosa y Río Blanco.

clase social fue considerada ya no como un hecho consumado por la "posesión o no de los medios de producción", sino como una realidad históricamente construida; por tanto, estudiar la formación de la clase obrera significaba estudiar los aspectos de la vida de los trabajadores que antes eran ignorados: sus ciudades de origen y patrones de migración, sus festividades y religiones, sus lecturas y aficiones, su nivel de alfabetización, su composición de edad y género, el tamaño y características de sus familias...[116]

Asimismo, varios trabajos dejaron de considerar sagradas las afirmaciones de la vieja historiografía sobre las terribles condiciones de vida y de trabajo de los trabajadores durante el Porfiriato y se dieron a la labor de verificarlas en fuentes primarias. Así, indagaron sobre los distintos temas que definen el nivel de vida de los trabajadores y sus familias: jornada laboral, vivienda, servicios de salud, servicios urbanos, poder adquisitivo de los salarios, trato en la fábrica, respeto a las libertades individuales...[117] En general, las conclusiones de estos nuevos trabajos confirman la difícil situación en que vivían los trabajadores y sus familias durante el Porfiriato; sin embargo, dejan ver que en ciertos aspectos —como la vivienda y el poder de compra de los salarios— su situación era privilegiada, comparada con la de los asalariados agrícolas de la época, e incluso en comparación con la de algunos trabajadores de la actualidad. El estudio de los obreros de las fábricas textiles de Orizaba desmiente algunas de las ideas que la historiografía ha sostenido sobre las condiciones de vida de los trabajadores en esa región, en términos de la duración de la jornada laboral y de la forma como operaban las tiendas de

---

[116] Véase, por ejemplo, Verena Radkau, *La fama y la vida: una fábrica y sus obreras* (México, CIESAS, 1984); Bernardo García Díaz, *Un pueblo fabril del Porfiriato: Santa Rosa, Veracruz* (México, FCE/SEP, 1981); "Textiles del valle de Orizaba (1880-1925). Cinco ensayos de historia sindical y social", *Historias Veracruzanas*, núm. 7 (Xalapa, Universidad Veracruzana, 1990); y "La clase obrera textil del valle de Orizaba en México: migraciones y orígenes", *Siglo XIX*, núm. 6 (1988), pp. 77-108; Aurora Gómez Galvarriato, "The Impact of Revolution"; Coralia Gutiérrez, *Experiencias contrastadas. Industrialización y conflictos en los textiles del centro-oriente de México, 1884-1917* (México/Puebla, Colmex/Instituto de Ciencias Sociales y Humanidades/BUAP, 2000); Leticia Gamboa, *La urdimbre y la trama. Historia social de los obreros textiles de Atlixco, 1899-1924* (México, FCE-BUAP, 2001); Carmen Ramos Escandón, "Mujeres trabajadoras".

[117] Ejemplos de estos trabajos son William French, *A Peaceful and Working People;* Leticia Gamboa, *La urdimbre y la trama;* y Aurora Gómez Galvarriato, "The Impact of Revolution", sobre los trabajadores del norte de México, de Atlixco, Puebla, y de Orizaba, Veracruz, respectivamente.

raya.[118] Aún queda mucho por hacerse a este respecto, pero la imagen tradicional del *Barbarous Mexico* se va abigarrando demasiado.

AGRICULTURA Y TENENCIA DE LA TIERRA

Desde antes de que cayera el régimen porfiriano, la cuestión de la tenencia de la tierra fue vista como uno de los grandes problemas que padecía México (Molina Enríquez, 1909). Más adelante, la influyente obra de Frank Tannenbaum (1929) hizo de la privatización de las tierras comunales y de la concomitante concentración de tierras las causas fundamentales de la Revolución mexicana.[119] A partir de entonces, la noción de que las haciendas ocupaban la mayor parte de la tierra rural del México porfiriano, así como la idea de que la mayor parte de los trabajadores agrícolas eran peones acasillados —sumado a la convicción de que la hacienda era una institución casi feudal, poco compatible con nociones modernas de productividad y eficiencia—, se volvieron los símbolos perennes de la economía y la sociedad del Porfiriato.

A principios de los cincuenta, con la aparición del libro de François Chevalier sobre la formación de los grandes latifundios en México durante los siglos XVI y XVII, comienza el gran auge historiográfico del tema de la hacienda. La mayor parte de los estudios se enfocaron al periodo colonial o a las primeras décadas del siglo XIX,[120] siendo escasos pero de gran relevancia los trabajos sobre haciendas y plantaciones porfirianas, entre los que destacan los de Herbert Nickel y Hans Günther Mertens.[121] De este cuerpo historiográfico surgió

---

[118] Aurora Gómez Galvarriato, "The impact of Revolution".

[119] Frank Tannenbaum, *The Mexican Agrarian Revolution* (Nueva York, The Macmillan Company, 1929). En la misma dirección fue también George Mc-Cutchen MacBride, *The Land Systems of México* (Nueva York, American Geographical Society, 1923), escrita años antes.

[120] Un ensayo de revisión historiográfica fundamental sobre el tema es el de Eric van Young, "Mexican Rural History since Chevalier: the Historiography of the Colonial Hacienda", *Latin American Research Review*, XVIII, núm. 3 (1983), pp. 5-61. Herbert Nickel, *Morfología social de la hacienda mexicana*, 2ª ed. (México, FCE, 1996), hace una excelente revisión de los trabajos sobre haciendas y construye una morfología detallada de las haciendas de Puebla y Tlaxcala por él estudiadas. Hans Günther Mertens, *Atlixco y las haciendas durante el Porfiriato* (Puebla, BUAP, 1988), hace un excelente análisis de las haciendas de Atlixco. En ambos casos los autores basan sus estudios, entre otras fuentes, en los archivos de las haciendas, lo que les da una riqueza extraordinaria.

[121] Entre los trabajos sobre haciendas durante el Porfiriato destacan: Edith Couturier, "Hacienda of Hueyapan: The History of a Mexican Social and Econo-

una imagen nueva de las haciendas que resaltaba su gran heterogeneidad regional, así como su carácter capitalista (en oposición a feudal) al mostrar que los hacendados seguían estrategias encaminadas a maximizar beneficios en lo que se refiere al uso de los recursos, la procuración de ganancias y su inserción en los mercados.[122]

Por su parte, el trabajo de Friedrich Katz sobre la servidumbre agraria en la época porfiriana puso en el mapa de lo conocido una concepción mucho más compleja de los trabajadores agrícolas: resultaba que no todos eran peones acasillados, ni todos los peones acasillados eran iguales. Katz distinguía claramente al menos tres regiones distintas: el norte, el centro y el sur, en cuanto a la escasez relativa de mano de obra, las formas y condiciones de trabajo prevalecientes y el carácter del problema agrario en cada región.[123] La mayoría de los historiadores coincide en que durante el Porfiriato tuvo lugar una restructuración fundamental de la propiedad agra-

mic Institution, 1550-1940", tesis de doctorado, Columbia University, 1965; "Modernización y tradición en una hacienda (San Juan Hueyapan, 1902-1911)", *Historia Mexicana*, XVIII, núm. 1 (1968), pp. 35-55, y *La hacienda de Hueyapan, 1550-1936* (México, SepSetentas, 1976); María Vargas-Lobsinger, *La hacienda de "La Concha", una empresa algodonera de La Laguna, 1883-1917* (México, UNAM, 1984), y la obra compilada por Jan Bazant, *Cinco haciendas mexicanas. Tres siglos de vida rural en San Luis Potosí (1600-1910)* (México, Colmex, 1975). Para trabajos relevantes sobre el tema, aunque no se refieren exclusivamente al Porfiriato sino que tratan en especial el periodo posterior, véase David Ronfeldt, *Atencingo: The Politics of Agrarian Struggle in a Mexican Ejido* (Stanford, Stanford University Press, 1973); Arturo Warman, *Y venimos a contradecir. Los campesinos de Morelos y el Estado nacional* (México, Ediciones de la Casa Chata/Centro de Investigaciones Superiores del INAH, 1976); y John Womack, *Zapata y la Revolución mexicana* (México, Siglo XXI, 1982). En este último libro podemos encontrar una cuidadosa descripción de la estructura agraria en el Porfiriato. Varios estudios tratan específicamente sobre las haciendas henequeneras en Yucatán. Sobre este tema, véase Roland Chardon, "Yucatan and the Mexican Revolution: The Pre-constitutional Years, 1910-1918", tesis de doctorado, Stanford University, 1981; Moisés González Navarro, *Raza y tierra: la guerra de castas y el henequén* (México, Colmex, 1970); Gilbert Joseph, *Revolución desde afuera: Yucatán, México y los Estados Unidos, 1880-1924* (México, FCE, 1992), y Alan Wells, *Yucatan's Gilded Age: Haciendas, Henequen and International Harvester, 1860-1915* (Albuquerque, University of New Mexico Press, 1995).

[122] Sobre el tema, véase John Coatsworth, "Los obstáculos al desarrollo económico en el siglo XIX", en John Coatsworth, *Los orígenes del atraso* (México, Alianza, 1990), pp. 80-109.

[123] Sobre las condiciones laborales de los trabajadores agrícolas en las haciendas porfifianas, véase Friedrich Katz, "Labor Conditions on Haciendas in Porfirian Mexico: Some Trends and Tendencies", *Hispanic American Historical Review*, LIV, núm. 1 (1974), pp. 1-47; Jan Bazant, "Peones arrendatarios y aparceros en México: 1868-1904", *Historia Mexicana*, XXIV, núm. 1 (1974), pp. 94-121; y Herbert Nickel, *El peonaje en las haciendas mexicanas. Interpretaciones, fuentes, hallazgos* (México/Friburgo, UIA/Arnold Bergstraesser Institut, 1997).

ria a costa de los pueblos que habían retenido el control de una parte sustancial de la tierra en la forma de propiedad comunal. Sin embargo, no existe un acuerdo sobre cómo ocurrió este proceso y quiénes fueron sus principales beneficiarios y víctimas. Así, encontramos en la historiografía del Porfiriato un fuerte apego al mito de la pérdida completa de las tierras de los pueblos y la completa dominación de todas las tierras agrícolas por un pequeño grupo de terratenientes. Si bien es cierto que los latifundios predominaban en la producción agrícola y fueron reforzados durante el Porfiriato, la historia del proceso de la expropiación de la tierra nos da hoy una imagen mucho más compleja, ora desde el plano de la política gubernamental, ora desde la perspectiva de los ganadores y perdedores al interior de los pueblos.

La historiografía convencional presentaba la figura perversa de las compañías deslindadoras, las cuales, se creía, en colusión con el gobierno y de forma ilícita y corrupta llevaron a cabo el desigual y cruento proceso de usurpación de las tierras de los pueblos. Pero no es hasta el citado trabajo de Robert Holden cuando estas compañías fueron realmente estudiadas. La historia es mucho menos maniquea: a mediados del siglo XIX, el gobierno mexicano, deseando crear una clase de pequeños agricultores, decretó la abolición de la propiedad comunal.

El trabajo de Holden explica la lógica de la política gubernamental en su alianza con las compañías deslindadoras y muestra que, para llevar a cabo la privatización agraria, el gobierno de Díaz decidió primero elaborar un catastro de las tierras de propiedad de la nación, a modo de no incurrir en los errores que habían cometido las administraciones anteriores.[124] Pero ésta era una tarea económica y políticamente costosa, por lo que el gobierno de Díaz optó por subcontratarla a compañías privadas, otorgándoles tierras como compensación a sus servicios. Además de los objetivos liberales de privatización de tierras, el gobierno veía en la venta de tierras de la nación la posibilidad de allegarse recursos útiles para la construcción de infraestructura. A diferencia de la visión que sostiene que las compañías deslindadoras cometieron grandes abusos al no respetar la documentación legal que respaldaba la propiedad de los predios, Holden argumenta que las com-

[124] Robert Holden, *Mexico and the Survey of Public Lands*.

pañías deslindadoras aceptaban como válido casi cualquier título o prueba de posesión que respaldara la propiedad de un terreno, pues, además de que el gobierno les había instruido en este sentido, esta estrategia les evitaba incurrir en largos y costosos litigios. Holden encuentra que las quejas en contra de los resultados del catastro fueron mínimas si se considera la superficie total deslindada. Asimismo, este autor sostiene que la Secretaría de Fomento, encargada de llevar a cabo el proceso, otorgó contratos a todas las compañías deslindadoras que solicitaran y reunieran los requisitos para hacerlo, y las supervisó de forma estricta; al parecer, según Holden, no hubo favoritismos especiales.

No obstante, del trabajo de Holden puede concluirse que la privatización masiva de tierras condujo a una concentración de la propiedad agrícola y a la creación de grandes latifundios, pues el gobierno de Díaz vendió a privados o entregó a las compañías deslindadoras como compensación grandes extensiones de tierra (30 millones de hectáreas entre 1878 y 1908). Si bien es cierto que una buena parte de estas tierras estaba en regiones despobladas —por su aislamiento y características físicas—, la expansión del ferrocarril aumentó el valor de muchas de esas tierras.

Además del trabajo de Holden,[125] algunos trabajos recientes muestran que ante las políticas liberales que abolían la propiedad comunal no todos "los pueblos indios estuvieron únicamente a la defensiva o respondiendo bélicamente a la pérdida de tierras", sino que algunos trataron de utilizar las leyes sobre tierras para sus propios fines.[126] Así, en lugar de aferrarse a la propiedad comunal del pueblo, algunos pueblos for-

---

[125] Sobre el tema de la desamortización existe una amplia historiografía. Véase, por ejemplo, Donald Fraser, "La política de desamortización en las comunidades indígenas, 1856-1872", *Historia Mexicana,* XXI, núm. 4 (1972), pp. 615-652; Thomas G. Powell, "Los liberales, el campesinado indígena y los problemas agrarios durante la Reforma", *Historia Mexicana,* XXI, núm. 4 (1972), pp. 653-675; Robert Knowlton, "La individualización de la propiedad corporativa civil en el siglo XIX, notas sobre Jalisco", *Historia Mexicana,* XXVIII, núm. 1 (1978), pp. 24-61; y "La división de las tierras de los pueblos durante el siglo XIX: el caso de Michoacán", en Margarita Menegus (comp.), *Problemas agrarios y propiedad en México, siglos XVIII y XIX* (México, Colmex, 1995), pp. 121-143; Jean Meyer, "La desamortización de 1856 en Tepic", *Relaciones,* núm. 13 (1983); y Rina Ortiz, "Desamortización y liberalización de mano de obra en México. Pachuca-Real del Monte (1850-1880)", *Siglo XIX. Revista de Historia,* V, núm. 10 (1990), pp. 77-104.

[126] Antonio Escobar Ohmstede, "¿Cómo se encontraba la tierra en el siglo XIX huasteco?", en Margarita Menegus y Mario Cerutti (eds.), *La desamortización civil en México y España (1750-1920)* (Monterrey, UANL, 2001), pp. 91-117.

maron condueñazgos que en algunos aspectos eran parecidos a las sociedades anónimas.

El trabajo de Emilio H. Kourí describe y evalúa el complicado proceso de privatización de las tierras al interior de los pueblos.[127] Su estudio se centra en la región de Papantla, Veracruz, poblada por totonacas. Este trabajo, que destaca no sólo la dimensión agraria sino también la geográfica, agrícola y social de la historia, muestra que si bien los indios de Papantla estaban organizados en la forma tradicional de pueblo con propiedad comunal, habían sido capaces de aprovechar las oportunidades que les ofrecía el negocio de la vainilla, ligándose así exitosamente a los mercados nacionales e internacionales. Kourí estudia los condueñazgos, su organización interna y el grado en que mantenían o imitaban las viejas instituciones de propiedad comunal, al tiempo en que introducían nuevos elementos capitalistas. Muestra cómo poco a poco surgió dentro de los condueñazgos una elite relativamente adinerada que fue obteniendo cada vez más poder. Pronto, pues, brotó una oposición a los condueñazgos, desde dentro —debido a que sus miembros más ricos trataron de disolverlos para obtener más tierra— y desde fuera —los comerciantes de la vainilla querían tener el control directo sobre la producción, y el gobierno estatal quería cobrar más impuestos prediales—. Así, estos grupos buscaron destruir a los condueñazgos a través de procesos ilegales. En el caso de Papantla, este proceso fue impuesto por la fuerza y terminó en una masiva rebelión popular que fue reprimida por el gobierno de Díaz. Sin embargo, como resultado de este episodio, 60% de los indios terminaron recibiendo tierras y quedaron aparentemente satisfechos con los resultados. En suma, en el trabajo de Kourí el pueblo aparece no como una masa indiferenciada de campesinos indios sino como un conjunto de individuos capaces no sólo de llevar a cabo una producción económica avanzada para el mercado, sino capaces de un entendimiento sofisticado de las leyes agrarias. El estudio de Antonio Escobar sobre la tenencia de la tierra en la región de las huastecas veracruzana e hidalguense llega a conclusiones muy similares respecto del papel que jugaron los condueñazgos y sobre las fuerzas que llevaron a su destrucción.[128]

---

[127] Emilio H. Kourí, *A Pueblo Divided.*
[128] Antonio Escobar Ohmstede, en "¿Cómo se encontraba la tierra?", considera

Margarita Menegus ha estudiado el proceso de ventas de parcelas de común repartimiento en los pueblos del Valle de Toluca a partir de archivos notariales; la autora evalúa el impacto del proceso de desamortización en la economía y la estructura de propiedad de las comunidades de la región. Sus resultados indican que la privatización no desembocó en una pérdida sistemática de la parcela familiar, ni en un crecimiento territorial de las haciendas.[129] Por su parte, Edgar Mendoza encuentra en su estudio de la propiedad comunal indígena en Cuicatlán, Oaxaca, que, si bien algunas comunidades conservaron sus propiedades, otras las perdieron. Las diferencias tuvieron que ver con la llegada del ferrocarril y con la calidad de las tierras para una agricultura comercial.[130]

En cuanto a la producción agrícola, el capítulo de Luis Cossío Silva en la *Historia moderna* sigue siendo una pieza fundamental. Este trabajo estudia el desarrollo de los distintos productos agrícolas durante el Porfiriato y sostiene que el aumento en la producción de bienes de exportación durante el periodo fue logrado a costa de una importante disminución en la producción de bienes destinados al mercado interno, como el maíz y el frijol. Esto implicaba un serio deterioro en el nivel de vida del mexicano promedio, situación que contrasta con el crecimiento económico porfiriano. De acuerdo con esta perspectiva, a pesar de tal crecimiento los mexicanos la pasaban peor.[131]

Con todo, el análisis que John Coatsworth hizo de las estadísticas de producción agrícola dejó ver que los datos utilizados para el estudio de la producción agrícola eran suma-

---

a los condueñazgos como una estructura agraria a través de la cual los pueblos indios encontraron una alternativa para conservar e incluso ampliar, al menos hasta la década de 1870, los bienes comunales, así como para "eliminar la injerencia del gobierno municipal [...] en la administración del espacio territorial de las sociedades agrícolas". A partir de fines de la década de 1880, este autor encuentra una fuerte embestida contra los condueñazgos, la cual llevó al fraccionamiento de los pueblos indios y al despojo agrario.

[129] Margarita Menegus, "La venta de parcelas de común repartimiento: Toluca, 1872-1900", en Margarita Menegus y Mario Cerutti (eds.), *La desamortización civil en México y España (1750-1920)* (Monterrey, UANL, 2001), pp. 71-89.

[130] Edgar Mendoza, "La desamortización de la propiedad comunal en Cuicatlán (Oaxaca): entre la reforma y el Porfiriato", en Margarita Menegus y Mario Cerutti (eds.), *La desamortización civil en México y España (1750-1920)* (Monterrey, UANL, 2001), pp. 185-220.

[131] Luis Cossío Silva, "La agricultura", en Daniel Cosío Villegas (ed.), *Historia moderna de México. El Porfiriato. Vida económica* (México, Hermes, 1965), pp. 1-133.

mente frágiles; por ello la necesidad de construir nuevas series, más creíbles y acordes con la información disponible. Los nuevos datos, dice Coatsworth, "hacen necesario rechazar la hipótesis de que el desarrollo agrícola orientado a la industria y a la exportación originó un descenso del consumo alimenticio durante el Porfiriato".[132]

EMPRESAS Y EMPRESARIOS

Un campo de estudio que actualmente ha cobrado gran importancia a nivel internacional es el de la historia empresarial o *business history*, una agenda de investigación estrechamente relacionada con la historia económica. Este campo ha sido muy socorrido recientemente y ha incluido un alto grado de interacción entre historia y sociología, antropología, ciencia política, derecho y administración de empresas.[133] Mucho más eclécticos que los historiadores económicos, los *business historians* se han dado a la tarea de estudiar a las empresas —como la institución clave del mundo capitalista— y a los empresarios y su interacción con la sociedad desde múltiples perspectivas, incluso los que han puesto en boga la llamada *nueva historia cultural*.

Irónicamente, es el Porfiriato, ese periodo en general poco explorado, el que ha sido el principal caldo de cultivo para el desarrollo del campo de la historia de negocios. Esta relación no es casual: es durante el Porfiriato cuando nacen muchas de las grandes empresas y grupos empresariales. Si para la *Historia moderna* la empresa porfiriana implicaba empresa extranjera, hoy en cambio se estudian las empresas del Porfiriato como empresas globales que en su capitalización y administración incluían, como ocurre en la actualidad, todo tipo de arreglos entre extranjeros y mexicanos.[134]

---

[132] John Coatsworth, "La producción de alimentos durante el Porfiriato", en John Coatsworth, *Los orígenes del atraso* (México, Alianza, 1990), pp. 162-177.
[133] Un buen vistazo a la historiografía de esta disciplina se puede encontrar "a ojo de águila" en los números de *Business History Review*, una publicación clásica en este tema aunque muy enfocada a los Estados Unidos, pero también con una revisión somera de la más reciente revista *Enterprise and Society*, una publicación más internacional y ecléctica. Se recomienda también el libro de Jesús María Valdaliso y Santiago López, *Historia económica de la empresa* (Barcelona, Crítica, 2000). En internet se puede consultar la página de historia empresarial: http://www.h-net.org/~business/
[134] Para aproximarse al tema de la inversión extranjera en México durante el Porfiriato, véase J. P. Rippy, *British Investments in Latin America, 1822-1942*

Asimismo hemos avanzado en la caracterización de los empresarios del Porfiriato. Ha quedado atrás la representación del empresario porfiriano como el personaje perverso de frac y sombrero de copa —frecuentemente dibujada en las caricaturas de la época— que con un fuerte acento francés o inglés despreciaba al verdadero pueblo de México. La historiografía reciente presenta una imagen mucho más rica y heterogénea que hace imposible dibujar a los empresarios porfirianos con un solo trazo. Por muchos años los historiadores se preocuparon muy poco por estudiar a los empresarios, pero a partir de la década de 1980 comenzó un creciente interés por su estudio.[135] Ni qué decir, en un principio había que justificar el estudio de "la burguesía industrial" como una necesidad en la tarea de "reconstruir la historia obrera", que era lo que realmente importaba. Con todo, poco a poco la historia de empresarios y empresas fue ganando su propio lugar.[136] Fueron pioneros en esta senda los trabajos de Mario Cerutti y de Leticia Gamboa (sobre los empresariados del Norte Oriente y Centro Oriente de México, respectivamente).[137] A ellos se añadiría el trabajo de Alex Saragoza, el cual, a la manera del estudio de Cerutti, se concentró en el análisis de empresarios y empresas de Monterrey, uno de los centros industriales más

(Hamdem, Archon Books, 1966); Irving Stone, "British Direct and Portfolio Investment in Latin America Before 1914", *Journal of Economic History*, XXXVII, núm. 3 (1977), pp. 690-722; Barbara Stallings, *Banker to the Third World: U. S. Portfolio Investment in Latin America, 1900-1986* (Berkeley, University of California Press, 1986), y la introducción y los ensayos compilados en Carlos Marichal, *Las inversiones extranjeras en América Latina, 1850-1930* (México, FCE, 1995). Si bien estos ensayos tratan sobre América Latina, el texto de Paolo Riguzzi, "Inversión extranjera e interés nacional en los ferrocarriles mexicanos, 1880-1914", en dicha compilación, estudia la inversión extranjera en México durante el Porfiriato enfocándose al sector ferroviario, principal receptor de inversión extranjera durante el periodo.

[135] La obra pionera fue la de Ciro Cardoso, *Formación y desarrollo de la burguesía en México*. Se dieron en cambio varios trabajos de corte sociopolítico que tendían a presentar imágenes estáticas de un empresariado anónimo. Para una discusión sobre este tema, véase María del Carmen Collado, *Empresarios y políticos, entre la restauración y la revolución, 1920-1924* (México, INEHRM, 1996), pp. 20-22; y Leticia Gamboa, *Empresarios de ayer. El grupo dominante en la industria textil de Puebla, 1906-1929* (Puebla, BUAP, 1985), pp. 16-17. Una extraordinaria obra de historia empresarial desde una perspectiva antropológica es Larissa Lomnitz y Marisol Pérez-Lizaur, *A Mexican Elite Family 1820-1980* (Princeton, Princeton University Press, 1987).

[136] Leticia Gamboa, *Empresarios de ayer*, p. 8.

[137] Leticia Gamboa, *Empresarios de ayer;* y Mario Cerutti, *Burguesía y capitalismo en Monterrey (1850-1910)* (México, Claves Latinoamericanas, 1983), aunque el trabajo más temprano de Mario Cerutti sobre el empresariado regiomontano apareció en Ciro Cardoso, *Formación y desarrollo de la burguesía en México*.

importantes del país gracias al Porfiriato.[138] Limitar el ámbito espacial de lo nacional a lo regional permitió a estos trabajos explorar con detalle aspectos tanto económicos como sociológicos, e inclusive antropológicos, de los grupos empresariales.

En su estudio sobre la industrialización en México, Stephen Haber enfatizó el estudio de algunas grandes empresas y sus empresarios y despertó así el interés en el tema.[139] Años más tarde (1997) apareció un libro sobre las grandes empresas en México, coordinado por Carlos Marichal y Mario Cerutti, el cual es considerado el punto de partida de un nuevo momento historiográfico —el momento de introducción de nuevos paradigmas imperantes en la disciplina de la historia de los Estados Unidos y Europa—.[140]

De esta nueva historiografía surge un mapa variopinto de grupos empresariales con características disímiles por región, origen nacional o étnico, rama de producción. Por un lado encontramos a los grandes empresarios, los más ricos y poderosos, la elite de la elite, que desde la ciudad de México formaba parte de los consejos de administración de las grandes empresas mexicanas. Se trata de personajes como Thomas Braniff, Leon Signoret, Antonio Basagoiti o Weetman D. Pearson.[141] Estos empresarios aparecen en la historiografía como un reducido grupo estrechamente vinculado entre sí y fuertemente ligado a los altos funcionarios del gobierno de Díaz. La mayor parte de su capital provenía de negocios comerciales o financieros realizados previamente en México y de algunos negocios de estos empresarios en algún país extranjero. El espacio geográfico de sus empresas no se circunscribía a la ciudad de México, sino que se extendía a lo largo y ancho del país,

---

[138] Alex Saragoza, *The Monterrey Elite and the Mexican State, 1880-1940* (Austin, University of Texas Press, 1998).

[139] Stephen Haber, *Industria y subdesarrollo.*

[140] Carlos Marichal y Mario Cerutti, *Historia de las grandes empresas en México, 1850-1930* (México, FCE, 1997). Eugenia Romero Ibarra, "La historia empresarial", *Historia Mexicana*, LII, núm. 3 (2003), pp. 831-872, constituye un interesante ensayo bibliográfico sobre la historia empresarial en que se desarrolla este argumento.

[141] Véase, por ejemplo, Patrice Gouy, *Pérégrinations des "barcelonnettes" au Mexique* (Grenoble, Presses Universitaires de Grenoble, 1980); Stephen Haber, *Industria y subdesarrollo*; María del Carmen Collado, *La burguesía mexicana*; Carlos Marichal, "De la banca privada a la gran banca. Antonio Basagoiti en México y España, 1880-1911", *Historia Mexicana*, XLVIII (1999), pp. 767-793; Aurora Gómez Galvarriato, "The Impact of Revolution", y Priscilla Connolly, *El contratista de don Porfirio.*

vinculándose muchas veces, para proyectos específicos, con los grupos empresariales regionales.

Como Stephen Haber centró su estudio en las grandes empresas del Porfiriato, le resultaron sorprendentes lo estrecho del grupo de empresarios que las dirigían, su omnipresencia en los consejos de administración de las grandes compañías y su abierta relación con los personajes claves de la política porfiriana. Estos hallazgos llevaron a Haber a indagar sobre las causas del limitado número de grandes empresarios, estudiando los vínculos entre mercados financieros y la concentración industrial. Por otro lado, estos hallazgos le han llevado a explorar la relación entre empresarios y gobierno y sus consecuencias sobre el desarrollo económico, un tema en el que la historia económica interactúa estrechamente con la historia política.[142]

Haber consideró que los empresarios durante el Porfiriato gozaban de una clara capacidad para sesgar las políticas gubernamentales a su favor y conseguir rentas económicas. En trabajos más recientes, Stephe Haber, junto con Noel Maurer y Armando Razo, han desarrollado esta idea al construir un modelo nutrido de teorías derivadas de la ciencia política (al estilo estadunidense); el modelo concluye que en el México porfiriano se dio una Integración Política Vertical (VPI) entre gobierno y empresarios.[143] Si en *Industria y subdesarrollo* Haber presentaba empresarios que a partir de sus lazos con el gobierno seguían estrategias de supervivencia, en *The Politics of Property Rights* descubre empresarios que, al igual que los gobernantes, consiguen extraordinarias ganancias. De acuerdo con esta visión, la alianza gobierno-empresarios permitió abundantes beneficios para ambos bandos, a costa del desarrollo económico del país.[144]

---

[142] Acerca de este asunto existe una amplia literatura sobre lo que se ha venido a llamar *crony capitalism* (un capitalismo que se caracteriza por otorgar privilegios desmedidos a ciertos grupos e individuos). Stephen Haber (coord.), *Crony Capitalism and Economic Growth in Latin American: Theory and Evidence* (Stanford, Hoover Institution Press, 2002), compila varios ensayos sobre *crony capitalism* en América Latina.

[143] Stephen Haber, Noel Maurer y Armando Razo, *The Political Economy of Instability: Political Institutions and Economic Performance in Revolutionary Mexico* (Cambridge, Cambridge University Press, 2003).

[144] En este libro los autores proponen un marco general sobre la interacción de las instituciones políticas y económicas con el crecimiento económico. Estudian el periodo 1876-1929 y sostienen que en dicho periodo el gobierno era incapaz de garantizar los derechos de propiedad como un bien público. Esta situación

El análisis de políticas públicas concretas, sin embargo, no revela que el gobierno porfiriano sesgara de forma burda y evidente sus políticas para favorecer discrecionalmente a sus allegados. En cambio —tal como lo muestra Edward Beatty en su análisis de la política arancelaria y de las industrias nuevas—, los programas eran administrados de forma institucional, impersonal y consistente. Para Beatty, los burócratas federales de las Secretarías de Hacienda y Fomento crearon espacios semiautónomos de administración altamente institucionalizada, los cuales eran lo suficientemente fuertes como para desarrollar y administrar iniciativas políticas independientes de las presiones políticas, aunque vinieran de la oficina del presidente o de empresarios bien conectados. Pero no hay que olvidar que, si seguían las normas de forma estricta, solamente una elite bastante pequeña cumplía con los requisitos necesarios para disfrutar de los beneficios políticos.[145] Estos resultados concuerdan con los hallazgos de Holden sobre la política gubernamental hacia las compañías deslindadoras, de los cuales ya hemos hablado.

Por su parte, los estudios que examinan al empresariado regionalmente más allá de la ciudad de México encuentran otra cosa: un empresariado más numeroso y heterogéneo, difícil de esquematizar. Estos grupos, cuyo estudio sólo es posible a partir de un ámbito regional, poseían características étnicas particulares, seguían estrategias sectoriales y tecnológicas distintas y se relacionaban con el gobierno, los trabajadores y la economía internacional de formas variadas. Sus aspiraciones fueron disímiles, así como sus niveles de éxito o fracaso y su capacidad de supervivencia.[146] Tanto en los trabajos de Mario Cerutti como en los de un amplio grupo de historiadores, que han estudiado empresas y empresarios del

---

habría limitado seriamente la inversión privada y el comercio. Sin embargo, gracias a un arreglo singular mediante el cual el gobierno garantiza selectivamente los derechos de propiedad como bien privado, generando rentas económicas que se reparten entre políticos y empresarios, pueden lograrse altos niveles de inversión por parte del sector privilegiado. El libro estudia con detalle los arreglos específicos de este tipo en distintos sectores: los bancos, la industria manufacturera, el petróleo, la minería y la agricultura. El libro propone que la Revolución mexicana trajo cambios de forma pero no de sustancia en este tipo de arreglos de integración política vertical.

[145] Edward Beatty, *Institutions and Investment*, pp. 201-202.

[146] Una clara y extensa guía a través de estas obras la encontramos en Carlos Dávila y Rory Miller, *Business History in Latin America. The Experience of Seven Countries* (Liverpool, Liverpool University Press, 1999).

norte de México, resulta evidente que existen características específicas distintas a las de empresarios de otras regiones del país. Estos estudios nos presentan un empresariado modernizante, pujante, independiente y combativo.[147] Su relación con el gobierno no permite una fácil definición de complicidad. Saragoza encuentra importantes diferencias en la relación entre el sector privado y el gobierno en los distintos sectores industriales de Monterrey. Si bien distingue a un grupo de empresarios que claramente dependía de los favores gubernamentales para sobrevivir (a la manera descrita por Haber), como era el caso de los accionistas de la Fundidora Monterrey, existía, según Saragoza, otro grupo que fue siempre más independiente de la política gubernamental (y por tanto más rebelde), como fue el grupo detrás de la Cervecería Cuauhtémoc.[148] En contraste, en la amplia historiografía hoy existente los empresarios de Puebla aparecen como más conservadores, más adversos al riesgo, más provincianos y más dependientes y ávidos de la protección gubernamental.[149]

[147] Los empresarios industriales del norte de México eran no únicamente comerciantes-financieros sino también agricultores y mineros. Su cercanía geográfica con los Estados Unidos les otorgó retos y oportunidades distintas del resto de la República y por ello establecieron con ese país relaciones mucho más estrechas y fluidas que sus contrapartes de otras regiones de México. Los trabajos realizados sugieren también importantes diferencias entre distintos grupos empresariales del norte de México. Por ejemplo, resulta claro el contraste entre los empresarios del noreste del país con respecto a los del noroeste, mucho más abocados al sector agrícola que al industrial, pero no por eso menos afectos a la incorporación de nuevas tecnologías.Véase, por ejemplo, Mario Cerutti, *Burguesía, capitales e industria en el norte de México. Monterrey y su ámbito regional (1850-1910)* (México, Alianza/UANL, 1992), y *Propietarios, empresarios y empresas en el norte de México* (México, Siglo XXI, 2000); Gustavo Aguilar, *Sinaloa, la industria del azúcar* (México, Difocur, 1993), y "Trayectoria empresarial de los Coppel en Sinaloa, siglos XIX y XX", en Hernández Torres (ed.), *Memoria del X encuentro de historia económica del norte de México* (Saltillo, Universidad Autónoma de Coahuila/Centro de Estudios Sociales y Humanísticos, 2002); Juan Barragán y Mario Cerutti, *Juan F. Brittingham y la industria en México, 1859-1940* (Monterrey, Urbis, 1993), e Isabel Ortega, "Cervecería Cuauhtémoc: crecimiento y consolidación de una empresa cervecera", en Hernández Torres (ed.), *Memoria del X encuentro de historia económica del norte de México* (Saltillo, Universidad Autónoma de Coahuila/Centro de Estudios Sociales y Humanísticos, 2002).
[148] Alex Saragoza, *The Monterrey Elite.*
[149] Véase Mario Trujillo, "La fábrica La Magdalena Contreras (1836-1920). Una empresa textil precursora en el Valle de México", en Carlos Marichal y Mario Cerutti (comps.), *Historia de las grandes empresas en México, 1850-1930*, (México, FCE, 1997), pp. 245-274; Leticia Gamboa, *Empresarios de ayer. El grupo dominante en la industria textil de Puebla, 1906-1929* (Puebla, BUAP, 1985); "El mundo empresarial en la industria textil de Puebla: las primeras décadas del siglo XX", en Ricardo Pozas y Matilde Luna (coords.), *Las empresas y empresarios en el México contemporáneo* (México, Grijalbo, 1991), y Coralia Gutiérrez,

La dimensión étnica de los grupos empresariales ha sido también estudiada; destaca el estudio de los empresarios franceses de Barcelonnette, los cuales formaron parte de la elite de grandes empresarios estrechamente ligada al poder. Estos empresarios parecen haber estado más dispuestos a tomar riesgos, más modernizadores y podríamos decir que menos conformes con vivir del favor gubernamental que otros grupos étnicos, como el de los españoles, sin por eso dejar de aprovecharse de cualquier oportunidad que el gobierno les pusiera a la mano.[150] El sólido tejido social de la red étnica que conformaban les permitió salvar las barreras a la acumulación de capitales que generaba el subdesarrollo tanto del sistema financiero como del sistema legal en su conjunto, para así construir un verdadero emporio de negocios comerciales, industriales y financieros.[151] Esta estrategia era similar a la que siguieron los empresarios regiomontanos a través de los matrimonios que los entrelazaban en una sola familia. En ambos casos, el éxito empresarial está relacionado con un ingrediente clave particularmente importante en el entorno institucional mexicano, y que ambos grupos supieron acumular, a saber: la confianza.

FIN

Éste es el mapa aproximado de la historiografía del Porfiriato; como es evidente, hay capítulos de esta historia que están muy crecidos (por ejemplo, la economía) y otros que están más bien flacos de preguntas y respuestas. Y en todos los campos se sigue luchando contra estereotipos más o menos firmes. Sobre este periodo, puede decirse, mujeres y hombres trabajando.

Experiencias contrastadas. Industrialización y conflictos en los textiles del centro-oriente de México, 1884-1917 (México/Puebla, Colmex/Instituto de Ciencias Sociales y Humanidades/BUAP, 2000).
[150] Véase Patrice Gouy, *Pérégrinations des "Barcelonnettes"*; Mario Trujillo, "La fábrica La Magdalena Contreras (1836-1910)"; Leticia Gamboa, "Comerciantes barcelonnettes de la ciudad de Puebla", *La Palabra y el Hombre*, núm. 70 (1989), pp. 31-57; *Au-delá de l'ocean. Les Barcelonnettes à Puebla 1845-1928* (Châteaux-Arnoux/BUAP/Sabença de la Valéia, Barcelonnette, 2004); y José Galindo, "The Persistence of the Economic Elite in the Mexican Federal District in the Twentieth Century: the Case of the Jean Family", tesis de maestría, Universidad de Oxford, 2002.
[151] Aurora Gómez Galvarriato, "The Impact of Revolution".

CAPÍTULO 2

LO POR SABER

No obstante los bemoles de la historiografía aquí presentada, el Porfiriato permanece sin mucha historia. No estaría mal contar con una visión tan densa y compleja como las existentes para la *Gilded Age* y el progresivismo estadunidenses, o para la *belle epoque* francesa o inclusive brasileña, historias con muchos matices, debates y perspectivas. Existen algunas avenidas de pesquisa que ya están en marcha; antes de disertar más sobre ellas, digamos algo sobre los avíos necesarios para emprender estas avenidas. Como hemos dicho, hoy es boga que cualquier cosa es teoría, aunque lo cierto es que nunca fue una opción ni una realidad la historia sin teoría. Pero tampoco es opción una cacofonía conceptuosa o una regresión matemática aquí o allá aderezada de noticias del pasado. Por decirlo ya: el bagaje teórico que cargaba un F. Braudel, un J. Huizinga, un E. O'Gorman, un A. Gerschenkron es tan innegable como indescifrable.[1] ¿Podríamos acaso separar sus teorías de sus historias? Sus historias fueron sus teorías, sus lecturas. La historia es cultura y es, por ende, inseparable de toda suerte de teorías o inspiraciones. Mas la historia es alérgica a la teoría entendida como marco, como dogma o cita obligada, como jerigonza de palabras o modelos econométricos de moda. Ese tipo de "teoría" o de modelo enflaquece a la historia, la deja en mangas de camisa, en hueso sin gran chicha empírica; no hay por qué decir que es teoría lo que hace de la historia una cacería de lugares comunes que luego son rebautizados de acuerdo con el vocabulario del último ayo, aya, de nuestras conciencias universitarias. Las teorías que valen para la historia no se "aplican", se llevan en los ojos como una perspectiva nutrida por lecturas y sospechas cruzadas abigarradamente pero irreducibles a esos pies de página consagrados

---

[1] Del gran historiador francés Fernand Braudel, véase su clásico *El mediterráneo y el mundo mediterráneo en la época de Felipe II* (México, FCE, 1953); del medievalista holandés Johan Huizinga, véase el trabajo antes citado, *El otoño de la Edad Media*; de Edmundo O'Gorman véase, por ejemplo, su gran análisis de la historia de México, *México el trauma de su historia* (México, UNAM, 1977); del gran historiador económico ruso migrado a Estados Unidos, véase su clásico *Economic Backwardness in Historical Perspective* (Cambridge, Belknap Press, 1962).

a probar que nosotros también vestimos cual se debe. ¿Será que no hemos aprendido la lección? La historia es lenguaje, es estilo, es investigación, es descubrimiento y acumulación de datos y, por ende, es afán de duración y conocimiento; habitar jergas académicas es, para un contador de historias, nacer muerto. Para emprender las avenidas que a continuación sugerimos, no hay *master dixit* que valga.

En tanto espacio —nación, pueblo—, el Porfiriato presenta interesantes posibilidades en tres campos: el institucional filosófico, la cosa del libre albedrío y los futuros soñados; además hay varios conceptos que el Porfiriato invita a redefinir, es decir, las distancias, las tierras, el suelo, la querencia. El Porfiriato consolidó geográfica y económicamente lo que hoy entendemos como México, mas como época histórica funciona de ejemplo notable y radical de lo que México no debería haber sido ni política ni socialmente. Todo parece indicar que el Porfiriato es un punto crucial para entender el siglo XIX que lo precede y el XX que lo procede. Sin embargo, una visión más o menos ideal, fija y consensual de lo que es o debería haber sido México rige el entendimiento del Porfiriato. Fue entonces que la nación fue sintetizada como hoy la conocemos; por ello, la revisión historiográfica del Porfiriato podría traer la reformulación del espacio México y de sus dos componentes esenciales: nación y pueblo.

Desde el punto de vista institucional y filosófico, es el Estado y la usanza política lo que hay que revisar. ¿Cómo se hacía política en el Porfiriato? ¿Cuál fue la base de la innegable legitimidad de su ejercicio de poder? ¿Cuál fue el orden y manejo de la glosa política del Porfiriato? ¿Cómo surge y funciona la burocracia? ¿Qué papel juegan las supuestas fachadas (elecciones, retórica liberal, retórica y práctica de la paz y el nacionalismo)? ¿Hay alguna política que no sea fachada a fines de siglo XIX? ¿Cómo se rearticulan los intereses y las identidades regionales frente al primer gran proyecto "nacional" y cómo ese proyecto adoptó o rechazó distintos poderes y expresiones locales? ¿Alguien puede aprender el idioma político del Porfiriato y traducirlo para nosotros, quitado de ideales democráticos, liberales o socialistas —que por lo demás no contaron con existencia real en ningún lugar del mundo—? Hasta no encontrar manera de responder a estas preguntas, contamos con lo que Cosío Villegas, Bulnes o Valadés nos heredaron: un cúmulo de datos y de interpretaciones, de intrigas y pleitos del que no podemos hacer mucho sentido. Requerimos, pues, de profundas historias intelectuales —como las que Charles Hale nos donó— pero, como ya se empieza a hacer (ver capítulo I), para conservadores, radicales, para grupos locales, para católicos y socialistas. Requerimos de historia legal e institucional, de tomar en serio los pactos sociales del Porfiriato, por bizarros y antidemocráticos que parezcan. Requerimos, sobre todo, de la historia del pensamiento económico del Porfiriato y del significado político de nociones económicas como las de mercado y progreso (ejem., el estudio de las metáforas del mercado en el Porfiriato —Richard Weiner, 2000 y 2004—). Dado el énfasis que puso el régimen de Porfirio Díaz en el progreso material, es irónico que existan estudios sobre el pensamiento político y social del periodo, pero no sobre el económico.[2] Además, resulta claro que la idea comúnmente sostenida de que el régimen porfiriano se rigió por la filosofía del *laissez-faire* necesita de una revisión, a la cual ya se está dedicando, como hemos visto, la historia económica. Asimismo es necesario ver los *crony capitalisms* en un contexto más allá del mundo dividido en "latinos" y "anglosajones", es decir, ¿dónde no fue *crony* el capitalismo?

Los trabajos de Antonio Annino (sobre otras épocas), de Ariel Rodríguez sobre la ciudad de México, las sugerencias dispersas de Fernando Escalante, apuntan en una dirección interesante para el estudio del Porfiriato. Más que de un sofisticado estudio de, como se dice ahora, los "intersticios" de la divina trinidad (clase, género, raza) en algún pedacito minúsculo de prosa porfiriana, requerimos de alguien que escriba el 18 Brumario mexicano que llevó a Díaz al poder, en abigarrada correlación de fuerzas; de alguien que nos descifre la cultura política, hastiada de desorden y guerra, que permitió eso, la "*pax* porfiriana". ¿Qué significan y qué no significan en los años porfirianos Paz, República, Pueblo, Voluntad Popular, Patria, Justicia? El trabajo de Kourí, antes citado, avanza en esta perspectiva.

Quizá a este respecto François-Xavier Guerra ha producido el libro más influyente en las últimas décadas. Sin embargo, ¿fue ésa una nueva historia? ¿Qué no ha sido ésa la his-

[2] Richard Weiner, *Race, Nation, and Market: Economic Culture in Porfirian Mexico* (Tucson, University of Arizona Press, 2004), p. 4.

toria desde siempre?: actores tradicionales, atávicos, que derrotan a la modernidad en espacios que son, como dice José Murilho de Carvalho para Brasil, alérgicos a la modernidad. Y ¿si estudiáramos al Porfiriato no como una excepción, un fracaso de la política moderna, sino como lo que fue: un exitoso Estado moderno? Y ¿si partiéramos de que los tradicionales eran tan modernos como podían ser los más modernos, y los modernos insuperablemente tradicionales? Y si esto hiciéramos, ¿qué pasaría no sólo con nuestra concepción del Porfiriato sino de los siglos xix y xx? La historia que será nueva no será la que nosotros mudamos de acuerdo con el lenguaje de moda, sino la que nos cambie a nosotros, la que nos desubique de nuestros terrenos familiares.

Ahora bien, ¿cómo escribir una historia de la cultura, pues lo cultural es lo *in* a partir de 1980, de un espacio (nación y pueblo) sin hacer ruido social, económico y político? Las influencias importantes en la concepción de espacios nacionales han venido, por supuesto, de fuera de la historia del Porfiriato o de fuera de la historiografía de México en general. Por ejemplo, el libro de Benedict Anderson ha funcionado en la historiografía de "América Latina" como el ensayo de Frederick Jackson Turner sobre la frontera en la de los Estados Unidos.[3] Vocablos como "invención", "resistencia" o "hegemonía" han venido a sustituir a los de "descubrimiento", "explotación" y "dominación". La noción de resistencia y autodeterminación o libre albedrío o racionalidad de los de abajo se ha vuelto gran tema historiográfico. El origen de esta vuelta historiográfica, por supuesto, tiene poco que ver con el Porfiriato en sí mismo. De hecho, las palabras son nuevas o renovadas, pero las ideas son bien conocidas. Cuando Andrés Lira, por ejemplo, mostró que las comunidades indígenas de los alrededores de la ciudad de México eran al mismo tiempo unas tramposas, unas víctimas y unas oportunistas, ¿hacía nueva historia cultural o nueva historia política de las alternativas de nación y Estado? La pregunta en verdad es: ¿se pueden estudiar caricaturas, expresiones artísticas populares, crímenes, hablas locales, sin esperar hallar proyectos alternativos de nación, de ley, de democracia? ¿Se puede asumir que los pobres, jodidos o subal-

---

[3] Nos referimos al influyente artículo "The Frontier in American History", presentado en la Exposición de Chicago en 1893 y que creó toda una corriente en la historiografía estadunidense.

ternos poseían racionalidad y no por ello toda una visión de algo así como "nación", Estado? Es más, ¿se puede otorgar aún más racionalidad a los de abajo y concederles esa posibilidad que ni Dios les quita, la de ser, si lo decidían, villanos? ¿Se pueden asumir nociones de legitimidad y poder donde algunos fueron víctimas y otros verdugos sin que parezca que los buenos siempre están del mismo lado?

Entre cultura y sociedad, nuestras historias del Porfiriato aún son muy moralinas. Dondequiera queremos encontrar pruebas para nuestra visión ética de la vida. De la historia de las representaciones culturales de los "de abajo" sabemos en verdad muy poco. Sólo asumimos que deben ser buenas, ricas, democráticas, fraternales, solidarias. Pero creo que una visión etnográfica, existencial, erudita, conocedora y disfrutadora (véase Ricardo Pérez Montfort, 1994, 2000) es la que nos puede mostrar los aspectos más interesantes de las expresiones artísticas, musicales, culinarias... de los pueblos que conformaban México en el Porfiriato.

Mas es en lo que hace a la distancia, la tierra, el suelo y la querencia donde se pueden encontrar "nuevas" historias. La historia del Porfiriato es la del acotamiento de las distancias dentro de un territorio por primera vez habitado como nunca antes. Cambian para todos las nociones del tiempo y espacio. Luis González mostró cómo en San José de Gracia la nación llegó en el ferrocarril. Las distancias se acortan, al mismo tiempo que se alargan, porque antes a pocas personas se les ocurría que México llegaba hasta el Paso del Norte. La distancia está pocas veces presente en nuestras historias de rebeliones, de culturas, de representaciones, de dineros y créditos —distancias geográficas, sociales, temporales y conceptuales—. Hablamos de sitios, de lugares, de conmemoraciones, pero no de las distancias, del tiempo entre un sitio y otro, entre una conmemoración aquí y otra allá.

La historia de la cultura y la economía del Porfiriato es, en realidad, la historia del momento más importante de la recomposición más duradera de las añejas concepciones de distancias y tiempo. La historia debe mostrar no sólo cómo se transformaron esas distancias en el Porfiriato, sino cómo desde entonces entendemos como entendemos nuestros cerca, lejos, arriba, abajo, antiguo, moderno, ganancia y pérdida.

La tierra era el tema antes, durante y después del Porfiriato, pero conocemos poco de las concepciones científicas o populares de la tierra; poco sobre cómo diferentes grupos veían a la tierra para conocerla, explotarla, medirla, repartirla, habitarla, trabajarla. Ya empieza a estudiarse la gran producción cartográfica del Porfiriato.[4] En esos mapas se mezclan visiones populares, científicas, viejos y nuevos paisajes de la tierra. A este respecto, la frontera es el gran tema del Porfiriato, porque significa al mismo tiempo espacio, querencia, nación y economía. La frontera es para el Porfiriato la comprobación de su existencia (sin Estado no hay frontera), un dolor de cabeza, una gran avenida cultural que explica el Porfiriato y la Revolución. Los trabajos de William French, Tinker Salas y Samuel J. Truett van apuntando a que México por fin fue eso, un Estado-nación con fronteras determinables, y que el simple llegar a serlo anunciaba el fin de la frontera, en uno y otro lado: F. J. Turner lo anunció en los Estados Unidos en 1893, y en México la Revolución que vino del norte anuncia el fin del aislamiento y marginalidad de la frontera. Frontera del norte donde, por segunda vez en la historia del continente,[5] se encuentran dos "soberanos" representantes de dos nuevos Estados nacionales modernos: el presidente Taft y el presidente Díaz en la línea divisoria marcaron la existencia, finalmente, de ambas soberanías y la existencia física de dos naciones distintas. Desde entonces el circular irrefrenable de mercancías, ideas, gentes... se volvió más que un circular, un transitar de nacionalidades. También la frontera sur se materializó durante el Porfiriato; fue entonces que esa frontera se volvió visible y objeto de controversia —don Porfirio estuvo a punto de entrar en guerra con Guatemala, y la frontera para ambas naciones era la comprobación final de su existencia—. Conocer los

---

[4] Falta mucho por hacerse en la comprensión de la conformación especial del Estado, el trazado y consolidación de fronteras estatales, sobre la tecnología cartográfica, sobre el dominio del territorio. Sobre esto, véanse las últimas partes de Raymond Craib, "Cartography and Power", y *Cartographic Mexico: A History of State Fixation and Fugitive Landscapes* (Durham, Duke University Press, 2004). Sería bueno contar con algo como lo hecho por Herbet J. Nickel, *Kaiser Maximilians Kartographen in Mexiko* (Francfort del Meno, Vervuert, 2003), sobre los cartógrafos de Maximiliano y sobre hacer mapas de haciendas, *Landvermessung und Hacienda-Karten in Mexico* (Friburgo, Arnold-Bergstraesser-Institut, 2002). Sobre la cartografía y el trazado de la frontera norte, véase Paula Rebert, *La Gran Línea: Mapping the United States-Mexico Boundary, 1849-1857* (Austin, University of Texas Press, 2001); sobre cartografía y Yucatán, véase Michel Antochiw, *Historia cartográfica de la península de Yucatán* (México, IPN, 1994).
[5] La primera fue la presencia de Dom Pedro II, el monarca brasileño en la Exposición Universal de 1876, y no era para menos: era la celebración de los 100 años de la gran Revolución de independencia estadunidense.

pormenores de por qué el Porfiriato y la frontera son una misma cosa nos invitaría a descreer en nuestra visión del Estadonación. Como si fuera una ciudad medieval, necesitamos romper esa muralla historiográfica para concebir la posibilidad de un espacio llamado México que no fue, no ha sido ni será lo que geográfica e intelectualmente hemos creído.[6]

La ecología es, o tendría que ser, complemento de una historia del espacio "México" en la larga duración que va de la consolidación del Estado y el territorio al principio de la industrialización. Y esto en el medio de los primeros momentos de preocupación global por el estudio y conservación de la naturaleza. Se han hecho algunos estudios sobre el agua y hay un buen estudio general del movimiento conservacionista mexicano, especialmente de su gran representante porfiriano, don Miguel Ángel de Quevedo.[7] Pero hay que explorar todavía más esta avenida.

La otra dimensión ávida de historia es la del tiempo social, y el Porfiriato puede cambiar radicalmente nuestros cronómetros historiográficos que generalmente siguen el modelo del alambique: una sociedad que aguanta y aguanta el oprobio hasta que estalla en revolución. Y el estudio del Porfiriato, que fue tan marcado por nuestro arraigado entender de clases sociales, redefinirá la historia de las ciencias y las creencias; hará historiables, sobrepasables, nuestras concepciones de clases sociales a través del análisis del lenguaje y las representaciones y, también, desde la narración del tiempo personal, desde la biografía. Esto es, el Porfiriato no sólo es la era de los "científicos" sino una expresión de la era científica

---

[6] Sobre la frontera en el Porfiriato, Miguel Tinker Salas, *In the Shadow of Eagles. Sonora and the Transformation of the Border During the Porfiriato* (Berkeley, University of California Press, 1997); sobre la frontera sur, Jürgen Buchenau, *In the Shadow of the Giant. The Making of Mexico's Central American Policy, 1876-1930* (Tuscaloosa, University of Alabama Press, 1996); y Scott Cook, "The Mexican Connection in the Southwestern Borderlands: an Introduction", *Journal of the West,* XL, núm. 2 (2001), pp. 5-14; sobre el hacer de la frontera, Juan Mora-Torres, *The Making of the Mexican Border* (Austin, University of Texas Press, 2001); sobre la interesante historia del trazado de la línea, véase Paula Rebert, *La Gran Línea.*

[7] Sobre el agua, véase Patricia Romero Lankao, "Agua en la ciudad de México"; sobre Veracruz, Glen David Kuecker, "A Desert in a Tropical Wilderness: Limits to the Porfirian Project in Northeastern Veracruz, 1870-1910", tesis de doctorado, Rutgers University, 1998; sobre Morelos y derechos de propiedad y ecología, Mark James Smith, "Property Rights and Ecology in Michoacán, México, 1821-1910", tesis de doctorado, University of Florida, 1997; la historiadora del movimiento conservacionista es Lane Simonian, *Defending the Land of the Jaguar: A History of Conservation in Mexico* (Austin, University of Texas Press, 1995).

del mundo occidental. La historia de la ciencia tiene mucho que revelarnos. La ciencia leída como institución, como forma de conocimiento, como forma de organización del saber, como praxis política, como consumo popular, como factor intrínseco al crecimiento del Estado, como un lenguaje en el cruce de los decires de la calle, la escuela, el laboratorio, el palacio, la ciudad. Más estudios de las creencias y movimientos religiosos, más allá de Tomóchic, también serían importantes. Necesitamos historias de más revueltas, indígenas y no, incluyendo el tema de la revuelta yaqui en toda su complejidad, no un levantamiento claro de una etnia por su identidad, sino una compleja revuelta religiosa, por razones ecológicas, y de lucha de poder local.[8]

Ciencia y creencia, bien estudiadas, pueden redefinir nuestra visión de las clases sociales. "Yo no entiendo esas cosas de las clases sociales", dice una tonada popular, o un producto tardío y duradero del Porfiriato, el bolero y la música "ranchera" de las décadas de 1920 a 1940; un quijote aguamielero, en una canción infantil de la década de 1940, con bigotes de aguacero hablaba de "a según la Constitución" todos somos iguales, incluso la reina de las abejas; una retórica popular de diferencias de clase que las ciudades y pequeños pueblos reinventaban con versiones locales. En efecto, el lenguaje de "clases sociales" es una producción del tardío XIX, y así como popularmente antes había "nosotros los pobres" y los ricos, los pelados y los catrines, nosotros, los historiadores, hemos asumido una jerarquía social "profesionalizada" que ha ido en las ultimas tres décadas de lumpenproletariado, campesinado (pequeño burgués), proletariado y burguesía, en la que el actor fundamental eran el proletariado, los subalternos y las clases hegemónicas. Luis Wistano Orozco, José López Portillo y Molina Enríquez ya se aproximaban a esta distinción. Frank Tannenbaum le entró a esta clasificación también y acentuó en el campesinado el lado indígena y utópico. De hecho, es en el Porfiriato donde materializamos nuestra visión de clases sociales. En él buscamos los peones acasillados, el proletariado, la bur-

---

[8] Héctor C. Hernández Silva, *Insurgencia y autonomía*; Cynthia Radding, "Peasant Resistance on the Yaqui Delta: an Historical Inquiry into the Meaning of Ethnicity", *Journal of the Southwest*, XXXI, núm. 3 (1989), pp. 330-361; Evelyn Hu-Dehart, *Yaqui Resistance and Survival: The Struggle for Land and Autonomy, 1821-1910* (Madison, University of Wisconsin Press, 1984).

guesía financiera. Nuestra noción de clases sociales quedó profundamente marcada por la visión revolucionaria del Porfiriato. Desde entonces, todo rico es afrancesado o agringado, todo pobre indio. Los estudios de Alan Knight han mostrado las diferencias entre rancheros y serranos, han mostrado cómo las diferencias regionales, culturales y políticas determinaban las alianzas. Estudios más recientes (como Víctor M. Macías-González) muestran el tejido complejo de aristocracia y caudillos. Hoy volvemos al concepto de subalternos, al tema gramsciano de hegemonía que en su tiempo sirvió para hablar de algo más que simple clase obrera, pero que hoy usamos para referirnos a todo aquel que merezca el papel de bueno, pobre, desposeído, auténtico, alternativo en nuestras historias. Los antiesclavistas radicales norteamericanos de la década de 1850 recurrían al Evangelio y a Lord Byron para sustentar alianzas interraciales en el reino de Dios en la tierra. Nosotros recurrimos a Gramsci y a Homi Bhabha; a cada quien su cada cual.[9]

Por otra parte, una historia de la vida obrera porfiriana —en la ciudad de México, Puebla, Orizaba o Monterrey— mostraría formas culturales que rompen todas nuestras distinciones de clases. Mujeres inmigrantes de los alrededores versus mujeres trabajadoras hijas de la vieja clase artesanal o de la vieja servidumbre; mestizas versus indígenas; pobres que son otro mundo (en ciudades y pueblos) versus indígenas más o menos pobres. O mujeres prostitutas ricas, influyentes, francesas versus indígenas pobres de la sierra de Puebla que se prostituyen en la ciudad de México. Una historia que cambiaría los vínculos de solidaridad, descubriría que la mayoría de los campesinos no eran o no se identificaban como indígenas. Y frente a la burguesía las cosas son también difíciles de entender. Raza, clase y género dependen de extrañas formas de vinculación social. Uno podía ser indio y poderoso, como Benito Juárez, Díaz o Altamirano —y de una manera que, por ejemplo, no sería posible en Estados Unidos—. Pero ello no quiere decir que no hubiera problema de raza. ¿Cómo eran aceptados culturalmente los indígenas con poder en una sociedad aristocratizante? ¿Quién acepta a quién, los indios redimidos a la aristocracia catrina, güera y culta, o al revés? En

[9] Véase, por ejemplo, Homi K. Bhabha, *Nation and Narration* (Nueva York/ Londres, Routledge & Keegan Paul, 1990).

efecto, necesitamos una traducción cultural útil para nuestras nociones de clases sociales. Cuando Victoriano Huerta llega al poder, la aristocracia urbana lo apoya, pero no lo acepta culturalmente. Era un patán, borracho, un pelado, no gente como uno. Cuando Calles y Obregón dominan, sus planes para una ciudad revolucionaria y moderna están guiados por un catrín insoportable que los desprecia culturalmente (Alberto J. Pani). No basta decir que los subalternos estaban divididos por líneas de clase, de etnia y de género. Hay que mostrarlo. Culturalmente hablando, eso es lo interesante y denso y no su evidente y abierta contradicción con los catrines.

El Porfiriato fue el periodo de la historia de México, y del mundo, en que la desigualdad adquirió una capa científica sustentada en teorías raciales. Por ello, el Porfiriato es el periodo ideal para estudiar la peculiar forma del racismo mexicano no porque el racismo haya sido inventado por los científicos porfirianos, sino porque la larga historia de desigualdad fue entonces justificada con modernos argumentos raciales. Desde las teorías del blanqueamiento —vía migración— hasta la del propio "mestizaje" —un argumento racial si los ha habido— todos estos argumentos solidificaron una manera racial de hablar de la desigualdad de la cual aún hoy México —como el resto del mundo— no se ha podido librar. Se ha estudiado el tema, sobre todo en cuanto al racismo de la elite científica, pero falta mucho por hacer, sobre todo sin usar nuestra actual concepción de raza que parece impregnar todo estudio de la raza en el pasado.

El Porfiriato constituyó un delicadísimo realineamiento de las "solidaridades" basado en alianzas y pactos culturo-económicos; unas redes de enlace y colchón entre contradicciones domésticas y entre éstas y las contradicciones regionales y nacionales después de décadas de batallas. Esto es, se trataba de una complicadísima red de relaciones sustentadas en afinidades familiares y culturales lubricadas y consolidadas con premios y garantías económicas a todo nivel: el pueblo, el rancho, la hacienda, el estado, la ciudad, la nación. Por decir: un cacique local que, por azares de batallas e invasiones extranjeras, acabó de compadre de un señor que es como él, que habla como él, que conoce a los que él conoce, que bebe lo que él bebe y que acabó por tener gran influencia en la capital de x estado. Cacique y señor acaban de cabos de una cadena que se junta con catrines de ciudad que no tienen nada que ver con ellos, pero que distribuyen favores y dinero hasta el nivel local. Todos los amarres son, evidentemente, económicos, pero ontológicamente culturales, son afinidades de formas de ser, sentir, ver. Por ello el paso del tiempo era tan peligroso a este sistema como el aburguesamiento y la catrinura. Díaz cumplió ochenta años y los catrines creyeron que era posible gobernar con pura "gente como uno".

La república de las letras también merece ser tomada en serio por la historia social, cultural y económica. Circulan las tesis de departamentos de literatura sobre autores decimonónicos, pero en realidad no tenemos una historia de la literatura, de la retórica, de los gustos de la época. Una historia más o menos completa de letras, de cartas, de grupos culturales, de instituciones, de revistas; historia de elites, por supuesto, pero de elites en serio, de escarbar todos los contactos. Por lo demás, con todo y el giro lingüístico gira que gira, no se han tomado en serio la retórica, la lingüística, la elocuencia porfiriana, no obstante que el Porfiriato produjo grandes "picos de oro", a decir de don Luis González, y en el que se dio un gran momento logofílico que llevó al estudio de lenguas indígenas y a la recolección de todo tipo de dichos y decires.[10] Hay que estudiar la filología porfirista de Francisco Pimentel a Joaquín García Icazbalceta, hay que estudiar sus análisis sobre lenguas indígenas y su creación minuciosa de una lengua nacional a coro con idiomas internacionales (a ello apuntan trabajos como el de Liborio Villalobos Calderón, 2002). Hay que estudiar la elocuencia en todo tipo de fuentes, en folkloristas, en revistas, en hojas sueltas. A este respecto, ya hay ciertos estudios sobre revistas femeninas, sobre las revistas *Moderna* y *Positiva,* pero el Porfiriato produjo innumerables revistas y no existen colecciones completas ni estudios sobre la esfera de lectura que todo esto implicaba. No obstante algunos esfuerzos, nuestra república de las letras porfiriana es *terra incognita.*

Un tema que merece muchísimo más estudio es todo lo que está alrededor de la música, el teatro, la opera, la zarzuela, las tandas populares. Todo parece que surgió en México después de la Revolución. No obstante los esfuerzos de Armando de Maria y Campos y Ramos Smith, no contamos con estudios de compañías de teatro circulando por todo el país, de

[10] Al respecto, véase Mauricio Tenorio Trillo, *City upon a Lake.*

artistas o escritores, del humor, de la moda... sabemos, sí, que era una gran cosa la zarzuela en México y que en 1919 Caruso cantó en México, pero ¿qué quiere decir todo eso? La música porfiriana ha experimentado un renacer comercial, pero conocemos muy poco de la música popular de la época (casi todo lo que sabemos viene de Rubén M. Campos, 1929, 1930, 1996) y de la música culta que nutrió, por decir, a un personaje tan interesante como Manuel M. Ponce.[11] La lírica popular, regional, las formas musicales que se hacían populares y "hegemónicas" antes del arremeter de la radio. En fin, un estudio de la música y los ruidos que tenía una era que ya era mecánica, pero también campirana, que ya contaba con corridos y coplas populares de todo tipo, en que el danzón se esparcía, pero los valses dominaban.

Políticamente, y a pesar de los esfuerzos hechos en *El Porfiriato, la vida política exterior*, el Porfiriato requiere de más estudios de su inserción al mundo. Existen algunos trabajos sobre las difíciles relaciones con Guatemala y Estados Unidos, pero poco a poco surgen más cosas, especialmente la importancia de Cuba en la política, cultura y las relaciones internacionales de México; sobre México e Inglaterra hay también algunos estudios, pero aún está por escribirse la historia del oriente con México, aunque ya se ha escrito algo.[12]

[11] Véase, al respecto, Dahlia Ann Guerra, "Manuel M. Ponce: a Study of his Solo Piano Works and his Relationship to Mexican Musical Nationalism", tesis de doctorado, University of Oklahoma, 1997.
[12] Sobre Cuba, el 98 y México, véase Laura Muñoz, "1898: el fin de un ciclo de política mexicana en el Caribe", *Secuencia*, núm. 42 (1998), pp. 29-47; y José Alfredo Uribe Salas, *México frente al desenlace del 98: la guerra hispanonorteamericana* (Morelia, Universidad Michoacana de San Nicolás de Hidalgo/Universidad de Puerto Rico/Gobierno del Estado de Michoacán/Instituto Michoacano de Cultura, 1999); sobre Cuba en general y México, Rafael Rojas, "La política mexicana ante la guerra de independencia de Cuba (1895-1898)", *Historia Mexicana*, XLV, núm. 4 (1996), pp. 783-805; sobre los Estados Unidos y México, véase David Pletcher, "Mexico Opens the Door to American Capital, 1877-1880", *The Americas*, XVI (1959), pp. 1-14; el clásico de Lorenzo Meyer y Josefina Zoraida Vázquez, en segunda edición corregida y aumentada, *México frente a Estados Unidos: un ensayo histórico, 1776-1988* (México, FCE, 1989); el excelente trabajo de Alan Knight, *U. S.-Mexican Relations, 1910-1940: an Interpretation* (La Jolla, Center for U. S.-Mexican Studies/University of California, 1987); sobre antimexicanismos, Raymund Paredes, "The Mexican Image in American Travel Literature, 1831-1869", *New Mexico Historical Review*, LII, núm. 1 (1977), pp. 5-13; sobre las relaciones culturales entre México y los Estados Unidos antes, durante y después del Porfiriato, véase Frederick Pike, *The United States and Latin America: Myths and Stereotypes of Civilization and Nature* (Austin, University of Texas Press, 1992); sobre turismo y las visiones mutuas entre México y los Estados Unidos, véase Aida Mostkoff, "Foreign Visions and Images of Mexico: One Hundred Years of International Tourism, 1821-1921", tesis de doctorado, University of

Tema muy relacionado y que aún puede desarrollar-
se más es la migración. Se han escrito varios trabajos sobre japoneses, gallegos, americanos, españoles, turcos…, pero aún
no hay un texto que hable de este multiculturalismo porfiriano
en su dimensión regional —no es lo mismo Durango que el
Distrito Federal, Mérida que Veracruz—. Tenemos un conjunto de anécdotas y de estadísticas que hablan de rechazo, racismo, aceptación, nichos de mercado tomadas por una u otra inmigración, pero no una historia del *melting pot* mexicano, más
allá del mito del mestizaje entre indígenas y españoles.[13]

California, 1999; sobre México como destino turístico, véase el catálogo de
Andrea Boardman, *Destination México: "a Foreign Land a Step Away": U. S.
Tourism to Mexico, 1880s-1950s* (Dallas, DeGolyer Library/Southern Methodist
University, 2001); sobre los Estados Unidos y México, véase María de Jesús Duarte
Espinosa, *Frontera y diplomacia: las relaciones México-Estados Unidos durante
el Porfiriato* (México, SRE, 2001). Sobre Inglaterra, véanse partes correspondientes en Lorenzo Meyer, *Su majestad británica contra la Revolución mexicana: el
fin de un imperio informal* (México, Colmex, 1991). Sobre el oriente, véase la biografía presentada en Mauricio Tenorio Trillo, *Mexican Odalisque Mania, 1880-
1940* (en prensa).
[13] Los trabajos de Moisés González Navarro siguen siendo la mejor guía sobre
este tema; véase *Los extranjeros en México y los mexicanos en el extranjero, 1821-
1970* (México, Colmex, 1993); sobre inmigración japonesa, véase Jerry García, "Japanese Immigration and Community Development in Mexico, 1897-1940", tesis
de doctorado, Washington State University, 1999; y Toshio Yanaguida y Taeko
Akagui, "México y los emigrantes japoneses", *Estudios Migratorios Latinoamericanos*, X, núm. 30 (1995), pp. 373-401; sobre hispano-cubanos, véase María del
Socorro Herrera Barreda, "Algunas características sociodemográficas: dos inmigrantes hispanocubanos en México durante el Porfiriato", *Estudios Migratorios*,
núms. 7-8 (1999), pp. 55-74; sobre judíos, Adina Cimets, *Ashkenazi Jews in Mexico:
Ideologies in the Structuring of a Community* (Albany, State University of Nueva
York Press, 1997); sobre gallegos, E. Villaverde García, "Galician Emigration to
Mexico, 1878-1936", tesis de doctorado, Universidad de Santiago de Compostela,
1998; sobre italianos, James H. McDonald, "Historia, economía y transformación
de la identidad étnica entre los inmigrantes italianos en México", *Relaciones*,
XVIII, núm. 71 (1997), pp. 157-199; sobre árabes, Theresa Alfaro Velcamp,
"Peddling Identity: Arabs, Conflict, Community, and the Mexican Nation in the
Twentieth Century", tesis de doctorado, Georgetown University, 2001; sobre ale-
manes, J. Buchenau, "Small Numbers, Great Impact: Mexico and its Immigrants,
1821-1973", *Journal of American Ethnic History*, XX, núm. 3 (2001), pp. 23-49;
sobre estadunidenses en la ciudad de México, William Schell, *Integral Outsiders*;
sobre la importante migración china, aún poco estudiada, véase E. Hu-Dehart,
"Immigrants to a Developing Society: the Chinese in Northern Mexico, 1875-
1932", *Journal of Arizona History*, XXI, núm. 3 (1980), pp. 275-312; "Coolies, Shopkeepers, Pioneers: The Chinese of Mexico and Peru (1849-1930)", *Amerasia Journal*, XV, núm. 2 (1989), pp. 91-116; Robert Duncan, "The Chinese and the Economic
Development Northern Baja California, 1889-1929", *The Hispanic American
Historical Review*, LXXIV, núm. 4 (1994), pp. 615-647; Kenneth Cott, "Mexican Diplo-
macy and the Chinese Issue, 1876-1910", *Hispanic American Historical Review*,
LXVII, núm. 1 (1987), pp. 63-85; Mee-Ae Kim, "Immigrants, Workers, Pioneers:
The Chinese and Mexican Colonization Efforts, 1890-1930", tesis de doctorado,
Washington State University, 2000; sobre Torreón y varias inmigraciones, véase
Diana Urow Schifter, *Torreón, un ejemplo de la inmigración a México durante el
Porfiriato: el caso de españoles, chinos y libaneses* (Torreón, Impresora Colora-
ma, 2000).

Una tarea pendiente para la historia regional es utilizar el gran cúmulo de información generada durante el Porfiriato a nivel local para construir ideas más generales sobre las similitudes y particularidades de empresarios y empresas, minas, comercios, haciendas, pueblos... en las distintas regiones. Este trabajo sería importante para hacer inteligible la valiosa información que por su especificidad y cantidad muchas veces lleva al lector a la confusión y que impide colocar en un ámbito más amplio los resultados encontrados por estos estudios en el plano regional.

Para lograr esto se requiere no solamente de trabajos que tomen el conjunto de investigaciones ya realizadas y lo pongan en un contexto comparativo más amplios, sino también un mayor diálogo entre los investigadores, a modo de que los nuevos proyectos retomen preguntas similares a las que otros se han planteado, averiguando cuál sería su respuesta en distintos contextos. Todavía nos faltan muchas piezas para poder construir mapas mentales más amplios. El rompecabezas sobre cada uno de los temas es todavía muy incompleto, por lo que resulta difícil generalizar a partir de las piezas conocidas, si bien tenemos ya ideas precisas sobre algunos temas, tales como las redes financieras, la situación de las empresas, la condición de vida de los trabajadores, o el proceso de privatización de las tierras, en algunas regiones o sectores particulares, por poner algunos ejemplos. Necesitamos de más estudios de caso para poder definir los linderos de lo que es y no generalizable a tal o cual espacio geográfico y temporal. Para lograrlo hay todavía que desenterrar muchos archivos —hoy a punto de sucumbir en viejas fábricas, haciendas, bancos, dependencias gubernamentales, pueblos, asociaciones científicas, colecciones particulares— y ordenar y explorar muchos de los que están ya rescatados pero sin estudiarse —como el maravilloso archivo de Porfirio Díaz, o el cúmulo de papeles que está aún en cajas cerradas en el Archivo General de la Nación y en tantos otros—.

Necesitamos también seguir trabajando en la construcción y reconstrucción de series estadísticas que nos permitan a la vez mayor precisión en nuestro conocimiento sobre los procesos regionales y mayor capacidad de generalización. A este respecto, creer que la historia está a años luz de la historia económica es un despropósito total. ¿Cómo puede hablar la historia cultural de resistencia, de libre albedrío, de los pobres sin índices de precios que nos digan qué tan pobres eran los pobres?

Hemos llegado a la conclusión de que el Porfiriato fue un periodo crucial en la construcción del Estado nacional. El gobierno de Díaz fue capaz de entrejer en una sola red de transporte, de comercio, de fiscalidad... los distintos hilos que antes estaban desatados. Los trabajos recientes nos permiten entender los alcances y, sobre todo, los límites de este proceso, mucho mejor ahora que hace poco tiempo. Carecemos todavía, no obstante, de una idea cabal sobre la edificación, el funcionamiento y la evolución del federalismo porfiriano tanto desde el punto de vista económico como, sobre todo, desde el político. Hacen falta trabajos, por ejemplo, que nos expliquen cómo fue la negociación política y económica entre estados y federación que llevó al fin de las alcabalas,[14] o entre estados y municipios para dejar a estos últimos la responsabilidad principal en materia de educación pública. No entendemos bien todavía el significado de los cantones y de los jefes políticos en ese régimen federal.

Está en boga hablar de la importancia de las instituciones; sin embargo, aún nos falta mucho por descifrarlas en su historicidad. El Porfiriato, como momento gestacional de nuevas leyes, organismos de gobierno, empresas y en general nuevas formas de hacer las cosas, es un periodo muy atractivo para los aficionados al tema institucional. Existe en este campo, como hemos visto, algún trecho avanzado; no obstante, aún queda un largo camino por recorrer. Partimos todavía de demasiados supuestos que, sin haber estudiado, tomamos por ciertos. Así, cualquier cantidad de trabajos sobre el Porfiriato habla de la trascendencia de las reformas legales llevadas a cabo, o de la implementación de otras heredadas, para explicar desde el despegue económico hasta el conflicto social. Sin embargo, conocemos todavía muy poco sobre el impacto de cada una de estas leyes tal como se dieron (si es que se dieron) en la práctica, afectando o beneficiando (cuánto, cómo y dónde) a distintos actores sociales. Sabemos todavía menos sobre

---

[14] Sobre este tema, véase María José Rhi Sausi, "Breve historia de un longevo impuesto: el dilema de las alcabalas en México, 1821-1896", tesis de maestría, Instituto de Investigaciones Dr. José María Luis Mora, 1998. Óscar Cruz Barney, *Historia del derecho en México* (México, Oxford, 2004), es un libro de enorme utilidad como una primera aproximación a la evolución de las leyes en este país a lo largo de la historia.

la evolución de las reglas (formales e informales) y sus consecuencias.

La historiografía económica sobre el Porfiriato teje con frecuencia sus historias sobre el marco de un "supuesto precario reinado de la ley", y en particular de la protección de los derechos de propiedad, que bien a bien nadie ha estudiado.[15] Caemos en el error de extrapolar la realidad actual hacia el pasado bajo el supuesto de que lo que hoy está mal antes tuvo que estar peor, pero eso no es hacer historia. Existe un gran vacío en el estudio del funcionamiento del sistema judicial, y del ámbito, las continuidades y los cambios que pudo haber experimentado "el Estado de derecho" durante el Porfiriato, y en general en la historia de México.[16] Necesitamos abogados historiadores que conozcan de leyes y nos ayuden a descifrar su funcionamiento histórico. Necesitamos acercarnos a las leyes y los códigos, pero sobre todo a aquellos archivos que nos permitan observar cómo se aplicaban en realidad leyes y códigos.

Para la historia económica resulta muy atractivo explorar nuevos temas a partir de las nuevas teorías y métodos cuantitativos. Sin embargo, si acaso es posible aprender de los errores ajenos, podríamos percatarnos que dentro de las múltiples virtudes que ha tenido el desarrollo de la historia económica en otros países —en particular en los Estados Unidos—, ha habido también un gran defecto: su alejamiento de la historia. La creciente sofisticación técnica alcanzada por la histo-

---

[15] A este respecto, las tesis doctorales de María José Rhi Sausi sobre el juicio de amparo y de Daniela Marino sobre la aplicación de las leyes de desamortización de tierras durante el Porfiriato, actualmente en proceso de ser terminadas, aportarán sin duda mucha luz. Lo que hasta ahora emana de ellas a través de trabajos presentados en distintos congresos deja ver una aplicación de la ley mucho más general y consistente de lo que hasta ahora se ha considerado.

[16] Sobre este tema existen algunos trabajos, como el de Lucio Cabrera, *La Suprema Corte de Justicia durante el fortalecimiento del Porfirismo, 1882-1888* (México, Suprema Corte de Justicia de la Nación, 1991), acerca de la Suprema Corte de Justicia durante 1882-1888; sin embargo, todavía conocemos muy poco. En cuanto al funcionamiento del sistema judicial, véase John Laurence Rohlfes, "Police and Penal Correction in Mexico, 1876-1911"; Paul Vanderwood, *Los rurales y Disorder and Progress*; José Arturo Yáñez, *Policía mexicana: cultura política, (in)seguridad y orden público en el gobierno del Distrito Federal, 1821-1876* (México, UAM/Plaza y Valdés, 1999); Pablo Piccato, *City of Suspects*; Pedro Santoni, "La policía de la ciudad de México durante el Porfiriato: los primeros años (1876-1884)", *Historia Mexicana*, XXXIII, núm. 1 (1983), pp. 97-129; y Elisa Speckman Guerra, *Crimen y castigo: legislación penal, interpretaciones de la criminalidad y administración de justicia, ciudad de México, 1872-1910* (México, Colmex/Instituto de Investigaciones Históricas, UNAM, 2002).

ria económica norteamericana la ha hecho incapaz de dialogar con los historiadores, que cada vez se encuentran, por su parte, más ajenos a la misma. Esto ha sido un flaco favor tanto para la historia como para la historia económica. Lo mismo puede decirse de los excesos de la historia cultural que a ratos aparece como textos cifrados sólo para entendidos. La historia económica ha perdido: cada vez tiene más que ver con puntos específicos de la teoría económica y cada vez menos que ver con los procesos históricos. Además, se reduce más su ámbito de lectores a un puñado de iniciados en el tema, lo que en el caso de México resulta mucho más grave. Lo humano y lo social no pueden encajonarse en los ámbitos de "lo económico", "lo político" o "lo cultural". Ninguna ciencia social ha logrado este empaquetado perfecto, menos aún la historia. La economía misma, vista en la historia, regresa a sus orígenes morales, psicológicos, políticos y humanos.

Además, a la historia económica le hace falta tomar conciencia de los límites de la objetividad de sus investigaciones. Cualquier campo de la historia precisa de autocrítica y autoconciencia de quién habla y desde dónde, pero más la historia económica, que presume de objetividad más allá de creencias e ideologías. Hay que reflexionar sobre las creencias de las que parte el historiador económico, las motivaciones que lo llevan a hurgar en el pasado sobre tal o cual tema, con tal o cual enfoque. Si creemos en el desarrollo económico como el fin último de la humanidad, hay que hacerlo consciente y hay que explorar, acotar y definir lo que entendemos por desarrollo y por subdesarrollo. Si creemos que el desarrollo estadunidense es el patrón a seguir y nuestras pesquisas se enfocan a buscar las desviaciones que encontramos respecto al mismo, hay que hacerlo explícito. Si no lo creemos, entonces hay que buscar otros puntos de comparación, otros puntos de referencia. A la historia económica de México, y en particular a la del Porfiriato, le hace falta ver más allá y más acá de los Estados Unidos: el mundo es mucho más grande. Y la historia económica de los Estados Unidos, vista con ojos críticos, uno diría que fue una historia muy distinta a la de países como México, Brasil o Argentina. Hay que salir del binomio México: atraso/Estados Unidos: desarrollo, o en todo caso tomar conciencia de ello y explicar por qué lo hacemos cuando decidimos hacerlo.

Finalmente, más allá de la historia económica y partiendo de este superar la dictomía México vs. Estados Unidos, es preciso avanzar en una perspectiva que vea al Porfiriato como parte de lo que podríamos llamar el momento progresivista o el momento oligárquico del mundo occidental. Es decir, ver la cultura, la economía y la política del Porfiriato como parte de ese periodo mundial que va de *circa* 1870 a 1920, cuando gobiernos oligárquicos, más o menos democráticos, consolidaron los modernos mercados, naciones, Estados, culturas. Es éste el momento del *American progressivism*, de la democracia oligárquica argentina, la república (no democrática) brasileña, la Restauración de Cánovas en España o la relativa estabilidad política y económica en varias partes del mundo; un momento que acabó por crear una especie de sensación de era dorada del siglo XIX y principios del XX. Hace falta un poco de desmexicanización en la visión del Porfiriato. Pocos ejercicios de comparación existen. Mallon intentó lo propio en su libro al usar a Perú como paralelo. Independientemente del resultado, este tipo de ejercicio tiene que continuar. Alan Knight, en un ensayo sobre las peculiaridades de la historia mexicana, avanzaba sobre esta avenida, pero Knight, como Mallon, creen en una certeza aparentemente histórica y geográfica pero que es en esencia moral, a saber: "América Latina"; es necesario, para ir más allá del excepcionalismo mexicano y de la lectura nacionalista o de la lectura ya de por sí mexicocéntrica y etnitizante que se deriva del concepto "América Latina", creer en algo más que América Latina. Por ejemplo, en ese momento progresivista; por ejemplo, en hablar de temas y comparaciones insólitas (cultural y geográficamente) dentro de los cajones historiográficos de hoy.[17] Seguimos trabajando.

---

[17] Véase también Carlos Forment sobre la formación de modernidades políticas en el continente, mucho más promesa que trabajo acabado, *Democracy in Latin America, 1760-1900* (Chicago, University of Chicago Press, 2003).

BIBLIOGRAFÍA

NOTA SOBRE ARCHIVOS Y PAPELES
El cuerpo documental y archivístico para el estudio del Porfiriato es inmenso. Si algo hizo el Porfiriato fue crear instituciones y por ello papeles de todo tipo. Los tres más grandes archivos para estudiar el Porfiriato son, primero, el ramo Documentos de la Administración Pública, 1821-1910, del Archivo General de la Nación, el cual incluye los archivos de todos los ministerios y agencias del gobierno federal. Éste es un archivo inmenso que abarca los papeles de cada dependencia hasta el último detalle. No todos los ramos están clasificados ni todas las guías de lectura e investigación son confiables. Paciencia y trabajo se necesitan para ir escudriñando los trucos de cada parte del archivo y para ir descubriendo la inmensa cantidad de información de todo tipo (consúltese la Guía General del Archivo General de la Nación y su página de internet http://www.agn.gob.mx/archivos/inicio.html).

El segundo gran cuerpo documental para el Porfiriato es el propio archivo de Porfirio Díaz que se encuentra en la Universidad Iberoamericana, en la ciudad de México. Este archivo incluye la correspondencia privada y oficial de Díaz y todo tipo de datos y sorpresas. Poco a poco se ha ido clasificando y ya pueden ser consultadas muchas partes con la ayuda de guías bien elaboradas. Sin embargo, lo mejor es sumergirse en él de lleno.

Los archivos estatales son otra gran fuente. Dependiendo de cada Estado, el archivo está o no organizado. Conviene consultar los archivos estatales, sería interminable listar todos los archivos y colecciones estatales.

La tercera fuente de información es el archivo del secretario particular de Díaz, Rafael Chousal, al ser él el eje de negociaciones y distribución de puestos y poder; su archivo es esencial para entender las redes económicas y políticas. Se encuentra en el Centro de Estudios Sobre la Universidad, en Ciudad Universitaria, en la ciudad de México.

Otro nivel de archivos está formado por los archivos privados de varias personalidades muy importantes del Porfiriato: *a)* José Yves Limantour: la mayoría de su archivo se encuentra en Condumex, en la ciudad de México, y otra parte en la colección especial de la Benson Latin American Collection de la Universidad de Texas; este archivo es vital para la historia económica y de los negocios, e inclusive para la historia cultural, pues Limantour opinaba hasta del costo, tamaño y estilo de las ranas que habría en las fuentes del parque de Chapultepec. *b)* El archivo de Justo Sierra, algunas de cuyas partes han sido publicadas como libros. Se encuentra en el Centro de Estudios Sobre la Universidad, en Ciudad Universitaria, en la ciudad de México. *c)* El archivo de Francisco Bulnes, en igual localización. *d)* El archivo de Vicente Riva Palacio, localizado en la colección especial de la Benson Latin American Collection de la Universidad de Texas, en Austin. Y *e)* el importante y enorme archivo del general Bernardo Reyes, localizado en Condumex. Hay muchos más, pero en esencia éstos son los principales (consultar la *Guía de archivos y bibliotecas privados*, México, 2000).

Mucho de la discusión política, social y cultural del Porfiriato se hacía vía panfletos. Las mejores colecciones de panfletos se encuentran en: la colección Lafragua de la Biblioteca Nacional, en Ciudad Universitaria, en la ciudad de México; la Colección Genaro García de la Benson Latin American Collection de la Universidad de Texas, Austin. La colección de panfletos mexicanos de la Universidad de Yale y de la Universidad de Nueva Orleans.[1] La colección de la Bancroft Library, de la Universidad de California, en Berkeley. Y la importante colección de panfletos de la Universidad de Harvard y del Iberoamerikanishe Institut en Berlín.

Las mejores colecciones de libros producidos durante el Porfiriato (tratados, estudios políticos y científicos, literatura) son: la Biblioteca Nacional, en la ciudad de México; la Biblioteca Daniel Cosío Villegas, Colmex (www.colmex.edu); la Biblioteca del Museo Nacional de Antropología e Historia, antigua biblioteca del Museo Nacional; la biblioteca Lerdo de Tejada de la Secretaría de Hacienda; la Benson Latin American Collection de la Universidad de Texas, en Austin (www.utexas.edu); la Bancroft Library, de la Universidad de California, en Berkeley (el sistema Melvyl, que abarca todas las bibliotecas del sistema UC, http://melvyl.cdlib.org); la biblioteca de la

[1] Genaro García fue por muchos años el director de la biblioteca del Museo Nacional, una de las grandes colecciones, receptoras, de todo tipo de publicaciones durante el Porfiriato. García coleccionó a su vez —privadamente— todo tipo de libros y panfletos y la familia vendió la colección, sobre todo a dos grandes bibliotecas universitarias: la Universidad de Texas, en Austin, y la Universidad de Yale, en New Haven.

Universidad de Illinois, Champagne (www.uiuc.edu); la biblioteca del Congreso en Washington (http://www.loc.gov) y el Iberoamerikanishe Institut en Berlín (www.iai.spk-berlin.de). Es enorme la cantidad de periódicos y revistas producidos durante el Porfiriato. Las mejores colecciones de periódicos, revistas literarias y científicas se encuentran en las bibliotecas mencionadas en el párrafo anterior, más la Hemeroteca Nacional, en Ciudad Universitaria, en la ciudad de México. La Universidad de Texas ha iniciado un proyecto para microfilmar toda la panfletaria, periódicos y revistas. Ya existen varios rollos distribuidos por varias universidades. La biblioteca de la escuela de medicina de la Universidad de San Francisco es especialmente buena para publicaciones médicas. La British Library en Londres también incluye muchas colecciones científicas y de periódicos hoy inconseguibles en México.

Hay muchas instituciones y agencias que poseen importantes archivos para escudriñar temas específicos; vale mencionar las siguientes instituciones que tienen colecciones de libros, panfletos y archivo: Secretaría de Salubridad (ciudad de México), Sociedad Mexicana de Geografía y Estadística (donde se encuentran los papeles del importante geógrafo Antonio García Cubas), la Academia de Medicina, el Instituto de Biología y de Geología de la UNAM, el sistema de reclusorios de la ciudad de México y estatales, el archivo de la Defensa Nacional, el Archivo Nacional de Notarías —que poco a poco está siendo clasificado— y los archivos de notarías en cada estado, entre muchos otros.

Las compañías porfirianas, textiles, cerveceras, petroleras, papeleras y cigarreras guardan importantes papeles poco estudiados.[2] La Asociación de Archivos Privados ha rea-

---

[2] Véase Antonio Gómez Mendoza, "El futuro de los archivos de empresa en México en el espejo español", *América Latina en la Historia Económica*, nueva época, 23, enero-julio de 2005, pp. 77-84. En relación con las empresas manufactureras, véase, Aurora Gómez Galvarriato, "Sacando la nuez de la cáscara: los archivos de empresa como fuente para la historia. Mi experiencia en los archivos de la CIVSA, la CIDOSA y la Fundidora Monterrey", *América Latina en la Historia Económica*, nueva época, 23, enero-julio de 2005, pp. 25-34; Sergio Niccolai, "El patrimonio industrial de México y sus fuentes", *América Latina en la Historia Económica*, nueva época, 23, enero-julio de 2005, pp. 61-75; y Leticia Gamboa Ojeda, "Los fondos documentales de la Cámara Textil de Puebla y Tlaxcala", *América Latina en la Historia Económica*, nueva época, 23, enero-julio de 2005, pp. 85-94. Sobre empresas ferrocarrileras, véase Sandra Kuntz Ficker, "Fuentes para la historia empresarial de las ferrocarrileras en México", *América Latina en la Historia Económica*, nueva época, 23, enero-julio de 2005, pp. 35-48, y Teresa Márquez Martínez, "Los archivos de Ferrocarriles Nacionales de México", *América Latina en la*

lizado una importante labor en cuanto al rescate y organización de varios archivos, entre los que destacan el de la Compañía Minera Real del Monte y el de varias haciendas y compañías manufactureras de la zona de La Laguna, estos últimos
localizados en el archivo de la Universidad Iberoamericana,
campus Torreón.[3] Asimismo, recientemente se ha llevado a cabo una importante labor de rescate y catalogación del archivo
de la Compañía Industrial de Atlixco, una de las más grandes
fábricas textiles establecidas durante el Porfiriato.[4] En cuanto a los archivos bancarios cabe destacar la importante labor
que ha realizado Banamex sobre la conservación de su archivo histórico y las facilidades de consulta que ofrece,[5] así como
la catalogación que Leonor Ludlow y Carmen Blázquez reali-
zaron sobre los fondos documentales del Banco Mercantil de
Veracruz, localizados en el AGN.[6] Actualmente, la Asociación
Mexicana de Historia Económica (AMHE) desarrolla importantes esfuerzos encaminados al rescate y ordenación de archivos
empresariales, sobre cuyo tema pronto editará un volumen.[7]

Historia Económica, nueva época, 23, enero-julio de 2005, pp. 119-130. Sobre empresas petroleras, véase Jonathan Brown, "Los archivos del petróleo y la revolución mexicana", *América Latina en la Historia Económica*, nueva época, 23,
enero-julio de 2005, pp. 49-60, y Eduardo Clavé Almeida, "La riqueza del Archivo
Histórico de Petróleos Mexicanos", *América Latina en la Historia Económica*,
nueva época, 23, enero-julio de 2005, pp. 131-137.
[3] Belem Oviedo Gómez, "Avances en la organización y promoción de los archivos
históricos mineros de Real del Monte, Pachuca, y Atotonilco El Chico", *América
Latina en la Historia Económica*, nueva época, 23, enero-julio de 2005, pp. 139-
148. Mucha información sobre este archivo se puede localizar en su página de
internet http://www.lag.uia.mx/archivo.
[4] Véase Mariano Castellanos Arenas, "Tras la huella de la industria. El patrimonio documental de la Compañía Industrial de Atlixco, S. A.", tesis de maestría,
BUAP, 2005. El inventario de este fondo, localizado en el Archivo Histórico del
Ecomuseo de Metepec, está actualmente en prensa.
[5] Véase José Antonio Bátiz Vázquez, "El archivo histórico Banamex: su génesis",
América Latina en la Historia Económica, nueva época, núm. 23 (2005), pp. 95-
104; y Luis Anaya Merchant, "Los archivos bancarios mexicanos. Notas para el
análisis de fuentes del sistema bancario, 1900-1910", *América Latina en la Historia Económica*, nueva época, núm. 23 (2005), pp. 105-117.
[6] Leonor Ludlow y Carmen Blázquez, *Catálogo de los fondos documentales del
Banco Mercantil de Veracruz: 1897-1933* (México, Instituto de Investigaciones
Dr. José María Luis Mora, 1997); y Leonor Ludlow, "Archivos y documentos de
los antiguos bancos de emisión existentes en el Archivo General de la Nación", *América Latina en la Historia Económica*, nueva época, núm. 23 (2005),
pp. 11-23.
[7] Para obtener mayor información véase la página de internet de la asociación:
http://www. amhe.org.mx

LIBROS

I. SOBRE EL PORFIRIATO EN GENERAL

II. LA CULTURA

III. LA POLÍTICA Y LA SOCIEDAD

IV. LA ECONOMÍA

V. BIBLIOGRAFÍA PARALELA

Nota: a modo de proveer una mejor guía bibliográfica al lector, separamos los trabajos citados en distintos temas. Debido a que los temas están interrelacionados, no es fácil localizar muchos de los trabajos en un solo tema. Sin embargo, con el afán de no repetir la bibliografía los localizamos solamente en uno de ellos.

Los textos clave para el estudio del Porfiriato están señalados con un balazo (•).

I. SOBRE EL PORFIRIATO EN GENERAL

Arenas Guzmán, Diego, *50 retablos de la vida porfiriana*, México, Costa Amic, 1966.

Austin, B. E, "The Public Career of don José Ives Limantour", tesis de doctorado, Texas Tech University, 1972.

Benjamin, Thomas, y Marcial Ocasio-Meléndez, "Organizing the Memory of Modern Mexico: Porfirian Historiography in Perspective, 1880s-1980s", *Hispanic American Historical Review*, LXIV, núm. 2 (1984), pp. 323-364.

Bethel, Leslie (ed.), *The Cambridge History of Latin America*, Cambridge, Cambridge University Press, 1984.

Bulnes, Francisco, *El verdadero Díaz y la Revolución*, México, E. Gómez de la Puente, 1920.

Casasola, A. V., *Biografía ilustrada del general Porfirio Díaz*, México, Gustavo Casasola, 1970.

Coerver, Don M., *The Porfirian Interregnum: The Presidency of Manuel Gonzalez*, Forth Worth, Texas Christian University Press, 1979.

• Cosío Villegas, Daniel, "El Porfiriato: su historiografía o arte histórico", *Extremos de América*, México, FCE, 1949, pp. 113-182.

• ——, *et al.* (comps.), *Historia moderna de México*, 8 vols., México, Hermes, 1955-1974.

Díaz, Porfirio, *Memorias, 1830-1867*, 2ª ed., México, El Libro Francés, 1922-1923.

Falcón, Romana, y Raymond Buve (comps.), *Don Porfirio presidente..., nunca omnipotente: hallazgos, reflexiones y debates, 1876-1911*, México, UIA, 1998.

Fornaro, Carlo, *México tal cual es,* Nueva York, International Publishing Co., 1909.

Gamboa, Federico, *Mi diario. Mucho de mi vida y algo de la de otros*, 2ª serie, 3 vols., México, Botas, 1907-1920.

García Cubas, Antonio, *El libro de mis recuerdos; narraciones históricas, anecdóticas y de costumbres mexicanas anteriores al actual estado social...*, 2ª ed., México, Impr. de M. León Sánchez, 1934.

García Granados, Ricardo, *Historia de México desde la restauración de la República en 1867 hasta la caída de Porfirio Díaz*, 4 tomos, México, Botas, 1923-1928.

Garner, Paul H., *Porfirio Díaz*, Nueva York, Longman, 2001.

Gil, Carlos B., *The Edge of Porfirio Diaz,* Albuquerque, University of New Mexico Press, 1977.

Gillow y Zavala, Eulogio, *Reminiscencias,* Puebla, Escuela Linotipográfica Salesiana, 1921.

Godoy, José Francisco, *Enciclopedia biográfica de contemporáneos*, Washington, Thos W. Cadick, 1898.

• González Navarro, Moisés, "El Porfiriato. Vida social", *Historia moderna de México*, vols. 5 y 6, México, Hermes, 1957.

• Guerra, François-Xavier, *México: del antiguo régimen a la Revolución*, 2 vols., México, FCE, 1988.

- Katz, Friedrich, "México: Restored Republic and Porfiriato, 1867-1910", en Leslie Bethel (ed.), *The Cambridge History of Latin America*, Cambridge, Cambridge University Press, 1984.

Knight, Alan, *La Revolución mexicana*, 2 vols., México, Grijalbo, 1996.

————, "Interpretaciones recientes de la Revolución mexicana", *Secuencia*, núm. 13 (1989), pp. 23-43.

Krauze, Enrique, *Místico de la autoridad: Porfirio Díaz*, México, FCE, 1987.

Limantour, José Yves, *Apuntes de mi vida pública (1892-1911)*, México, Porrúa, 1965.

Manero, Antonio, *El antiguo régimen y la Revolución*, México, INEHRM, 1985.

- Molina Enríquez, Andrés, *Los grandes problemas nacionales*, México, ERA, 1978.

Monroy, Guadalupe, "Instrucción pública", en Daniel Cosío Villegas *et al.* (comps.), *Historia moderna de México*, México, Hermes, 1955-1974, pp. 643-743.

Niblo, Steven, "The Political Economy of the Early Porfiriato", tesis de doctorado, Northern Illinois University, 1972.

Perry, L. B., "Political Historiography of the Porfirian Period of Mexican History", *Investigaciones contemporáneas sobre historia de México: memorias de la tercera reunión de historiadores mexicanos y norteamericanos en Oaxtepec, Morelos, 4-7 de noviembre de 1969*, Austin, University of Texas Press, 1971, pp. 458-476.

————, *Juárez and Díaz: Machine Politics in Mexico*, DeKalb, Northern Illinois University Press, 1978.

Potash, R. A, "Historiography of Mexico since 1821", *Hispanic American Historical Review*, XL, núm. 3 (1960), pp. 383-424.

Ronfeldt, David, *Atencingo: The Politics of Agrarian Struggle in a Mexican Ejido*, Stanford, Stanford University Press, 1973.

Rosas, Alejandro, *Porfirio Díaz*, México, Planeta De Agostini, 2002.

Sierra, Justo, *Conversaciones, cartas y ensayos* (selección de Andrés Henestrosa), México, SEP, 1947.

————, *Epistolario y papeles privados, Edición establecida por Catalina Sierra de Peimbert*, México, UNAM, 1949.

————, *Correspondencia con José Yves Limantour*, México, UNAM, 1996.

- Valadés, José C., *El Porfirismo, historia de un régimen*, 3 vols., México, Robledo, 1941-1948.

Womack, John, *Zapata y la Revolución mexicana*, México, Siglo XXI, 1982.

II. LA CULTURA

Abrassart, Loic, "El pueblo en orden: el uso de las procesiones cívicas y su organización por contingentes en las fiestas porfirianas, 1900-1910", *Historias*, núm. 43 (1999), pp. 51-63.

Agostoni, Claudia, "Discurso médico, cultura higiénica y la mujer en la ciudad de México al cambio de siglo (XIX-XX)", *Mexican Studies/Estudios Mexicanos*, XVIII, núm. 1 (2002), pp. 1-22.

Agostoni, Claudia, *Monuments of Progress: Modernization and Public Health in Mexico City, 1876-1910*, Calgary/Boulder, University of Calgary Press/University of Colorado Press, 2003.

• Aguilar, Luis Miguel, *La democracia de los muertos*, México, Cal y Arena, 1988.

Alfaro Velcamp, Theresa, "Peddling Identity: Arabs, Conflict, Community, and the Mexican Nation in the Twentieth Century", tesis de doctorado, Georgetown University, 2001.

Algaba, Leticia, "Una amistad epistolar: Ricardo Palma y Vicente Riva Palacio", *Secuencia*, núm. 30 (1994), pp. 179-206.

Antochiw, Michel, *Historia cartográfica de la península de Yucatán*, México, IPN, 1994.

Aparecida, Geralda D., "Conformación social y política de la Escuela Nacional Preparatoria", tesis de doctorado, Colmex, 1979.

Arriaga, Antonio, "El doctor Nicolás León y la historia de la ciencia en México", *Sociedad Mexicana de Historia de la Ciencia y la Tecnología*, México, 1964, pp. 15-27.

Arteaga, Belinda, *A gritos y sombrerazos: historia de los debates sobre educación sexual en México, 1906-1946*, México, UPN/Porrúa, 2002.

Barrera Lavalle, Francisco, *Apuntes para la historia de la estadística en México, 1821 a 1910. Estudio presentado en nombre de la Sociedad Mexicana de Geografía y Estadística*, México, Tipografía de la Viuda de F. Díaz de León, 1911.

Bargellini, Clara, "El renacimiento y la formación del gusto moderno en México", *Historia, leyendas y mitos de México: su expresión en el arte*, México, UNAM, 1988.

Basave Benítez, Agustín F., *México mestizo: análisis del nacionalismo mexicano en torno a la mestizofilia de Andrés Molina Enríquez*, México, FCE, 1992.

Bates, Lourdes, "From the Restored Republic to the Porfiriato: Nineteenth-Century Mexican Women Artists", tesis de maestría, San Diego State University, 2000.

Bazant, Mílada, "La República Restaurada y el Porfiriato", *Historia de las profesiones en México*, México, Colmex/SEP, 1982.

———, *Historia de la educación en el Porfiriato*, México, Colmex, 1993.

• Beezley, W. H., *Judas at the Jockey Club: and other Episodes of Porfirian Mexico*, Lincoln, University of Nebraska Press, 1987.

Beltrán, Enrique, *et al.*, *Alfredo Duguès*, México, Gobierno del Estado de Guanajuato, 1990.

Benítez, Fernando (ed.), *La ciudad de México, 1325-1982,* 3 vols., México, Salvat, 1981-1982.

Bernal, Ignacio, *Historia de la arqueología en México*, México, Porrúa, 1962.

Betancourt, Ignacio, *Anónimas: escritoras potosinas del Porfiriato*, San Luis Potosí, El Colegio de San Luis, 2000.

Bliss, Katherine Elaine, *Compromised Positions: Prostitution, Public Health, and Gender Politics in Revolutionary Mexico City*, University Park, Pennsylvania State University Press, 2001.

Boardman, Andrea, *Destination México: "a Foreign Land a Step Away":*

U. S. Tourism to Mexico, 1880s-1950s, Dallas, DeGolyer Library/Southern Methodist University, 2001.

Bojórquez Urzaiz, Carlos E., "Emigacion, patria e mulleres: Clubs de cubanas en Yucatán durante a guerra do 95", *Estudios Migratorios,* núms. 7-8 (1999), pp. 95-105.

Bonet Correa, Antonio, *La arquitectura de la época porfiriana,* México, INBA, 1980.

Bonilla de León, Laura Edith, *El reportaje en el Porfiriato: Manuel Caballero,* México, UNAM, 2003.

_____, *Entrevistas en el siglo XIX: Ángel Pola,* 2 vols., México, UNAM, 2003.

Bradu, Fabienne, *Antonieta, 1900-1931,* México, FCE, 1991.

Bringas, Guillermina, y David Mascareño, *Esbozo histórico de la prensa obrera en México,* México, UNAM, 1988.

Brushwood, John, "La novela mexicana frente al porfirismo", *Historia Mexicana,* VII (1958), pp. 368-405.

_____, *Mexico in its Novel,* Austin, University of Texas Press, 1966.

Bryan, Susan E., "Teatro popular y sociedad durante el Porfiriato", *Historia Mexicana,* XXXIII, núm. 1 (1983), pp. 130-169.

Buffington, Robert, y Pablo Piccato, "Tales of Two Women: The Narrative Construal of Porfirian Reality", *The Americas,* núm. 3 (1999), pp. 391-424.

Bunker, Steven B., "Consumers of Good Taste: Marketing Modernity in Northern Mexico, 1890-1910", *Mexican Studies / Estudios Mexicanos,* XIII, núm. 2 (1997), pp. 227-269.

Bushnell, David, "Protestantes, liberales, y francomasones: sociedades de ideas y modernidad en América Latina, siglo XIX de Jean-Pierre Bastian (Review)", *Hispanic American Historical Review,* LXII, núm. 4 (1992), p. 634.

Butler, Charles William, "Federico Gamboa, Novelist of Transition", tesis de doctorado, University of Colorado, 1955.

Calderón de Morelos, Leandro, "Luis González Obregón, 1865-1938, Chronicler of Mexico City", tesis de doctorado, Columbia University, 1954.

Calderón Rodríguez, Eligio, *La cultura literaria en el porfirismo y los modernistas mexicanos,* México, UNAM, 1972.

Camarillo Carbajal, María Teresa, *El sindicato de periodistas, una utopía mexicana: agrupaciones de periodistas en la ciudad de México (1872-1929),* México, UNAM, 1988.

Camean Guillén, Javier, "Emiliano Busto y su aportación a la investigación social en México", tesis de licenciatura, UNAM, 1970.

Campos, Marco Antonio, *El café literario en la ciudad de México en los siglos XIX y XX,* México, Aldus, 2001.

• Campos, Rubén, *El folklore literario de México; investigación acerca de la producción literaria popular (1525-1925), copiosa recolección de adivinanzas,* México, SEP, 1929.

• _____, *El folklore musical de las ciudades; investigación acerca de la música mexicana para bailar y cantar, obra integrada con 85 composiciones para piano, cuyas melodías están intactas,* México, SEP, 1930.

• Campos, Rubén, *El bar: la vida literaria de México en 1900*, México, UNAM, 1996.

Canales, Claudia, "A propósito de una investigación sobre la historia de la fotografía en México", *Boletín del INAH*, III, núm. 23 (1978), pp. 62-68.

Cano, Gabriela, "Género y construcción cultural de las profesiones en el Porfiriato: magisterio, medicina, jurisprudencia y odontología", *Historia y Grafía*, núm. 14 (2000), pp. 207-243.

————, Georgette Emilia y José Valenzuela, *Cuatro estudios de género en el México urbano del siglo XIX*, México, Porrúa, 2001.

Carballo, Emmanuel, *Poesía mexicana del siglo XIX*, México, Diógenes, 1984.

Carpy Navarro, Patricia, "La Sociedad Mexicana de Historia Natural y su influencia en el siglo XIX", tesis de licenciatura, UNAM, 1986.

Carreño, Alberto María, *Semblanzas*, México, Victoria, 1938.

Carrillo, Ana María, "Nacimiento y muerte de una profesión: las parteras tituladas en México", *Dynamis*, XIX (1999), pp. 167-190.

Carvajal, Alberto, "Mujeres sin historia: del hospital de La Canoa al manicomio de La Castañeda", *Secuencia*, núm. 51 (2001), pp. 30-55.

Castillo Troncoso, Alberto del, "Entre la criminalidad y el orden cívico: imágenes y representaciones de la niñez durante el Porfiriato", *Historia Mexicana*, XLVIII, núm. 2 (1998), pp. 277-320.

Ceballos Ramírez, M., *El catolicismo social: un tercero en discordia: Rerum novarum, la "cuestión social" y la movilización de los católicos mexicanos, 1891-1911*, México, Colmex, 1991.

Cerrudo, José Salvador, "Enrique C. Rebsamen and the Educational Reforms of the Porfiriato", tesis de doctorado, University of California, 1976.

Charlot, Jean, *Mexican Art and the Academy of San Carlos, 1785-1915*, Austin, University of Texas Press, 1962.

Cházaro, Laura (coord.), *Medicina, ciencia y sociedad en México: siglo XIX*, Morelia, Colmich/Universidad Michoacana de San Nicolás de Hidalgo, 2002.

Cobb, Herbert Logan, "The Life and Works of Juan de Dios Peza", tesis de doctorado, University of Missouri, Columbia, 1947.

Conaculta, *Jesús Contreras, 1866-1902: escritor finisecular*, México, Conaculta, 1990.

Conde Pontones, Teresa del, "Julio Ruelas y su obra", tesis de licenciatura, UNAM, 1974.

Contreras Tirado, Bonifacio, *Doctor Aureliano Urrutia: ciencia y política durante el Porfiriato y el huertismo*, México, Centro de Estudios Históricos del Porfiriato, 2003.

Craib, Raymond B., "Cartography and Power in the Conquest and Creation of New Spain", *Latin American Research Review*, XXXV, núm. 1 (2000), pp. 7-36.

————, *Cartographic Mexico: A History of State Fixations and Fugitive Landscapes*, Durham, Duke University Press, 2004.

Cifuentes, Barbara, *Lenguas para un pasado, huellas de una nación:*

los estudios sobre lenguas indígenas de México en el siglo XIX, México, Plaza y Valdés/Conaculta/INAH, 2002.

Cimet, Adina, *Ashkenazi Jews in Mexico: Ideologies in the Structuring of a Community,* Albany, State University of New York Press, 1997.

Connaughton, Brian Francis, *Dimensiones de la identidad patriótica: religión, política y regiones en México, siglo XIX,* México, UAM/Porrúa, 2001.

Cook, Scott, "The Mexican Connection in the Southwestern Borderlands: An Introduction", *Journal of the West,* XL, núm. 2 (2001), pp. 5-14.

Cuadriello Aguilar, Jaime Genaro Francisco Javier, "La arquitectura en México (*ca.* 1857-1920). Ensayo para el estudio de sus tipos y programas", tesis de licenciatura, UIA, 1983.

Davis, Keith F., *Desiré Charnay, Expeditionary Photographer,* Albuquerque, University of New Mexico Press, 1981.

Debroise, Oliver, y Rosa Casanova, "La fotografía en México en el siglo XIX", *El Colegio de México, Documentos gráficos para la historia de México, 1848-1911,* México, Colmex, 1985.

———, y Elizabeth Fuentes Rojas, *Fuga mexicana: un recorrido por la fotografía mexicana,* México, Conaculta, 1994.

Devega, Nelson Rafael, "El mundo ilustrado como vehículo literario de México entre 1905 y 1910", tesis de doctorado, Columbia, University of Missouri, 1972.

Díaz y de Ovando, Clementina, "Un gran literato liberal, Vicente Riva Palacio", *Anales del Instituto de Investigaciones Estéticas,* XVII (1958), pp. 47-62.

———, "La incógnita de algunos ceros de Vicente Riva Palacio", tesis de doctorado, UNAM, 1965.

———, *La Escuela Nacional Preparatoria,* 2 vols., México, UNAM, 1972.

———, "Justo Sierra en la mira de Vicente Riva Palacio", *Anales del Instituto de Investigaciones Estéticas,* XIII, núm. 52 (1983), pp. 151-166.

———, "México en la Exposición Universal de 1889", *Anales del Instituto de Investigaciones Estéticas,* núm. 61 (1990), pp. 109-171.

———, *Los cafés en México en el siglo XIX,* México, UNAM, 2000.

———, *Las ilusiones perdidas del general Vicente Riva Palacio: la exposición internacional mexicana, 1880 y otras utopías,* México, UNAM, 2002,

Díaz Zermeño, H., "La escuela nacional primaria en la ciudad de México, 1876-1910", *Historia Mexicana,* XXXIX (1979), pp. 59-90.

Domenella, Ana Rosa, y Nora Pasternac (eds.), *Las voces olvidadas. Antología crítica de narradoras mexicanas nacidas en el siglo XIX,* México, Colmex, 1991.

Dumas, Claude, "Traditionalistes et Modernistes au Mexique: la querelle littéraire de 1898", en Claude Dumas (ed.), *Culture et Société en Espagne et en Amérique Latine au XIXe siècle,* Lille, Université de Lille III, 1980, pp. 149-166.

———, "Une théorie et une practique du nationalisme en littérature: le mexicain Salado Álvarez, critique littéraire et nouvelliste autour de 1900", en Claude Dumas (ed.), *Nationalisme et littérature en Espagne et en Amérique Latine au XIXe siècle*, Lille, Université de Lille II, 1982, pp. 269-288.

——, *Justo Sierra y el México de su tiempo, 1848-1912*, México, UNAM, 1986.

——, "El discurso de oposición en la prensa clerical conservadora en la época de Porfirio Díaz", *Historia Mexicana*, XXXIX, núm. 1 (1989), pp. 243-256.

Edison, Paul N., "Latinizing America: The French Scientific Study of Mexico, 1830-1930", tesis de doctorado, Columbia University, 1999.

Ellis, Joseph Albert, "Francisco Pimentel, his Life and Times", tesis de doctorado, Columbia University, 1961.

Escandón, Patricia, "La historia antigua de México en los textos escolares del siglo XIX", *Secuencia*, núm. 10 (1988), pp. 33-42.

Esposito, Matthew, "From Cuauhtémoc to Juárez: Monuments, Myth and Culture in Porfirian Mexico. 1876-1900", tesis de maestría, Arizona State University, 1993.

——, "Memorializing Modern Mexico: The State Funerals of the Porfirian Era, 1876-1911", tesis de doctorado, Texas Christian University, 1997.

Fernández Christlieb, Federico, *Europa y el urbanismo neoclásico en la ciudad de México: antecedente y esplendores*, México, UNAM/ Plaza y Valdés, 2000.

——, *Mexico, ville néoclassique: les espaces et les idées de l'aménagement urbain, 1783-1911*, París, L' Harmattan, 2002.

Fernández del Castillo, Francisco, *Historia bibliográfica del Instituto Médico Nacional de México, 1888-1915, antecesor del Instituto de Biología de la Universidad Nacional Autónoma de México*, México, Instituto Médico Nacional, 1961.

● Fernández, Justino (prólogo de M. Toussaint), *El arte moderno en México; breve historia, siglos XIX y XX,* México, Antigua Librería Robledo, 1937.

● —— *El arte del siglo XIX en México*, México, UNAM, 1967.

Fernández Ledesma, Enrique, *La gracia de los retratos antiguos*, México, Ediciones Mexicanas, 1950.

Ferrer Muñoz, Manuel, *La imagen del México decimonónico de los visitantes extranjeros: ¿un Estado-nación o un mosaico plurinacional?,* México, UNAM, 2002.

Ferreyra Beltrán, Pablo Alejandro, "Cuauhtémoc, hombre y mito en la historia de México", tesis de licenciatura, ENAH, 1983.

Flower, Elizabeth, "The Mexican Revolt Against Positivism", *Journal of the History of Ideas*, X, núm. 1 (1949), pp. 115-129.

Fowler, William (ed.), *El conservadurismo mexicano en el siglo XIX*, Puebla/Escocia, BUAP/Saint-Andrews University, 1999.

Fuente Salcedo, María de la Concepción, "La participación de México en la Exposición Universal de Filadelfia, 1876", tesis de licenciatura, UIA, 1984.

García Barragán, E. "El pintor Juan Cordero. Su vida y su obra", tesis de doctorado, UNAM, 1984.

—— (comentario de Fausto Ramírez), "En torno al arte del siglo XIX,

1850-1980", *Los estudios sobre el arte mexicano, examen y prospectiva*, México, UNAM, 1986.

Garciadueñas Rojas, José, "Indigenismo en el México de los siglos XVIII a XIX", *Revista de la Universidad de México* (1976).

García Mora, Carlos (coord.), *La antropología en México*, 15 vols., México, INAH, 1987.

García Quintana, Josefina, *Cuauhtémoc en el siglo XIX*, México, UNAM, 1977.

Gargallo di Castel Lentini, Francesca, "Vicente Riva Palacio: Uno Storico Liberale", *Revista de Storia della Storiografia 3*, núms. 2-3 (1982), pp. 123-130.

Garrido, Felipe, *Luz y sombra: los inicios del cine en la prensa de la ciudad de México*, México, Conaculta, 1997.

Garza, James Alex, "Tales from the Mexican Underworld: Sex, Crime, and Vice in Porfirian Mexico City, 1876-1911", tesis de doctorado, Texas Christian University, 2001.

Gómez Quiñones, Juan, *Porfirio Díaz, los intelectuales y la Revolución*, México, El Caballito, 1981.

González Navarro, Moisés, "Los positivistas mexicanos en Francia", *Historia Mexicana*, IX, núm. 1 (1960), pp. 119-129.

——, *Sociología e historia en México*, México, Colmex, 1970.

——, "Mestizaje in Mexico during the National Period", en Magnus Mörner (ed.), *Race and Class in Latin America*, Nueva York, Columbia University Press, 1971, pp. 145-155.

González Obregón, Luis, "Don Justo Sierra, historiador", *Ensayos históricos y biográficos*, México, Botas, 1937, pp. 233-254.

González Rodríguez, Sergio, *Los bajos fondos: el antro, la bohemia y el café,* México, Cal y Arena, 1992.

Gortari, Eli de, *La ciencia en la historia de México,* México, FCE, 1963.

Gortari Rabiela, Hira de, "¿Un modelo de urbanización? La ciudad de México de finales del siglo XIX", *Secuencia*, núm. 8 (1987), pp. 42-52.

——, Regina Hernández y Alicia Ziccardi, *Bibliografía de la ciudad de México, siglos XIX y XX*, 5 vols., México, Departamento del Distrito Federal/Instituto de Investigaciones Dr. José María Luis Mora, 1991.

Gracia Castillo, María, "La sociedad porfiriana: una lectura de *Los parientes ricos* de Rafael Delgado", *Historias*, núm. 38 (1997), pp. 83-91.

Grazyna Grudzinska, Varsovie, "Teoría y práctica del nacionalismo literario en Ignacio Manuel Altamirano", en Claude Dumas (ed.), *Nationalisme et littérature en Espagne et en Amérique Latine au XIXe siècle,* Lille, Université de Lille II, 1982, pp. 255-268.

Guerra, Dahlia Ann, "Manuel M. Ponce: A Study of his Solo Piano Works and his Relationship to Mexican Musical Nationalism", tesis de doctorado, University of Oklahoma, 1997.

Gutiérrez de MacGregor, María Teresa, "Evolution of the Urban Zones of Mexico, 1900-1970", *Geographical Review*, LXV, núm. 2 (1972), pp. 214-228.

Gutiérrez-Vega, Zenaida (ed.), *Epistolario Alfonso Reyes-José M. Chacón,* Madrid, Fundación Universitaria Española, 1976.

Haber, Stephen, "The Worst of Both Worlds: The New Cultural History of Mexico", *Mexican Studies / Estudios Mexicanos*, XIII, núm. 2 (1997), pp. 363-383.

- Hale, Charles, "Political and Social Ideas in Latin America, 1870-1930", en Leslie Bethel (ed.), *The Cambridge History of Latin America*, Cambridge, Cambridge University Press, 1984.

- _____, *La transformación del liberalismo en México a fines del siglo XIX*, México, Vuelta, 1991.

_____, "Mexican Political Ideas in Comparative Perspective: The Nineteenth-Century", en Roderic A. Camp *et al.* (eds.), *Los intelectuales y el poder en México*, México, Colmex, 1991.

Hale, Charles, y Josefina Zoraida Vázquez, *Recepción y transformación del liberalismo en México: homenaje al profesor Charles A. Hale*, México, Colmex, 1999.

Hale, Dennis Lee, "Positivism and the Social Aspects of the Writings of Ángel de Campo", tesis de doctorado, Florida State University, 1977.

Halperín, Tulio, *El espejo de la historia. Problemas argentinos y perspectivas latinoamericanas*, Buenos Aires, Sudamericana, 1987.

_____, "Un término de comparación: liberalismo y nacionalismo en el Río de la Plata", *Los intelectuales y el poder en México*, México, Colmex, 1991, pp. 103-119.

Hernández Carballido, Elvira, "La prensa femenina en México durante el siglo XIX", tesis de licenciatura, UNAM, 1986.

Hernández Luna, J. (coord.), *La Universidad de Justo Sierra*, México, UNAM, 1948.

Hernández, Vicente Martín, "La vivienda del Porfiriato en algunas colonias de la ciudad de México", *Revista Arquitectura Autogobierno* (1977).

_____, *Arquitectura doméstica de la ciudad de México, 1890-1925*, México, UNAM, 1981.

Holdsworth, Carole Adele, "A Study of the Revista Moderna", tesis de doctorado, Northwestern University, 1965.

Icaza, Alfonso de, *Así era aquello (60 años de vida metropolitana)*, México, Botas, 1957.

Illades, Carlos, y Adriana Sandoval, *Espacio social y representación literaria en el siglo XIX*, México, Plaza y Valdés/UAM, 2000.

Illades, Carlos, y Ariel Rodríguez Kuri, *Ciencia, filosofía y sociedad en cinco intelectuales del México liberal*, México, UAM/Porrúa, 2001.

Jayes, Janice Lee, "Strangers to Each Other: The American Encounter with Mexico, 1877-1910", tesis de doctorado, American University, 1990.

Jiménez Codinach, Estela Guadalupe, *México: los proyectos de una nación, 1821-1888*, México, Fomento Cultural Banamex, 2001.

Jiménez Muñoz, Jorge, *La traza del poder*, México, 1993.

Jiménez Rueda, Julio, *Letras mexicanas en el siglo XIX*, México, FCE, 1944.

Johns, Michael, *The City of Mexico in the Age of Díaz*, Austin, The University of Texas Press, 1997.

- Kandell, Jonathan, *La Capital: The Biography of Mexico City*, Nueva York, Random House, 1988.

• Katzman, Israel, *Arquitectura del siglo XIX en México*, México, UNAM, 1973 (reimpreso por Trillas, 1983).

Kester, Gary Leroy, "The Poetry of Manuel Gutiérrez Nájera", tesis de doctorado, University of Kansas, 1970.

Kleinhaus de Wright, Laureana, *Mujeres notables mexicanas*, México, Tipografía Económica, 1910.

• Knight, Alan, "El liberalismo mexicano desde la Reforma hasta la Revolución, una interpretación", *Historia Mexicana*, XXXV, núm. 1 (1985), pp. 59-91.

Knudson, Jerry W., "The Mexican Herald: Outpost of Empire, 1895-1915", *Gazette: The International Journal for Communication Studies*, LXIII, núm. 5 (2001), pp. 387-398.

Larroyo, F., *Historia comparada de la educación en México*, México, Porrúa, 1963.

Lay, Amado Manuel, "Visión del Porfiriato de cuatro narradores mexicanos: Rafael Delgado, Federico Gamboa, José López Portillo y Rojas y Emilio Rabasa", tesis de doctorado, University of Arizona, 1981.

Leal, Juan Felipe, Eduardo Barraza y Alejandro Jablonska, *Vistas que no se ven. Filmografía mexicana, 1896-1910,* México, UNAM, 1993.

Leal, Luis, *Breve historia del cuento mexicano,* México, Universidad Autónoma de Tlaxcala, 1990.

———, "Vicente Riva Palacio, cuentista", *Revista Iberoamericana*, XII, núm. 41 (1957), pp. 301-309.

Ledesma-Mateos, Ismael, y Ana Barahona Echeverría, "Alfonso Luis Herrera e Isaac Ochotorena: la institucionalización de la biología en México", *Historia Mexicana*, XLVIII, núm. 3 (1999), pp. 635-674.

Lemoine, Ernesto, *La Escuela Nacional Preparatoria en el periodo de Gabino Barreda, 1867-1878*, México, UNAM, 1970.

Lemperière, Annick, "La formation des elites libérales au Mexique au XIX siècle: l'Institut des Sciencies et des Arts de l'Etat de Oaxaca (1826-1910)", *Revue d'Histoire Moderne et Contemporaine*, XLII, núm. 3 (1995), pp. 405-434.

———, "Los dos centenarios de la independencia mexicana, 1910-1921: de la historia patria a la antropología cultural", *Historia Mexicana*, XLV, núm. 2 (1995), pp. 317-352.

Lemus, George, "Francisco Bulnes: su vida y su obra", tesis de doctorado, University of Texas, 1963.

Lenardini, Nanda, *El pintor Santiago Rebull, su vida y su obra, 1829-1902,* México, UNAM, 1983.

Lepidus, Henry, *The History of Mexican Journalism*, Saint Louis, University of Missouri, 1928.

Lewis, Clifton McDonald, "The Poetry of Salvador Díaz Mirón. A Biographical and Analytical Study", tesis de doctorado, University of New Mexico, 1974.

Liceaga, Eduardo, *Mis recuerdos de otros tiempos. Obra póstuma, arreglada y preparada por Francisco Fernández del Castillo*, México, 1949.

Lipp, Solomon, *Leopoldo Zea: From Mexicanidad to a History of Philosophy*, Ontario, Wilfred Laurier University Press, 1980.

● Lira, Andrés, *Comunidades indígenas frente a la ciudad de México: Tenochtitlán y Tlatelolco, sus pueblos y barrios, 1812-1919*, Zamora, Colmich, 1983.

Lira Vásquez, Carlos, *Para una historia de la arquitectura en México*, México, UAM/Tilde, 1990.

_____, *Una ciudad ilustrada y liberal. Juárez en el Porfiriato*, México, UAM/Gobierno del Estado de Zacatecas, 2005.

Lizardi Pollock, Jorge L., "Espacio, memoria y ciudadanías: la arquitectura y la representación de las identidades nacionales en la ciudad de México, 1863-1910", tesis de doctorado, Universidad de Puerto Rico, 2002.

López Moreno, Eduardo, *La vivienda social: una historia,* México, Universidad de Guadalajara/Universidad Católica de Lovaina/ORSTOM/Red Nacional de Investigación Urbana, 1996.

_____, *Une histoire du logement social au Mexique*, París, L' Harmattan, 2001.

López Ramos, Sergio, *Historia del aire y otros olores en la ciudad de México, 1840-1900*, México, CEAPAC, 2002.

López Rangel, Rafael, *La modernidad arquitectónica mexicana. Antecedentes y vanguardias, 1900-1940*, Cuadernos Temporales, núm. 15, México, UAM, 1989.

Mallon, Florencia, "Indian Communities, Political Cultures, and the State in Latin America, 1780-1990 (The Colonial and Post-Colonial Experience: Five Centuries of Spanish and Portuguese America)", *Journal of Latin American Studies*, XXIV, núm. suplementario (1992), pp. 35-54.

Maria y Campos, Alfonso de, "Porfirianos prominentes: orígenes y años de juventud de ocho intelectuales del grupo de los científicos, 1846-1876", *Historia Mexicana*, XXXIV, núm. 10 (1985), pp. 610-661.

_____, *José Yves Limantour: el caudillo mexicano de las finanzas, 1854-1935*, México, Condumex, Centro de Estudios de Historia de México, 1998.

Maria y Campos, Armando, *El programa en cien años de teatro en México*, México, Ediciones Mexicanas, 1950.

_____, *Informe sobre el teatro social, XIX-XX*, México, Talleres Linotipográficos Cuauhtémoc, 1959.

Marino, Daniela, "Dos miradas a los sectores populares: Fotografiando el ritual y la política en México, 1870-1919", *Historia Mexicana*, XLVII, núm. 2 (1998), pp. 209-276.

Martínez Cortés, Fernando (coord.), *Historia general de la medicina en México*, México, Academia Nacional de Medicina, 1984.

_____, *La medicina científica y el siglo XIX mexicano*, México, FCE/SEP, 1987.

Martínez, Hugo, "A Study of the Revista Moderna de México (1903-1911)", tesis de doctorado, Northwestern University, 1968.

Martínez Jiménez, Alejandro, "La educación elemental en el Porfiriato", *Historia Mexicana*, XXII, núm. 4 (1973), pp. 514-552.

Massé Zendejas, Patricia, *Cruces y Campa: una experiencia mexicana del retrato tarjeta de visita*, México, Conaculta, 2000.

Masuoka, S. N., "Architecture of the Turn of the Century: México Enters the Modern World", *Journal of the West*, XXVII, núm. 4 (1988), pp. 33-40.

Matabuena Peláez, Teresa, *Álbum la capital de México, 1876-1900*, México, UIA, 2000.

Mathes, Michel W., *México on Stone. Litography in México, 1826-1910*, San Francisco, Book Club of San Francisco, 1984.

Mayer, Leticia, y Laura Cházaro, "La idea de universidad en el último cuarto del siglo XIX: los silencios culturales", *Quipu*, IX, núm. 3 (1992), pp. 327-347.

―――, *Entre el infierno de una realidad y el cielo de un imaginario: estadística y comunidad científica en el México de la primera mitad del siglo XIX*, México, Colmex, 1999.

Maza, Francisco de la, *El art nouveau en México en la arquitectura de la época porfiriana*, México, INBA, 1980.

Medel Ledesma, Karim del Carmen, "El art decó y la arquitectura en México", tesis de licenciatura, UIA, 1983.

Monsiváis, Carlos, "Cultura nacional y cultura colonial en la literatura mexicana", *Características de la cultura nacional*, México, Instituto de Investigaciones Sociales, UNAM, 1969.

―――, "Notas sobre la cultura mexicana en el siglo XX", *Historia general de México*, México, Colmex, 1981.

Monteforte Toledo, Mario, *Las piedras vivas. Escultura y sociedad en México*, México, Instituto de Investigaciones Sociales, UNAM, 1965.

Montellano, Francisco, *Charles B. Waite: la época de oro de las postales en México*, México, Conaculta, 1998.

Morales Moreno, Luis Gerardo, *Orígenes de la museología mexicana: fuentes para el estudio histórico del Museo Nacional, 1780-1940*, México, UIA, 1994.

―――, "Museo y grafía: observación y lectura de los objetos", *Historia y Grafía*, núm. 13 (1999), pp. 225-253.

Moreno, Roberto, *Catálogo de los manuscritos científicos de la biblioteca nacional*, s. n., 1969.

―――, *La polémica del darwinismo en México*, México, UNAM, 1984.

―――, *Ensayos de bibliografía mexicana: autores, libros, imprenta, bibliotecas*, México, Instituto de Investigaciones Bibliográficas, UNAM, 1986.

―――, *Ensayos de historia de la ciencia y la tecnología en México*, México, UNAM, 1986.

―――, "Mexico", en Thomas F. Glick (ed.), *The Contemporary Reception of Darwinism*, Chicago, Chicago University Press, 1988, pp. 346-374.

Moreno, Salvador, "Un siglo olvidado de escultura mexicana. Siglo XIX", *Artes de México*, 1970.

Moreno Toscano, Alejandra, *Ciudad de México. Ensayo de construcción de una historia*, México, INAH, 1978.

Morris, Stephen D., "Exploring Mexican Images of the United States",

Mexican Studies / Estudios Mexicanos, XVI, núm. 1 (2000), pp. 105-139.

Mostkoff, Aida, "Foreign Visions and Images of Mexico: One Hundred Years of International Tourism, 1821-1921", tesis de doctorado, University of California, 1999.

Mraz, John, "From Positivism to Populism: Towards a History of Photojournalism in Mexico", *Afterimage,* XVIII (1991), pp. 8-11.

Murillo, Luis Enrique, "The Politics of the Miraculous: Popular Religious Practice in Porfirian Michoacan, 1876-1910", tesis de doctorado, University of California, 2002.

Museo Tamayo, *Fotografía siglo XIX*, México, Museo Rufino Tamayo, 1983.

Nesvig, Martin, "The Lure of the Perverse: Moral Negotiation of Pederasty in Porfirian Mexico", *Mexican Studies / Estudios Mexicanos,* XVI, núm. 1 (2000), pp. 1-37.

Obregón Santacilia, Carlos, *50 años de arquitectura mexicana 1900-1950*, México, Patria, 1952.

Ocasio-Meléndez, Marcial, "Mexican Urban History: The Case of Tampico, Tamaulipas, 1876-1924", tesis de doctorado, Michigan State University, 1988.

O'Gorman, Edmundo, *Documentos para la historia de la litografía en México*, México, UNAM, 1955.

———, "Justo Sierra y los orígenes de la Universidad de México, 1910", *Seis estudios históricos de tema mexicano*, Xalapa, Universidad Veracruzana, 1960, pp. 145-201.

Olivares Obregón A., María Eugenia, "La obra arquitectónica de Antonio Rivas Mercado", tesis de licenciatura, UIA, 1986.

Orozco y Berra, Manuel, *Apuntes para la historia de la geografía en México*, México, Imprenta de F. Díaz de León, 1881.

Ortiz Echaniz, Silvia, "Origen, desarrollo y características del espiritualismo en México", *América Indígena,* XXXIX, núm. 1 (1979), pp. 147-170.

Ortiz Gaitán, Julieta, "Arte, publicidad y consumo en la prensa: del porfirismo a la posrevolución", *Historia Mexicana,* XLVIII, núm. 2 (1998), pp. 411-435.

Ortiz Monasterio, José, *"Patria", tu ronca voz me repetía: biografía de Vicente Riva Palacio y Guerrero,* México, UNAM/Instituto de Investigaciones Dr. José María Luis Mora, 1999.

———, *México eternamente. Vicente Riva Palacio ante la escritura de la historia,* México, FCE/Instituto de Investigaciones Dr. José María Luis Mora, 2004.

Overhelman, Harley D., "La revista *Azul* y el modernismo mexicano", *Journal of Inter-American Studies* I, núm. 3 (1959), pp. 335-339.

Pacheco, José Emilio, *La poesía mexicana del siglo XIX: Antología,* México, Empresas Editoriales, 1965.

Palmquist, P. E., "Mexican Miscellany —National Identity in 19th-Century Photography", *History of Photography*, Arcata, California State University, 1981.

Pani, Alberto J., *Apuntes autobiográficos*, México, Porrúa, 1950.

Paredes, Raymund A., "The Mexican Image in American Travel Literature, 1831-1869", *New Mexico Historical Review*, LII, núm. 1 (1977), pp. 5-13.

Paz, Ireneo, *Hombres prominentes de México,* México, Patria, 1988.

Peralta Sandoval, Sergio H., *Hotel Regis: historia de una época*, México, Diana, 1996.

Pérez de Toledo, Sonia, "Nacionalismo mexicano en la figura de Juárez durante el Porfiriato", tesis de licenciatura, UAM, 1984.

Pérez Montfort, Ricardo, *Estampas de nacionalismo popular mexicano: ensayos sobre cultura popular y nacionalismo,* México, CIESAS, 1994.

——— (coord.), *Hábitos, normas y escándalo: prensa, criminalidad y drogas durante el Porfiriato tardío*, México, CIESAS/Plaza y Valdés, 1997.

———, *Avatares del nacionalismo cultural: cinco ensayos*, México, CIESAS, 2000.

Pérez-Rayón, Nora, *México 1900: percepciones y valores en la gran prensa capitalina,* México, UNAM/Porrúa, 2001.

Pérez Siller, Javier (coord.), *México, Francia: memoria de una sensibilidad común, siglos XIX-XX,* Puebla/San Luis Potosí, BUAP/Colegio de San Luis/CEMCA, 1998.

Pérez Walters, Patricia, "Jesús Contreras (1866-1902). Imágenes escultóricas y personalidad artística", tesis de licenciatura, UIA, 1989.

Pilcher, Jeffrey M., "Tamales or Timbales: Cuisine and the Formation of Mexican National Identity, 1821-1911", *The Americas*, LIII, núm. 2 (1996), pp. 193-216.

Powell, T. G., "Mexican Intellectuals and the Indian Question, 1876-1911", *Hispanic American Historical Review*, XLVIII, núm. 1 (1968), pp. 19-36.

Quirarte, Vicente, *Elogio de la calle: biografía literaria de la ciudad de México, 1850-1992*, México, Cal y Arena, 2001.

Raat, W., "Ideas and History in México. An Essay on Methodology", *Investigaciones contemporáneas sobre historia de México: memorias de la tercera reunión de historiadores mexicanos y norteamericanos, Oaxtepec, Morelos, 4-7 de noviembre de 1969*, Austin, University of Texas Press, 1971, pp. 687-699.

———, "Ideas and Society in Don Porfirio's Mexico", *The Americas*, XXX, núm. 1 (1973), pp. 32-53.

———, *El positivismo durante el Porfiriato*, México, SEP, 1975.

———, "The Antipositivist Movement in Prerevolutionary Mexico, 1892-1911", *Journal of Inter-American Studies and World Affairs,* XIX, núm. 1 (1977), pp. 83-98.

• Ramírez, Fausto, *Saturnino Herrán (1887-1918),* México, UNAM, 1976.

• ———, "Tradición y modernidad en la Escuela Nacional de Bellas Artes, 1903-1912", *Las academias de arte* (VII Coloquio Internacional en Guanajuato), México, UNAM, 1985, pp. 267-282.

• ———, "Vertientes nacionalistas en el modernismo", *El nacionalismo y el arte mexicano* (IX coloquio de historia del arte), México, UNAM, 1986, pp. 111-167.

• ———, "Dioses, héroes y reyes mexicanos en París, 1889", *Historia, leyendas y mitos de México: su expresión en el arte*, México, UNAM, 1988, pp. 201-257.

● ———, *et al., José María Velasco. Homenaje*, México, UNAM, 1989.

Ray, William, *Major Themes in the Poetry of Amado Nervo*, Norman, Oklahoma University Press, 1971.

Rendón Garcini, Jesús Ricardo, "Una visión de la época porfirista a través de las películas mexicanas de la década de los cuarenta", tesis de licenciatura, UIA, 1982.

● Reyes, Aurelio de los, *Los orígenes del cine en México (1896-1900)*, Cuadernos de Cine, 21, México, UNAM, 1973.

———, *et al., 80 años del cine en México*, Serie Imágenes, 2, México, UNAM, 1977.

● ———, *Cine y sociedad en México, 1896-1903*, México, UNAM/Cineteca Nacional, 1981.

Riguzzi, Paolo, "México próspero: las dimensiones de la imagen nacional en el Porfiriato", *Historias*, núm. 20 (1988), pp. 137-157.

Rivera-Garza, Cristina, "The Masters of the Streets. Bodies, Power, and Modernity in Mexico, 1867-1930", tesis de doctorado, University of Houston, 1995.

———, "Dangerous Minds: Changing Psychiatric Views of the Mentally ill in Porfirian Mexico, 1876-1911", *Journal of the History of Medicine and Allied Sciences*, LVI, núm. 1 (2001), pp. 36-67.

Rodríguez Kuri, Ariel, "Julio Guerrero: ciencia y pesimismo en el 900 mexicano", *Historias*, núm. 44 (1999), pp. 43-55.

● Rodríguez Prampolini, Ida, *La crítica de arte en el siglo XIX*, 3 vols., México, UNAM, 1964.

Romero, Emilio, "Correspondencia de Ricardo Palma con Victoriano Agueros", *Revista de Historia de América*, LI (1961), pp. 104-125.

Rubenstein, Anne, *Bad Language, Naked Ladies, and other Threats to the Nation: A Political History of Comic Books in Mexico*, Durham, Duke University Press, 1998.

Rugeley, Terry, *Of Wonders and Wise Men: Religion, and Popular Cultures in Southeast of Mexico, 1800-1876*, Austin, University of Texas Press, 2001.

Ruiz, Carmen, "Insiders and Outsiders in Mexican Archaeology (1880-1930)", tesis de doctorado, University of Texas, Austin, 2003.

Ruiz Castañeda, María del Carmen, *El periodismo en México. 450 años de historia*, México, UNAM, 1980.

Ruiz G., Rosaura, y Francisco J. Ayala, "Darwinismo y sociedad en México", *Siglo XIX*, núm. 12 (1992), pp. 87-104.

Ruiz-Gaytán, Beatriz, "Justo Sierra y la Escuela de Altos Estudios", *Historia Mexicana*, XVI, núm. 4 (1967), pp. 541-564.

Saavedra, Alfredo, *México en la educación sexual (de 1860 a 1959)*, México, Costa Amic, 1967.

● Saborit, Antonio, "Pedro Castera: una vida subterránea", *Historias*, núm. 39 (1997-1998), pp. 45-63.

● ———, *El mundo ilustrado de Rafael Reyes Spíndola,* México, Grupo Carso/Condumex, 2003.

Salado Álvarez, Victoria, *Memorias de Victoriano Salado Álvarez,* México, EDIAPSA, 1946.

Salazar Anaya, Delia, *Imágenes de los inmigrantes en la ciudad de México, 1753-1910*, México, Plaza y Valdés/Conaculta/INAH, 2002.

Saldaña, Juan José, *Memorias del Primer Coloquio Mexicano de Historia de la Ciencia y de la Tecnología, México, D. F., del 27 al 30 de septiembre de 1989*, México, Sociedad Mexicana de Historia de la Ciencia, 1989.

Sánchez Flores, Ramón, *Historia de la tecnología y la invención en México: introducción a su estudio y documentos para los anales de la técnica*, México, Fomento Cultural Banamex, 1980.

Scott, John F., "La evolución de la teoría de la historia del arte por escritores del siglo XX sobre el arte mexicano del siglo XIX", *Anales del Instituto de Investigaciones Estéticas*, XXXVII (1968), pp. 71-104.

Schavelzon, Daniel, "Teoría e historia de la restauración en México: los monumentos prehispánicos de Mesoamérica entre 1880-1980", tesis de licenciatura, UNAM, 1984.

———, *La polémica del arte nacional en México 1850-1910*, México, FCE, 1988.

Schmidt, H. C., *The Roots of lo Mexicano. Self and Society in Mexican Thought, 1900-1943*, Austin, Texas A&M University Press, 1978.

———, "Education, Ethnicity, and Humanism: Recent Trends in Mexican Intellectual History", *Journal of Inter-American Studies and World Affairs*, XXIII (1981), pp. 225-232.

Schmitt, K. M., "The Diaz Conciliation Policy on State and Local Levels, 1876-1911", *Hispanic American Historical Review*, XL, núm. 4 (1960), pp. 531-532.

———, "Catholic Adjustment to the Secular State: The Case of Mexico, 1877-1911", *Catholic Historical Review*, XLVIII (1962), pp. 182-204.

———, "The Mexican Positivists and the Church-State Question, 1876-1911", *Journal of Church and State*, núm. 8 (1966), pp. 200-213.

Segredo, Rafael, y María Villa, *La Chiquita, un paraíso social del Porfiriato*, México, Cal y Arena, 1996.

Segurajáuregui, Elena, *Arquitectura porfirista. La colonia Juárez*, México, UAM/Tilde, 1990.

Sloan, Kathryn, "Runaway Daughters and Dangerous Women: Work, Sexuality, and Gender Relations among the Working Class in Porfirian Oaxaca, Mexico", tesis de doctorado, University of Kansas, 2002.

Smith, Elyzabeth Marie-Pierre Richer, "Nana, Santa, et Nacha Regules: Trois Courtisanes Modernes", tesis de doctorado, University of Georgia, 1974.

Soberanis, J. A., "Catálogo de invención en México durante el siglo XIX (1840-1900). Ensayo de interpretación sobre el proceso de industrialización del México decimonónico", tesis de licenciatura, UNAM, 1989.

Solís Ogarrio, Hortensia, "José María Velasco. Naturalista, científico y pintor", México, UNAM, 1980.

Somolinos D'Ardois, Germán, *Historia y medicina. Figuras y hechos de la historiografía médica mexicana*, México, Imprenta Universitaria, 1957.

———, *Historia de la psiquiatría en México*, México, SEP, 1976.

Sosa, Francisco, *Biografías de mexicanos distinguidos*, México, Oficina Tipográfica de la Secretaría de Fomento, 1884.

Speckman Guerra, Elisa, "Las flores del mal: mujeres criminales en el Porfiriato", *Historia Mexicana*, XLVII, núm. 1 (1997), pp. 183-229.

————, *Crimen y castigo: legislación penal, interpretación de la criminalidad y administración de justicia, Ciudad de México, 1872-1910*, México, Colmex, 2002.

Stabb, M. S., "Indigenism and Racism in Mexican Thought 1857-1911", *Journal of Inter-American Studies*, I, (1959), pp. 405-423.

Stepan, Nancy Leys, *The Hour of Eugenics. Race, Gender, and Nation in Latin America*, Ithaca, Cornell University Press, 1991.

Stratton, Lorum H., "Emilio Rabasa: Life and Works", tesis de doctorado, University of Arizona, 1971.

Suárez y López Guazo, Laura Luz, *Eugenesia y racismo en México*, México, UNAM, 2005.

Tablada, José Juan, *La feria de la vida, México*, Botas, 1937.

Tello Díaz, Carlos, *El exilio. Un retrato de familia*, México, Cal y Arena, 1993.

————, *Historias del olvido*, México, Cal y Arena, 1998.

Tenenbaum, Barbara, "Murals in Stone- The Paseo de la Reforma and Porfirian México, 1873-1910", *La ciudad y el campo en la historia de la ciudad de México*, México, UNAM, 1992, pp. 369-381.

Tenorio Trillo, Mauricio, "1910 Mexico City: Space and Nation in the City of the 'Centenario'", *Journal of Latin American Studies*, XXVIII, núm. 1 (1996), pp. 75-104.

• ————, *Artilugio de la nación moderna. México en las exposiciones universales, 1880-1930*, tr. de Germán Franco, México, FCE, 1998.

————, "Stereophonic Scientific Modernisms: Social Science Between Mexico and the United States, 1880s-1940s", *The Journal of American History*, 86, núm. 3 (1999), pp. 1156-1187.

————, *Mexican Odalisque Mania, 1880-1940*, en prensa.

————, *City upon a Lake: Mexico City 1880-1940*, en prensa.

Tibol, Raquel, *Historia general del arte mexicano. Época moderna y contemporánea*, México, Hermes, 1964.

Topik, Steven, "Metrópolis Macrocéfalas: Uma Comparação entre a Primazia do Rio de Janeiro e a da Cidade do México entre 1888 e 1910", *DADOS, Revista de Ciências Sociais*, XXXIV, núm. 1 (1991), pp. 53-77.

Torre Rendón, Judith de la, "Las imágenes fotográficas de la sociedad mexicana en la prensa gráfica del Porfiriato", *Historia Mexicana*, XLVIII, núm. 2 (1998), pp. 343-373.

Toussaint Alcaraz, Florence, *Escenario de la prensa en el Porfiriato*, México, Fundación Manuel Buendía/Universidad de Colima, 1984.

Toussaint, Manuel, *La litografía en México en el siglo XIX*, México, Instituto de Investigaciones Estéticas, UNAM, 1934.

• Trabulse, Elías, *Historia de la ciencia en México*, 4 vols., México, FCE, 1985.

• ————, *José María Velasco. Un paisaje de la ciencia en México*, Toluca, Instituto Mexiquense de Cultura, 1992.

Trabulse, Elías, *Arte y ciencia en la historia de México*, México, Fomento Cultural Banamex, 1995.

Tuñón Pablos, Esperanza, "El álbum de la mujer: antología ilustrada de las mexicanas", *El Porfiriato y la Revolución*, vol. IV, México, INAH, 1991.

Urbina, Luis G., *La vida literaria en México*, Madrid, 1917.

Uribe Elías, Roberto, *La invención de la mujer: nacimiento de una escuela médica*, México/Puebla, FCE/BUAP, 2002.

• Uribe, Eloísa (ed.), *Y todo... por una nación: historia de la producción plástica de la Ciudad de México. 1761-1910*, México, INAH, 1984.

Valderrama Zaldívar, María del Carmen, *et al.*, "El arte prehispánico en el Porfiriato", tesis de licenciatura, UIA, 1981.

Valenzuela, Alberto, "¿Quién escribió las 'Memorias' del general Victoriano Huerta?", *Boletín de la Biblioteca Nacional*, IX, núm. 4 (1958), pp. 33-39.

Vargas, Ava (ed.), *La Casa de Cita: Mexican Photographs from The Belle Epoque*, Londres/NuevaYork, Quartet Books, 1986.

Vaughan, Mary K., "Women, Class and Education in Mexico, 1880-1928", *Latin American Perspectives*, IV, núms. 1-2 (1977), pp. 135-152.

_____, "Primary Education and Literacy in Nineteenth-Century México: Research Trends 1968-1988", *Latin American Research Review*, XXV, núm. 1 (1990), pp. 31-66.

• Vázquez, Josefina, *Nacionalismo y educación en México*, México, Colmex, 1970.

Vázquez León, Luis, *El leviatán arqueológico: antropología de una tradición científica en México*, Leiden, Research School CNWS, 1996.

Velasco Márquez, Jesús, "México en la visión de sus paisajistas del siglo XIX (Ensayo de interpretación histórica a través del arte)", tesis de licenciatura, UNAM, 1970.

Villalpando, José Manuel, *Historia de la filosofía en México*, México, Porrúa, 2002.

Villegas, Abelardo, *Positivismo y porfirismo*, México, SEP, 1972.

Vital, Alberto, *Un porfirista de siempre: Victoriano Salado Álvarez: 1867-1931*, México, UNAM, 2002.

Warner, R. E., *Historia de la novela mexicana en el siglo XIX*, México, Antigua Librería Robledo, 1953.

Weatherhead, Richard Whitney, "Justo Sierra: A Portrait of a Porfirian Intellectual", tesis de doctorado, Columbia University, 1966.

Weiner, Richard, "Competing Market Discourses in Porfirian Mexico", *Latin American Perspectives*, XXVI, núm. 1 (1999), pp. 44-64.

———, "Battle for Survival: Porfirian Views of the International Marketplace", *Journal of Latin American Studies*, XXXII, núm. 3 (2000), pp. 645-670.

———, *Race, Nation, and Market: Economic Culture in Porfirian Mexico*, Tucson, University of Arizona Press, 2004.

Widdifield, Stacie G., *Embodiment of the National in Late Nineteenth-Century Mexican Painting*, Tucson, University of Arizona Press, 1996.

Wilson, Irma, *México: A Century of Educational Thought*, NuevaYork, Hispanic Institute in The United States, 1941.

Yáñez Ramírez, María de los Ángeles, "Justo Sierra, José Vasconcelos, Jaime Torres Bodet, Agustín Yáñez; ideas en política educativa", tesis de doctorado, Colmex, 1971.

Yeager, G., "Porfirian Commercial Propaganda: México in the World Industrial Expositions", *The Americas*, XXXIV, núm. 2 (1977), pp. 230-243.

Zamora Encarnación, Ricardo, "El edificio de correos de la ciudad de México. Estudio histórico-artístico", tesis de licenciatura, UNAM, 1986.

Zea, Leopoldo, *Del liberalismo a la Revolución en la educación mexicana*, México, INEHRM, 1956.

Zavala, Adriana, "Constituting the Indian/Female Body in Mexican Painting, Cinema and Visual Culture, 1900-1950", tesis de doctorado, Brown University, 2001.

III. LA POLÍTICA Y LA SOCIEDAD

● Adame Goddard, J., *El pensamiento político y social de los católicos mexicanos, 1867-1914*, México, UNAM, 1981.

――――, "El pensamiento político tradicional en la elite liberal mexicana, 1867-1892", tesis de doctorado, Colmex, 1977.

● Aguilar Rivera, José Antonio, *El manto liberal: los poderes de emergencia en México, 1821-1876*, México, UNAM, 2001.

● Anderson, Rodney, *Outcasts in their Own Land: Mexican Industrial Workers, 1906-1911*, DeKalb, Northern Illinois University, 1976.

Ávila Espinosa, Felipe Arturo, "La sociedad mutualista y moralizadora de obreros del Distrito Federal (1909-1911)", *Historia Mexicana*, XLIII, núm. 1 (1993), pp. 117-154.

Baranda, M., "José Ives Limantour juzgado por figuras claves del Porfiriato", *Estudios de Historia Moderna y Contemporánea de México*, núm. 9 (1983), pp. 97-136.

Barra Stoppa, Erika, *La expansión de la ciudad de México y los conflictos urbanos* (1900-1930), México, Colmex, 1982.

Barrera Cruz, Nydia E., "Reclusión, control social y ciencia penitenciaria en Puebla en el siglo XIX", *Siglo XIX*, núm. 12 (1992), pp. 119-146.

Bastian, Jean-Pierre, *Los disidentes: sociedades protestantes y revolución en México, 1872-1911*, México, FCE/Colmex, 1989.

――――, "Jacobinismo y ruptura revolucionaria durante el Porfiriato", *Mexican Studies/Estudios Mexicanos*, VII, núm. 1 (1991), pp. 29-46.

――――, "Las sociedades protestantes y la oposición a Porfirio Díaz", *Historia Mexicana*, XXXVI, núm. 3 (1988), pp. 469-512.

Baum, Dale, "Retórica y realidad en el México decimonónico. Ensayo de interpretación de su historia política", *Historia Mexicana*, XXVII, núm. 1 (1977), pp. 79-102.

Benavides, Artemio, *El general Bernardo Reyes, vida de un liberal porfirista*, Monterrey, Castillo, 1998.

Bernstein, H., *Matías Romero, 1837-1898*, México, FCE, 1973.

Bluestein, William, "The Class Relations of the Hacienda and the Village in Prerevolutionary Morelos", *Latin American Perspectives*, IX, núm. 3 (1982), pp. 12-28.

Blum, Ann Shelby, "Children without Parents: Law, Charity, and Social Practice, Mexico City, 1867-1940", tesis de doctorado, University of California, 1998.

Brown, Jonathan C., "Trabajadores nativos y extranjeros en el México porfiriano", *Siglo XIX: Cuadernos de Historia*, III, núm. 9 (1994), pp. 7-49.

Buchenau, Jürgen, *In the Shadow of the Giant. The Making of Mexico's Central American Policy, 1876-1930*, Tuscaloosa, University of Alabama Press, 1996.

———, "Small Numbers, Great Impact: Mexico and its Immigrants, 1821-1973", *Journal of American Ethnic History*, XX, núm. 3 (2001), pp. 23-49.

———, *Tools of Progress: a German Merchant Family in Mexico City, 1865-Present,* Albuquerque, University of New Mexico Press, 2004.

Cabrera, Lucio, *La Suprema Corte de Justicia durante el fortalecimiento del Porfirismo, 1882-1888,* México, Suprema Corte de Justicia de la Nación, 1991.

Case, R., "Resurgimiento de los conservadores en México, 1876-1877", *Historia Mexicana,* XXV, núm. 2 (1975), pp. 204-231.

Camp, Roderic A., *Mexican Political Biographies, 1884-1935*, Austin, University of Texas Press, 1991.

Centro de Estudios Históricos del Movimiento Obrero Mexicano, *La mujer y el movimiento obrero mexicano en el siglo XIX; antología de la prensa obrera*, México, Centro de Estudios Históricos del Movimiento Obrero Mexicano, 1975.

Chardon, Roland, "Yucatan and the Mexican Revolution: The Preconstitutional Years, 1910-1918", tesis de doctorado, Stanford University, 1981.

Chassen-López, Francie R., "Más baratas que las máquinas: mujeres y agricultura en Oaxaca (1880-1911)", *Siglo XIX: Cuadernos de Historia*, V, núm. 14 (1996), pp. 7-35.

———, *From Liberal to Revolutionary Oaxaca: The View from the South, Mexico, 1867-1911*, Filadelfia, Pennsylvania State University Press, 2004.

• Cockcroft, James, *Intellectual Precursors of the Mexican Revolution, 1900-1913*, Austin, University of Texas Press, 1976.

Cohen Perló, Manuel, *El paradigma porfiriano: historia del desagüe del Valle de México*, México, UNAM/Porrúa, 1999.

Contreras y Cruz, Carlos Augusto, *La gran ilusión urbana-Modernidad y saneamiento en la ciudad de Puebla durante el Porfiriato, 1880-1910*, tesis de doctorado, Universidad del País Vasco, España, 2000.

Corzo González, Diana, y Carlos Gabriel Cruzado Campos, *El difícil inicio de las relaciones entre Estados Unidos y Porfirio Díaz,* México, Instituto de Investigaciones Dr. José María Luis Mora, 1999.

Cott, Kennett, "Mexican Diplomacy and the Chinese Issue, 1876-

1910", *Hispanic American Historical Review*, LXVII, núm. 1 (1987), pp. 63-85.

Díaz Kuri, Martha, y Carlos Viasca Treviño (coords.), *Historia del Hospital General de México*, México, Hospital General de México, 1994.

Duarte Espinosa, María de Jesús, *Frontera y diplomacia: las relaciones México-Estados Unidos durante el Porfiriato*, México, SRE, 2001.

Falcón, Romana, *Las rasgaduras de la descolonización: españoles y mexicanos a mediados del siglo XIX*, México, Colmex, 1996.

Finkler, Kaja, "Dissident Sectarian Movements, the Catholic Church, and Social Class in Mexico", *Comparative Studies in Society and History*, XXV, núm. 2 (1983), pp. 277-305.

Fix Zamudio, G., "Joaquín D. Casasús: humanista mexicano del siglo XIX", tesis de licenciatura, UNAM, 1963.

Forment, Carlos A., *Democracy in Latin America, 1760-1900*, Chicago, University of Chicago Press, 2003.

Fowler-Salamini, Heather, "Gender, Work, and Coffee in Córdoba, Veracruz, 1850-1910", en Heather Fowler-Salamini y Mary Kay Vaughan (eds.), *Women in the Mexican Countryside, 1850-1990: Creating Space, Shaping Transitions*, Tucson, University of Arizona Press, 1994.

Franz de Cordero, C., "Le Porfiriat vu par les Francaises", tesis, Institut d'Hautes Etudies d'Amerique Latine, 1983.

French, W., *A Peaceful and Working People, Manners, Morals, and Class Formation in Northern Mexico*, Albuquerque, University of New Mexico Press, 1996.

• Gamboa Ojeda, Leticia, *La urdimbre y la trama. Historia social de los obreros textiles de Atlixco, 1899-1924*, México, FCE/BUAP, 2001.

García Díaz, Bernardo, *Un pueblo fabril del Porfiriato: Santa Rosa, Veracruz*, México, FCE/SEP, 1981.

———, "La clase obrera textil del valle de Orizaba en México: migraciones y orígenes", *Siglo XIX*, núm. 6 (1988), pp.77-108.

Garciadiego, Javier, *Rudos contra científicos: la Universidad Nacional durante la Revolución mexicana*, México, Colmex/UNAM, 1996.

García, Jerry, "Japanese Immigration and Community Development in Mexico, 1897-1940", tesis de doctorado, Washington State University, 1999.

García Marsh, Alma María, "Ideology and Power: A Study on the Mexican State under Porfirio Díaz (1876-1911) and Lázaro Cárdenas (1934-1940)", tesis de doctorado, Harvard University, 1982.

González Navarro, Moisés, *Raza y tierra: la guerra de castas y el henequén*, México, Colmex, 1970.

———, *Los extranjeros en México y los mexicanos en el extranjero, 1821-1970*, México, Colmex, 1993.

Gordon, Gary Isaac, "Peddlers, Pesos and Power: The Political Economy of Street Vending in Mexico City", tesis de doctorado, University of Chicago, 1997.

Guardino, Peter F., *Peasants, Politics, and the Formation of Mexico's*

National State: Guerrero, 1800-1857, Stanford, Stanford University Press, 1996.

———, "Campesinado y nación", *Historia Mexicana*, XLVI, núm. 3 (1997), pp. 503-529.

Hamon, James L., y Stephen Niblo, *Precursores de la revolución agraria en México: las obras de Wistano Luis Orozco y Andrés Molina Enríquez*, México, SEP, 1975.

Hart, John Mason, *Los anarquistas mexicanos: 1860-1900*, México, SEP, 1974.

———, *Revolutionary Mexico: The Coming and Process of the Mexican Revolution*, Berkeley, University of California Press, 1987.

———, *Empire and Revolution: The Americans in Mexico since the Civil War*, Berkeley, University of California Press, 2002.

Hart, Paul Brian, "Peasants into Workers: The Social Transformation of Morelos, Mexico, 1840-1910", tesis de doctorado, University of California, 1997.

Hernández Chávez, Alicia, "Origen y ocaso del ejército porfiriano", *Historia Mexicana*, XXXIX, núm. 1 (1989), pp. 257-296.

——— (coord.), *¿Hacia un nuevo federalismo?*, México, Colmex/FCE, 1996.

Hernández Padilla, Salvador, *El magonismo: historia de una pasión libertaria, 1900-1922*, México, ERA, 1988.

Hernández Silva, Héctor Cuauhtémoc, *Insurgencia y autonomía: historia de los pueblos yaquis, 1821-1910*, México, CIESAS, 1996.

Herrera Barreda, María del Socorro, "Algunas características sociodemográficas: dos inmigrantes hispanocubanos en México durante el Porfiriato", *Estudios Migratorios*, núms. 7-8 (1999), pp. 55-74.

• Holden, Robert H., *Mexico and the Survey of Public Lands: The Management of Modernization*, Dekalb, Northern Illinois University Press, 1994.

• Hu-DeHart, Evelyn, "Immigrants to a Developing Society: The Chinese in Northern Mexico, 1875-1932", *Journal of Arizona History*, XXI, núm. 3 (1980), pp. 275-312.

———, *Yaqui Resistance and Survival: The Struggle for Land and Autonomy, 1821-1910*, Madison, University of Wisconsin Press, 1984.

———, "Coolies, Shopkeepers, Pioneers: The Chinese of Mexico and Peru (1849-1930)", *Amerasia Journal*, XV, núm. 2 (1989), pp. 91-116.

Illades, Carlos, y Ariel Rodríguez Kuri (eds.), *Ciudad de México: instituciones, actores sociales y conflicto político, 1744-1931*, Zamora, Colmich, 1996.

———, *Instituciones y ciudad: ocho estudios históricos sobre la ciudad de México*, México, Unidad Obrera y Socialista/Frente del Pueblo/Sociedad Nacional de Estudios Regionales, 2000.

Iturribarría, Jorge Fernando, "La política de conciliación del general Díaz y el arzobispo Gillow", *Historia Mexicana*, XIV, núm. 1 (1964), pp. 81-101.

Jiménez, Christina Marie, "Making the City their Own: Popular Groups and Political Culture in Morelia, Mexico, 1880 to 1930", tesis de doctorado, University of California, 2001.

Johns, Michael, *The City of Mexico in the Age of Díaz*, Austin, University of Texas Press, 1997.

● Joseph, Gilbert M., *Revolución desde afuera: Yucatán, México y los Estados Unidos, 1880-1924*, México, FCE, 1992.

Kantz, Barbara Leey, "A Social History of the Urban Working Class in México City, 1882-1910", tesis de doctorado, State University of New York, 1988.

Katz, Friedrich, "Labor Conditions on Haciendas in Porfirian Mexico: Some Trends and Tendencies", *Hispanic American Historical Review*, LIV, núm. 1 (1974), pp. 1-47.

● ———, *La servidumbre agraria en México en la época porfiriana*, México, SepSetentas, 1976.

Kelley, James R., "The Education and Training of Porfirian Officers: Success or Failure?", *Military Affairs*, XXXIX, núm. 3 (1975), pp. 124-128.

Keremitsis, Dawn, "Del metate al molino: la mujer mexicana de 1910 a 1940", *Historia Mexicana*, XXXIII, núm. 2 (1983), pp. 285-302.

Kim, Mee-Ae, "Immigrants, Workers, Pioneers: The Chinese and Mexican Colonization Efforts, 1890-1930", tesis de doctorado, Washington State University, 2000.

Kirkham, Ralph W., "A Social History of the Urban Working Class in México City, 1882-1910", tesis de doctorado, State University of New York, 1988.

Knight, Alan, "The Working Class and the Mexican Revolution, c.1900-1920", *Journal of Latin American Studies*, XVI, núm. 1 (1984), pp. 51-79.

———, "Mexican Peonage: What Was It and Why Was It?", *Journal of Latin American Studies*, XVIII, núm. 1 (1986), pp. 41-74.

● ———, *U. S.-Mexican Relations, 1910-1940: An Interpretation*, La Jolla, Center for U. S.-Mexican Studies/University of California, 1987.

● ———, "Revolutionary Project, Recalcitrant People: Mexico, 1910-1940", en Jaime Rodríguez (ed.), *The Revolutionary Process in Mexico. Essays on Political and Social Change, 1880-1940*, Los Ángeles, UCLA Latin American Center, 1990.

———, "Populism and Neo-Populism in Latin America, Especially Mexico", *Journal of Latin American Studies*, XXX, núm. 2 (1998), pp. 223-248.

———, "Subaltern, Signifiers, and Statistics: Perspectives on Mexican Historiography", *Latin American Research Review*, XXXVII, núm. 2 (2002), pp. 136-158.

● Kourí, Emilio H., "Interpreting the Expropiation of Indian Pueblo Lands in Porfirian Mexico: The Unexamined Legacies of Andrés Molina Enríquez", *Hispanic American Historical Review*, LXXXII, núm. 1 (2002), pp. 69-117.

● ——— *A Pueblo Divided: Business, Property, and Community in Papantla, Mexico*, Stanford, Stanford University Press, 2004.

Kuecker, Glen David, "A Desert in a Tropical Wilderness: Limits to the Porfirian Project in Northeastern Veracruz, 1870-1910", tesis de doctorado, Rutgers University, 1998.

Leal, Juan Felipe, "El Estado y el bloque en el poder 1867-1914", *Historia Mexicana,* XXIII, núm. 4 (1974), pp. 700-721.

Lear, John, *Workers, Neighbors, and Citizens: The Revolution in Mexico City,* Lincoln, University of Nebraska Press, 2001.

Lida, Clara, y Sonia Pérez Toledo, *Trabajo, ocio y coacción: trabajadores urbanos en México y Guatemala en el siglo XIX,* México, UAM/Porrúa, 2001.

Luna, J., *La carrera pública de don Ramón Corral,* México, SEP, 1975.

Macías, Anna, *Against all Odds. The Feminist Movement in Mexico to 1940,* Londres, Greenwood Press, 1982.

Macías Cervantes, César Federico, *Ramón Alcázar: una aproximación a las elites del Porfiriato,* Guanajuato, Ediciones la Rana, 1999.

Macías Zapata, Gabriel Aarón, *La península fracturada: conformación marítima, social y forestal del territorio federal de Quintana Roo, 1884-1902,* México, CIESAS/Universidad de Quintana Roo/ Porrúa, 2002.

Macías Richard, Carlos, "El territorio de Quintana Roo: tentativas de colonización y control militar en la selva maya (1888-1902)", *Historia Mexicana,* XLIX, núm. 1 (1999), pp. 5-54.

• Macías-González, Víctor Manuel, "The Mexican Aristocracy and Porfirio Diaz, 1876-1911", tesis de doctorado, Texas Christian University, 1999.

Maria y Campos, Alfonso de, "Los científicos: actitudes de un grupo de intelectuales porfirianos frente al positivismo y la religión", en Roderic A. Camp *et al.* (eds.), *Los intelectuales y el poder en México,* México, Colmex, 1991, pp. 121-138.

McDonald, James H., "Historia, economía y transformación de la identidad étnica entre los inmigrantes italianos en México", *Relaciones,* XVIII, núm. 71 (1997), pp. 157-199.

McNamara, Patrick John, "Sons of the Sierra: Memory, Patriarchy, and Rural Political Culture in Mexico, 1855-1911", tesis de doctorado, University of Wisconsin, 1999.

Meyer, Lorenzo, *Su majestad británica contra la Revolución mexicana: el fin de un imperio informal,* México, Colmex, 1991.

——, y Josefina Zoraida Vázquez, *México frente a Estados Unidos: un ensayo histórico, 1776-1988,* México, FCE, 1989.

Meyers, William K., *Forge of Progress, Crucible of Revolt: Origins of the Mexican Revolution in La Comarca Lagunera, 1880-1911,* Albuquerque, University of New Mexico Press, 1994.

Mitchell, Margaret T., "The Porfirian State and Public Beneficence: The Hospicio de Pobres of Mexico City, 1877-1911", tesis de doctorado, Tulane University, 1998.

Mora-Torres, Juan, *The Making of the Mexican Border,* Austin, University of Texas Press, 2001.

Muñoz, Laura, "1898: el fin de un ciclo de política mexicana en el Caribe", *Secuencia,* núm. 42 (1998), pp. 29-47.

Negretto, Gabriel L., y José Antonio Aguilar Rivera, *Rethinking the Legacy of the Liberal State in Latin America: The Cases of Argentina (1853-1916) and Mexico 1857-1910,* Nueva York, Institute for Latin American and Iberian Studies at Columbia University, 1999.

Nickel, Herbert J., "Reclutamiento y peonaje de los gañanes indígenas de la época colonial en el altiplano de Puebla-Tlaxcala", *Ibero-Amerikanisches Archiv*, V, núm. 1 (1979), pp. 71-164.

———, *Morfología social de la hacienda mexicana*, 2ª ed., México, FCE, 1996.

• ———, *El peonaje en las haciendas mexicanas. Interpretaciones, fuentes, hallazgos*, México/Friburgo, UIA/Arnold Bergstraesser Institut, 1997.

———, *Landvermessung und Hacienda-Karten in Mexico*, Friburgo, Arnold Bergstraesser Institut, 2002.

Niemeyer, Víctor, *El general Reyes*, Monterrey, Gobierno del Estado de Nuevo León, 1966.

Ota Mishima, María Elena, y Moisés González Navarro, *Destino México: un estudio de las migraciones asiáticas a México, siglos XIX y XX*, México, Colmex, 1997.

Pellegrino Soares, Gabriela, y Sylvia Colombo, *Reforma liberal e lutas camponesas na América Latina: México e Peru nas últimas décadas do século XIX e principios do XX*, São Paulo, Humanitas, 1999.

Pérez-Rayón Elizundia, Nora, *Entre la tradición señorial y la modernidad: la familia Escandón Barrón y Escandón Arango. Formación y desarrollo de la burguesía en México durante el porfirismo, 1890-1910*, México, UAM, 1995.

Piccato, Pablo, "Urbanistas, Ambulantes and Mendigos: The Dispute for Urban Space in Mexico, 1890-1930", en Carlos Aguirre y Robert Buffington (eds.), *Reconstructing Criminality in Latin America*, Wilmington, SR Books, 2000.

• ———, *City of Suspects: Crime in Mexico City, 1900-1931*, Durham, Duke University Press, 2001.

Porter, Susie S., "And that it is Custom Makes it Law; Class Conflict and Gender Ideology in the Public Sphere, Mexico City, 1880-1910", *Social Science History*, XXIV, núm. 1 (2000), pp. 111-148.

———, *Working Women in Mexico City: Public Discourses and Material Conditions, 1879-1931*, Tucson, University of Arizona Press, 2003.

Purnell, Jennie, "With All Due Respect: Popular Resistance to the Privatization of Communal Lands in Nineteenth-Century Michoacán", *Latin American Research Review*, XXXIV, núm. 1 (1994), pp. 85-121.

Raat, W., "US Intelligence Operations and Cover Action in Mexico, 1900-1947", *Journal of Contemporary History*, XXII, núm. 4 (1987), pp. 615-638.

Radding, Cynthia, "Peasant Resistance on the Yaqui Delta: An Historical Inquiry into the Meaning of Ethnicity", *Journal of the Southwest*, XXXI, núm. 3 (1989), pp. 330-361.

Ramos-Escandón, Carmen, "Mujeres trabajadoras en el México porfiriano. Género e ideología del trabajo femenino, 1876-1911", *European Review of Latin American and Caribbean Studies*, núm. 48 (1990), pp. 27-44.

Rebert, Paula, *La Gran Línea: Mapping the United States-Mexico Boundary, 1849-1857*, Austin, University of Texas Press, 2001.

- Reina, Leticia, *Las rebeliones campesinas en México, 1819-1906,* México, Siglo XXI, 1984.

  Rendón Garcini, Jesús Ricardo, *El prosperato: el juego de equilibrios de un gobierno estatal (Tlaxcala de 1885 a 1911),* México, Siglo XXI/UIA, 1993.

  Rice, Jacqueline, "Beyond the Científicos: The Educational Background of the Porfirian Political Elite", *Aztlan: International Journal of Chicano Studies Research,* XIV, núm. 2 (1983), pp. 289-306.

  Rippy, J. P., "The Porfirian Political Elite: Life Patterns of the Delegates to the 1892 Union Liberal Convention", tesis de doctorado, University of California, 1979.

  Riguzzi, Paolo, "México, Estados Unidos y Gran Bretaña, 1867-1910: una difícil relación triangular", *Historia Mexicana,* XLVI, núm. 3 (1992), pp. 365-435.

  Rodríguez Kuri, Ariel, "Los argumentos del Porfiriato. La racionalidad política de la clase dominante, 1900-1913", tesis de licenciatura, UNAM, 1985.

- ———, *La experiencia olvidada. El ayuntamiento de México, política y gobierno, 1876-1912,* México, Colmex/UAM, 1996.

  Rohlfes, John Laurence, "Police and Penal Correction in Mexico 1876-1911: A Study of Order and Progress in Porfirian Mexico", tesis de doctorado, Tulane University, 1983.

  Rojas, Rafael, "La política mexicana ante la guerra de independencia de Cuba (1895-1898)", *Historia Mexicana,* XLV, núm. 4 (1996), pp. 783-805.

  Romero Lankao, Patricia, "Agua en la ciudad de México durante el Porfiriato: ¿una realidad superada?", *Relaciones,* XX, núm. 80 (1999), pp. 131-152.

  ———, "The Maya Elites of Nineteenth-Century Yucatan", *Etnohistory,* XLII, núm. 3 (1995), pp. 477-493.

  Saborit, Antonio, *Los doblados de Tomóchic,* México, Cal y Arena, 1994.

  Sáez Pueyo, Carmen, *Justo Sierra: antecedentes del partido único en México,* México, UNAM/Porrúa, 2001.

  Santiago Myrna, Isela, "Huasteca Crude, Indians, Ecology, and Labor in the Mexican Oil Industry: Northern Veracruz, 1900-1938", tesis de doctorado, University of California at Berkeley, 1997.

  Santoni, Pedro, "La policía de la ciudad de México durante el Porfiriato: los primeros años (1876-1884)", *Historia Mexicana,* XXXIII, núm. 1 (1983), pp. 97-129.

  Savrino, Franco, "Religión y sociedad en Yucatán durante el Porfiriato (1891-1911)", *Historia Mexicana,* XLVI, núm. 3 (1997), pp. 617-651.

  Schell, Patience A., "An Honorable Avocation for Ladies: The Work of the Mexico City Unión de Damas Católicas Mexicanas, 1912-1926", *Journal of Women's History,* X, núm. 4 (1999), pp. 78-103.

  Schell, William, *Integral Outsiders: The American Colony in Mexico City, 1876-1911,* Wilmington, SR Books, 2001.

  Shadle, Stanley F., *Andrés Molina Enríquez: Mexican Land Reformer of the Revolutionary Era,* Tucson, University of Arizona Press, 1994.

  Simonian, Lane, *Defending the Land of the Jaguar: A History of Conservation in Mexico,* Austin, University of Texas Press, 1995.

Smith, Mark James, "Property Rights and Ecology in Michoacán, México, 1821-1910", tesis de doctorado, University of Florida, 1997.

Smith, Peter H., *Labyrinths of Power: Political Recruitment in Twentieth-Century Mexico*, Princeton, Princeton University Press, 1979.

Smith, Phyllis L., "Contentious Voices amid the Order: The Porfirian Press in Mexico City, 1876-1911", tesis de doctorado, University of Arizona, 1996.

———, "Contentious Voices amid the Order: The Opposition Press in Mexico City, 1876-1911", *Journalism History*, XXII, núm. 4 (1997), pp. 138-145.

Smith, Stephanie Jo., "Engendering the Revolution: Women and State Formation in Yucatan, Mexico, 1872-1930", tesis de doctorado, State University of New York, 2002.

Snodgrass, Michael, *Deference and Defiance in Monterrey: Workers, Paternalism, and Revolution in Mexico, 1890-1950,* Cambridge/Nueva York, Cambridge University Press, 2003.

Tannenbaum, Frank, *Mexico: The Struggle for Peace and Bread*, Nueva York, Knopf, 1950.

• Tello Díaz, Carlos, *El exilio. Un retrato de familia*, México, Cal y Arena, 1993.

Thomson, Guy P. C., y David G., *La France, Patriotism, Politics, and Popular Liberalism in Nineteenth-Century Mexico: Juan Francisco Lucas and the Puebla Sierra,* Wilmington, Scholarly Resources, 1999.

Tinker Salas, Miguel, *In the Shadow of Eagles. Sonora and the Transformation of the Border during the Porfiriato*, Berkeley, University of California Press, 1997.

Tirado Villegas, Gloria, *Hilos para bordar: mujeres poblanas en el Porfiriato*, Puebla, Consejo de la Crónica/H. Ayuntamiento del Municipio de Puebla, 2000.

Torres, Blanca (coord.), *México y el mundo. Historia de sus relaciones exteriores*, 9 vols., México, Senado de la República/Colmex, 2000.

Truett, Samuel Jefferson, "Neighbors by Nature: The Transformation of Land and Life in the U. S.-Mexico Borderlands, 1854-1910", tesis de doctorado, Yale University, 1997.

• Tutino, John, *Las bases sociales de la violencia agraria, 1750-1940*, México, ERA, 1990.

Uribe Salas, José Alfredo, *México frente al desenlace del 98: la guerra hispanonorteamericana,* Morelia, Universidad Michoacana de San Nicolás de Hidalgo/Universidad de Puerto Rico/Gobierno del Estado de Michoacán/Instituto Michoacano de Cultura, 1999.

Urow Schifter, Diana, *Torreón, un ejemplo de la inmigración a México durante el Porfiriato: el caso de españoles, chinos y libaneses*, Torreón, Impresora Colorama, 2000.

Vagnoux, Isabelle, *Les États-Unis et le Mexique: Histoire d'une relation tumultueuse*, París, L' Harmattan, 2003.

Vanderwood, Paul J., *The Power of God against the Guns of Government: Religious Upheaval in Mexico at the Turn of Nineteenth Century*, Stanford, Stanford University Press, 1998.

Vanderwood, Paul J., *Los rurales mexicanos*, México, FCE, 1982.

———, *Disorder and Progress: Bandits, Police, and Mexican Development*, Lincoln, University of Nebraska Press, 1981.

Van Young, Eric, *Mexico's Regions: Comparative History and Development*, Center for U. S.-Mexican Studies, USCD, 1992.

Vaughan, Mary Kay, "Cultural Approaches to Peasant Politics in the Mexican Revolution", *Hispanic American Historical Review*, LXXIX, núm. 2 (1999), pp. 269-305.

Vázquez Salguero, David Eduardo, *Un matrimonio post mortem a principios del Porfiriato: el proceso de secularización y la búsqueda de la legalidad*, San Luis Potosí, Colegio de San Luis, 2002.

Villalobos Calderón, Liborio, *Las obreras en el Porfiriato*, México, Plaza y Valdés/UAM, 2002.

Villaverde García, Elixio, "Galician Emigration to Mexico, 1878-1936", tesis de doctorado, Universidad de Santiago de Compostela, 1998.

———, *Pioneiros na corrente do golfo: A primeira emigración galega a México (1837-1936)*, Vigo, Edicións Xerais de Galicia, 2001.

Vizcaya Canales, Isidro, *Tierra de guerra viva: incursiones de indios y otros conflictos en el noreste de México durante el siglo XIX, 1821-1885*, Monterrey, Academia de Investigaciones, 2001.

Warman, Arturo, *Y venimos a contradecir. Los campesinos de Morelos y el Estado nacional*, México, Ediciones de la Casa Chata/Centro de Investigaciones Superiores del INAH, 1976.

Wasserman, Mark, *Capitalists, Caciques, and Revolution: The Native Elite and Foreign Enterprise in Chihuahua, Mexico 1854-1911*, Chapel Hill, University of North Carolina Press, 1984.

———, "Strategies for Survival of the Porfirian Elite in Revolutionary Mexico, Chihuahua during the 1920s", *Hispanic American Historical Review*, LXVII, núm. 1 (1987), pp. 87-107.

———, *Everyday Life and Politics in Nineteenth Century Mexico: Men, Women, and War*, Albuquerque, University of New Mexico Press, 2000.

Wells, Allen, "Oaxtepec Revisited: The Politics of Mexican Historiography, 1968-1988", *Mexican Studies/Estudios Mexicanos*, VII, núm. 2 (1991), pp. 331-346.

———, *Yucatan's Gilded Age: Haciendas, Henequen and International Harvester, 1860-1915*, Albuquerque, University of New Mexico Press, 1995.

———, y Gilbert M. Joseph, *Summer of Discontent, Season of Upheaval: Elite Politics and Rural Insurgency in Yucatan, 1876-1915*, Stanford, Stanford University Press, 1996.

Wood, Andrew Grant, *Revolution in the Street: Women, Workers, and Urban Protest in Veracruz, 1870-1927*, Wilmington, Scholarly Resources, 2001.

Yanaguida, Toshio, y Taeko Akagui, "México y los emigrantes japoneses", *Estudios Migratorios Latinoamericanos*, X, núm. 30 (1995), pp. 373-401.

Yáñez, José Arturo, *Policía mexicana: cultura política, (in)seguridad y orden público en el gobierno del Distrito Federal, 1821-1876*, México, UAM/Plaza y Valdés, 1999.

Young, Elliott, "Remembering Catarino Garza's 1891 Revolution: An Aborted Border Insurrection", *Mexican Studies / Estudios Mexicanos*, XII, núm. 2 (1996), pp. 231-272.

IV. LA ECONOMÍA

Aguilar Aguilar, Gustavo, *Sinaloa, la industria del azúcar*, México, Difocur, 1993.

————, "Trayectoria empresarial de los Coppel en Sinaloa, siglos XIX y XX", *Memoria del X encuentro de historia económica del norte de México*, Hernández Torres (ed.), Saltillo, Universidad Autónoma de Coahuila/Centro de Estudios Sociales y Humanísticos, 2002.

Anaya Merchant, Luis, "La crisis internacional y el sistema bancario mexicano, 1907-1909", *Secuencia*, núm. 54 (2002), pp. 155-185.

————, "Los archivos bancarios mexicanos. Notas para el análisis de fuentes del sistema bancario, 1900-1910", *América Latina en la historia económica,* nueva época, núm. 23 (2005), pp. 105-117.

Ángel, Gustavo del, y Carlos Marichal, "Poder y crisis historiográfica reciente del crédito y la banca en México, siglos XIX y XX", *Historia Mexicana,* LII, núm. 3 (2003), pp. 677-724.

Argudín, María Luma, "La reforma monetaria limanturiana (1905)", *Relaciones,* núms. 67-68 (1996), pp. 173-201.

Avitia Hernández, Antonio, *Llanos franqueados y sierras aisladas: historia de los ferrocarriles en el estado de Durango*, México, Consejo de Ciencia y Tecnología del Estado de Durango, 2002.

Barragán, Juan I., y Mario Cerutti, *Juan F. Brittingham y la industria en México, 1859-1940*, Monterrey, Urbis, 1993.

Bátiz Vázquez, José Antonio, "El archivo histórico Banamex: su génesis", *América Latina en la Historia Económica,* nueva época, núm. 23 (2005), pp. 95-104.

Bazant, Jean, "Peones arrendatarios y aparceros en México: 1851-1853", *Historia Mexicana,* XXIII, núm. 2 (1973), pp. 330-357.

————, "Peones arrendatarios y aparceros en México: 1868-1904", *Historia Mexicana,* XXIV, núm.1 (1974), pp. 94-121.

————, *Cinco haciendas mexicanas. Tres siglos de vida rural en San Luis Potosí (1600-1910),* México, Colmex, 1975.

• ————, *Historia de la deuda exterior de México, 1823-1946,* México, Colmex, 1995.

• Beatty, Edward, *Institutions and Investment. The Political Basis of Industrialization in Mexico Before 1911*, Stanford, Stanford University Press, 2001.

Brown, Jonathan. "Los archivos del petróleo y la Revolución mexicana", *América Latina en la Historia Económica,* nueva época, núm. 23, enero-julio de 2005, pp. 49-60.

• Bortz, Jeffrey L., y Stephen Haber (eds.), *The Mexican Economy, 1870-1930. Essays on the Economic History of Institutions, Revolution and Growth*, Stanford, Stanford University Press, 2002.

Buchenau, Jürgen, *Tools of Progress: a German Merchant Family in Mexico City, 1865-Present,* Albuquerque, University of New Mexico Press, 2004.

● Bulmer-Thomas, Víctor, *The Economic History of Latin America since Independence,* Cambridge, Cambridge University Press, 1996.

Cárdenas, Enrique, "A Macroeconomic Interpretation of Nineteenth Century Mexico", en Stephen Haber (ed.), *How Latin America Fell Behind: Essays on the Economic Histories of Brazil and Mexico, 1800-1914,* Stanford, Stanford University Press, 1997, pp. 65-92.

● ———, *Cuando se originó el atraso económico de México. La economía mexicana en el siglo XIX, 1780-1920,* Madrid, Biblioteca Nueva Fundación Ortega y Gasset, 2003.

Cardoso, Ciro (coord.), *Formación y desarrollo de la burguesía en México, siglo XIX,* México, Siglo XXI, 1978.

Carmagnani, Marcelo, "Finanze e stato in Messico, 1820-1880" *Nova Americana,* V (1982), pp. 175-213.

● ———, *Estado y mercado: la economía pública del liberalismo mexicano, 1850-1911,* México, FCE, 1994.

Castañeda González, Rocío, "Entre el Porfiriato y un gobierno posrevolucionario: la fábrica de Metepec (Puebla) frente al gobierno federal, 1900-1919", *Boletín del Archivo Histórico del Agua,* núm. 20 (2002).

Castellanos Arenas, Mariano, "Tras la huella de la industria. El patrimonio documental de la Compañía Industrial de Atlixco, S. A.", tesis de maestría, BUAP, 2005.

Catao, Luis, *The Failure of Export-led Growth in Brazil and México c. 1870-1930,* Londres, Institute of Latin American Studies, 1992.

● Cerutti, Mario, *Burguesía y capitalismo en Monterrey (1850-1910),* México, Claves Latinoamericanas, 1983.

——— , *Burguesía, capitales e industria en el norte de México. Monterrey y su ámbito regional (1850-1910),* México, Alianza/UANL, 1992.

——— , "Ferrocarriles y actividad productiva en el norte de México, 1880-1910, inversiones extranjeras y división del trabajo al sur del Río Bravo", en Carlos Marichal (comp.), *Las inversiones extranjeras en América Latina, 1850-1930,* México, FCE, 1995, pp. 178-192.

——— , *Propietarios, empresarios y empresas en el norte de México,* México, Siglo XXI, 2000.

● ———, y Carlos Marichal (comps.), *La banca regional en México, 1870-1930,* México, FCE/Colmex, 2003.

Cerutti, Mario, y Jesús María Valdaliso, "Monterrey y Bilbao (1870-1914). Empresariado, industria y desarrollo regional en la periferia", *Historia Mexicana,* LII, núm. 4 (2003), pp. 905-940.

Chirinos Campos, Jorge, "Pozos, coyotes, crac y optimismo: origen y clausura de la bolsa en México, 1895-1896", tesis de licenciatura, ITAM, 1999.

Clavé Almeida, Eduardo, "La riqueza del Archivo Histórico de Petróleos Mexicanos", *América Latina en la Historia Económica*, nueva época, núm. 23, enero-julio de 2005, pp. 131-137.

- Coatsworth, John, *El impacto económico de los ferrocarriles en el Porfiriato*, México, ERA, 1984.

———, "Cliometrics in Mexican History", *Historical Methods*, XVIII, núm. 1 (1985), pp. 31-33.

———, "La producción de alimentos durante el Porfiriato", en John Coatsworth, *Los orígenes del atraso*, México, Alianza, 1990, pp. 162-177.

- ———, *Los orígenes del atraso*, México, Alianza, 1990.

———, "La historiografía económica de México", en John Coastworth, *Los orígenes del atraso*, México, Alianza, 1990, pp. 21-36.

———, "Los obstáculos al desarrollo económico en el siglo XIX", en John Coatsworth, *Los orígenes del atraso*, México, Alianza, 1990, pp. 80-109.

Collado, María del Carmen, *La burguesía mexicana: el emporio Braniff y su participación política, 1865-1920*, México, Siglo XXI, 1987.

———, *Empresarios y políticos, entre la restauración y la Revolución, 1920-1924*, México, INEHRM, 1996.

Connolly, Priscilla, *El contratista de don Porfirio: obras públicas, deuda y desarrollo desigual*, México, FCE, 1997.

Cosío Villegas, Daniel, *La cuestión arancelaria en México, historia de la política aduanal*, III, México, Ediciones del Centro Mexicano de Estudios Económicos, 1932.

- ———, *et al.* (comps.), *Historia moderna de México*, 8 vols., México, Hermes, 1955-1974.

Cossío Silva, L., "La agricultura", en Daniel Cosío Villegas *et al.* (comps.), *Historia moderna de México*, México, Hermes, 1955-1974, pp. 1-133.

Costeloe, Michael P., *Bonds and Bondholders: British Investors and Mexico's Foreign Debt, 1824-1888*, Westport, Praeger, 2003.

Cott, Kenneth, "Porfirian Investment Policies, 1876-1910", tesis de doctorado, University of New Mexico, 1979.

Couturier, Edith, "Hacienda of Hueyapan: The History of a Mexican Social and Economic Institution, 1550-1940", tesis de doctorado, Columbia University (University Microfilms, 65-10, 203), 1965.

———, "Modernización y tradición en una hacienda (San Juan Hueyapan, 1902-1911)", *Historia Mexicana*, XVIII, núm. 1 (1968), pp. 35-55.

———, *La hacienda de Hueyapan, 1550-1936*, México, SEP, 1976.

Dávila, Carlos, y Rory Miller, *Business History in Latin America. The Experience of Seven Countries*, Liverpool, Liverpool University Press, 1999.

Dobado, Rafael, y Gustavo A. Marrero, "Corn Market Integration in Porfirian Mexico", *Journal of Economic History*, vol. 65, núm 1 (marzo de 2005), pp. 103-128.

Duncan, Robert H., "The Chinese and the Economic Development Northern Baja California, 1889-1929", *Hispanic American Historical Review*, LXXIV, núm. 4 (1994), pp. 615-647.

Escalona, Ana, "La entrada de México al patrón oro y el acceso de México a los capitales extranjeros", tesis de licenciatura, ITAM, 1998.

Escobar Ohmstede, Antonio, "¿Cómo se encontraba la tierra en el siglo XIX huasteco?", en Margarita Menegus y Mario Cerutti (eds.), *La desamortización civil en México y España (1750-1920)*, Monterrey, UANL, 2001, pp. 91-117.

Flores Torres, Óscar, *Empresas, empresarios y estrategia de negocios en el norte de México: cinco estudios históricos, 1890-2000*, Ciudad Victoria, Universidad de Monterrey, 2001.

Fraser, Donald Johnson, "La política de desamortización en las comunidades indígenas, 1856-1872", *Historia Mexicana*, XXI, núm. 4 (1972), pp. 615-652.

Galindo, José, "The Persistence of the Economic Elite in the Mexican Federal District in the Twentieth Century: The Case of the Jean Family", tesis de maestría, University of Oxford, 2002.

• Gamboa Ojeda, Leticia, *Empresarios de ayer. El grupo dominante en la industria textil de Puebla, 1906-1929*, Puebla, BUAP, 1985.

———, "Comerciantes barcelonnettes de la ciudad de Puebla", *La Palabra y el Hombre*, núm. 70 (1989), pp. 31-57.

———, "El mundo empresarial en la industria textil de Puebla: las primeras décadas del siglo XX", en Ricardo Pozas y Matilde Luna (coords.), *Las empresas y empresarios en el México contemporáneo*, México, Grijalbo, 1991.

———, *Au-delá de l'ocean. Les Barcelonnettes à Puebla 1845-1928*, Châteaux-Arnoux, BUAP/Sabença de la Valéia, Barcelonnette, 2004.

———, "Los fondos documentales de la Cámara Textil de Puebla y Tlaxcala", *América Latina en la Historia Económica*, nueva época, núm. 23, enero-julio de 2005, pp. 85-94.

García de León, Antonio, y Enrique Semo, *Historia de la cuestión agraria mexicana*, México, Siglo XXI/Centro de Estudios Históricos del Agrarismo en México, 1988-1990.

• García Díaz, Bernardo, *Un pueblo fabril del Porfiriato: Santa Rosa, Veracruz*, México, FCE/SEP, 1981.

———, "La clase obrera del valle de Orizaba en México: migraciones y orígenes", *Siglo XIX*, III, núm. 6 (1988), pp. 77-108.

———, "Textiles del valle de Orizaba (1880-1925). Cinco ensayos de historia sindical y social", *Historias Veracruzanas*, núm. 7, Xalapa, Universidad Veracruzana, 1990.

Gill Christopher, Joseph, "The Intimate Life of the Family: Patriarchy and the Liberal Project in Yucatan, Mexico, 1860-1915", tesis de doctorado, Yale University, 2001.

Glantz Susana, *El ejido colectivo de Nueva Italia, México*, SEP/INAH, 1974.

Gómez Galvarriato, Aurora, "Definiendo los obstáculos a la industrialización en México: el desempeño de Fundidora Monterrey durante el Porfiriato", en Carlos Marichal (ed.), *La historia de las grandes empresas en México, 1850-1913*, México, FCE/UANL, 1997, pp. 201-243.

———, "The Evolution of Prices and Real Wages in Mexico from the Porfiriato to the Revolution", en John Coatsworth y Alan Taylor (eds.), *Latin America and the World Economy since 1800*, Cambridge, Harvard University Press, 1998, pp. 347-378.

Gómez Galvarriato, Aurora, "The Impact of Revolution: Business and Labor in the Mexican Textile Industry, Orizaba, Veracruz, 1900-1930", tesis de doctorado, Harvard University, 1999.

――――, y Aldo Musacchio, "Un nuevo índice de precios para México, 1886-1929", El Trimestre Económico, núm. 265 (2000), pp. 47-91.

Gómez Galvarriato, Aurora, "The Political Economy of Protectionism: The Evolution of Labor Productivity, International Competitiveness, and Tariffs in the Mexican Textile Industry, 1900-1950", Documento de Trabajo, 218, México, CIDE, 2001.

――――, "Industrialización, empresas y trabajadores industriales del Porfiriato a la Revolución: la nueva historiografía", Historia Mexicana, núm. 3 (2003), pp. 773-804.

――――, "Sacando la nuez de la cáscara: los archivos de empresa como fuente para la historia. Mi experiencia en los archivos de la CIVSA, la CIDOSA y la Fundidora Monterrey", América Latina en la Historia Económica, nueva época, núm. 23, enero-julio de 2005, pp. 25-34.

Gómez Mendoza, Antonio, "El futuro de los archivos de empresa en México en el espejo español", América Latina en la Historia Económica, nueva época, núm. 23, enero-julio de 2005, pp. 77-84.

Gómez, Mónica, "Un sistema bancario con emisión de billetes por empresarios privados: el comportamiento del Banco de México en el proceso de creación de dinero, 1884-1910", tesis de doctorado, Colmex, 2001.

――――, "La estructura del sistema bancario de emisión durante el Porfiriato, 1884-1910", en Francisco Rodríguez Garza y Santiago Ávila Sandoval (eds.), Tiempo y devenir en la historia económica de México, México, UAM, 2002.

Gouy, Patrice, Pérégrinations des "barcelonnettes" au Mexique, Grenoble, Presses Universitaires de Grenoble, 1980.

Grecida Romo, Juan José, La llegada de la modernización a Sonora. Establecimiento del ferrocarril (1880-1897), Hermosillo, Universidad de Sonora, 2001.

Grunstein, Arturo, "Surgimiento de los ferrocarriles nacionales de México (1900-1913); ¿era inevitable la consolidación monopólica?", en Carlos Marichal y Mario Cerutti (comps.), Historia de las grandes empresas en México, 1850-1930, México, FCE, 1997, pp. 65-106.

――――, "¿Competencia o monopolio? Regulación y desarrollo ferrocarrilero en México, 1885-1911", en Sandra Kuntz y Paolo Riguzzi (coords.), Ferrocarriles y vida económica en México, pp. 167-222.

Gutiérrez Álvarez, Coralia, Experiencias contrastadas. Industrialización y conflictos en los textiles del centro-oriente de México, 1884-1917, México/Puebla, Colmex/Instituto de Ciencias Sociales y Humanidades/BUAP, 2000.

Haber, Stephen, Industry and Underdevelopment: The Industrialization of Mexico, 1890-1940, Stanford, Stanford University Press, 1989.

● ――――, Industria y subdesarrollo: la industrialización de México, 1890-1940, México, Alianza, 1992.

――――, "Assessing the Obstacles to Industrialization: The Mexican

Economy, 1830-1940", *Journal of Latin American Studies,* XXIV, núm. 1 (1992), pp. 1-32.

Haber, Stephen, "Financial Markets and Industrial Development. A Comparative Study of Governmental Regulation, Financial Innovation, and Industrial Structure in Brazil and Mexico, 1840-1930", en Stephen Haber (ed.), *How Latin America Fell Behind: Essays on the Economic Histories of Brazil and Mexico, 1800-1914*, Stanford, Stanford University Press, 1997, pp. 146-178.

• ———— (ed.), *How Latin America Fell Behind: Essays on the Economic Histories of Brazil and Mexico, 1800-1914*, Stanford, Stanford University Press, 1997.

———, "Anything Goes: Mexico's New Cultural History", *Hispanic American Historical Review,* LXXIX, núm. 2 (1999), pp. 309-330.

————(coord.), *Crony Capitalism and Economic Growth in Latin American: Theory and Evidence,* Stanford, Hoover Institution Press, 2002.

• ———, Armando Razo y Noel Maurer, *The Politics of Property Rights: Political Instability, Credible Commitments, and Economic Growth in Mexico, 1876-1929*, Cambridge, Cambridge University Press, 2003.

Haber, Stephen, *The Political Economy of Instability: Political Institutions and Economic Performance in Revolutionary Mexico*, Cambridge, Cambridge University Press, 2003.

Hart, John Mason, *Revolutionary Mexico: The Coming and Process of the Mexican Revolution*, Berkeley, University of California Press, 1987.

Hausman, D. M.,"Economic Methodology in a Nutshell", *Journal of Economic Perspectives,* III, núm. 2 (1989), pp. 115-127.

Hernández Chávez, Alicia, *Hacia un nuevo federalismo*, México, Colmex/FCE, 1996.

Hibino, Barbara, "Cervecería Cuauhtémoc: A Case Study of Technological and Industrial Development in México", *Mexican Studies / Estudios Mexicanos,* VIII, núm. 1 (1992), pp. 23-43.

• Holden, Robert, *Mexico and the Survey of Public Lands: the Management of Modernization, 1876-1911*, Dekalb, Northern Illinois University Press, 1994.

Huerta, María Teresa, "En torno al origen de la burguesía porfirista: el caso de Isidoro de la Torre", en Enrique Florescano (ed.), *Orígenes y desarrollo de la burguesía en América Latina 1700-1955*, México, Nueva Imagen, 1985.

Jáuregui, Luis, "Vino viejo y odres nuevos. La historia fiscal en México", *Historia Mexicana,* LII, núm. 3 (2003), pp. 725-771.

Kemmerer, Edwin, *Modern Currency Reforms*, Nueva York, The MacMillan & Co., 1916.

Keremitsis, Dawn, *La industria textil mexicana en el siglo XIX*, México, SepSetentas, 61, 1973.

Knight, Alan, "El estímulo de las exportaciones en el crecimiento económico mexicano, 1900-1930: I. Reflexiones iniciales: unidades y periodos de análisis", en Enrique Cárdenas, José Antonio Campo y Rosemary Thorp (comps.), *La era de las exportaciones latino-*

americanas del fines del siglo XIX a principios del XX, México, FCE, 2003, pp. 165-202.

Knowlton, Robert, "La individualización de la propiedad corporativa civil en el siglo XIX, notas sobre Jalisco", *Historia Mexicana*, XXVIII, núm. 1 (1978), pp. 24-61.

———, "La división de las tierras de los pueblos durante el siglo XIX: el caso de Michoacán", en Margarita Menegus (comp.), *Problemas agrarios y propiedad en México, siglos XVIII y XIX*, México, Colmex, 1995, pp. 121-143.

Kortheuer, Dennis, "Lo agrario y lo agrícola: reflexiones sobre el estudio de la historia rural posrevolucionaria", *Boletín del Archivo General Agrario*, III, julio de 1998.

———, "Santa Rosalía and Compagnie du Boléo: The Making of a Town and Company in the Porfirian Frontier, 1855-1900", tesis de doctorado, University of California, Irvine, 2001.

———, "El comercio de exportación en Tuxpan, 1870-1900", en Antonio Escobar Ohmstede y Luz Carregha Lamadrid (coords.), *El siglo XIX en las Huastecas*, México, CIESAS/El Colegio de San Luis, 2002.

Kuntz Ficker, Sandra, *Empresa extranjera y mercado interno. El ferrocarril central mexicano, 1880-1907*, México, Colmex, 1995.

———, "Ferrocarriles y mercado: tarifas, precios y tráfico ferroviario en el Porfiriato", en Sandra Kuntz Ficker y Paolo Riguzzi (coords.), *Ferrocarriles y vida económica en México, 1850-1950: del surgimiento tardío al decaimiento precoz*, México, El Colegio Mexiquense/UAM/Ferrocarriles Nacionales de México, 1996, pp. 99-166.

———, "Los ferrocarriles y la formación del espacio económico en México, 1880-1910", en Sandra Kuntz Ficker y Priscilla Connolly (coords.), *Ferrocarriles y obras públicas*, México, Instituto de Investigaciones Dr. José María Luis Mora/Colmich/Colmex/Instituto de Investigaciones Históricas, UNAM, 1999, pp. 118-123.

———, "Nuevas series del comercio exterior de México", *Revista de Historia Económica*, XX, núm. 2 (2002), pp. 213-270.

———, "Sobre el ruido y las nueces. Comentarios al artículo de Pedro L. San Miguel, 'La representación del atraso: México en la historiografía de Estados Unidos'", *Historia Mexicana*, LIII, núm. 4 (2004), pp. 959-988.

———, "Fuentes para la historia empresarial de las ferrocarrileras en México", *América Latina en la Historia Económica*, nueva época, núm. 23, enero-julio de 2005, pp. 35-48.

• ———, y Paolo Riguzzi, *Ferrocarriles y vida económica en México, 1850-1950. Del surgimiento tardío al decaimiento precoz*, México, El Colegio Mexiquense/UAM/Ferrocarriles Nacionales de México, 1996.

Lagunilla Iñárritu, Alfredo, *Historia de la bolsa de México, 1895-1970*, México, Bolsa Mexicana de Valores, 1973.

León Oviedo, Fernando, "Análisis económico del mercado henequenero yucateco, 1880-1936", tesis de licenciatura, ITAM, 1997.

Levy, Julliette, "Yucatan's Arrested Development: Social Networks and Credit Markets in Merida, 1850-1899", tesis de doctorado, UCLA, 2002.

Lizama Silva, Gladys, "Zamora: las grandes fortunas del Porfiriato", *Siglo XIX: Cuadernos de Historia,* VI, núm. 16 (1996), pp. 39-68.

————, "Familias, fortunas y economía de Zamora en el Porfiriato", tesis de doctorado, Universidad de Guadalajara/CIESAS, 1998.

Lomnitz Adler, Larissa, y Marisol Pérez-Lizaur, *A Mexican Elite Family, 1820-1980,* Princeton, Princeton University Press, 1987.

Ludlow, Leonor, "La construcción de un banco: el Banco Nacional de México (1881-1884)", en Leonor Ludlow y Carlos Marichal (eds.), *Banca y poder en México (1800-1825),* México, 1985, pp. 299-346.

————, "El Banco Nacional Mexicano y el Banco Mercantil Mexicano: radiografía social de sus primeros accionistas, 1881-1882", *Historia Mexicana,* XXXIX, núm. 4 (1989), pp. 979-1027.

Ludlow, Leonor, y Jorge Silva (eds.), *Los negocios y las ganancias de la Colonia al México moderno,* México, Instituto de Investigaciones Dr. José María Luis Mora/Instituto de Investigaciones Históricas, UNAM, 1993.

Ludlow, Leonor, "Un tema por explorar: los bancos hipotecarios del periodo porfiriano", *América Latina en la Historia Económica. Boletín de Fuentes,* núm. 6 (1996), pp. 73-81.

————, y Carmen Blázquez (coords.), *Catálogo de los fondos documentales del Banco Mercantil de Veracruz: 1897-1933,* México, Instituto de Investigaciones Dr. José María Luis Mora, 1997.

Ludlow, Leonor, y Alicia Salmerón (coords.), *La emisión del papel moneda en México: una larga negociación político-financiera, 1880-1897,* México, SHCP, 1997.

Ludlow, Leonor, "Las dinastías financieras en la ciudad de México. De la libertad comercial a la reforma liberal, 1778-1859", tesis de doctorado, Colmich, 1997.

————, "La formación del Banco Nacional de México, 1881-1884: aspectos institucionales y sociales", en Leonor Ludlow y Carlos Marichal (coords.), *La banca en México, 1820-1920,* México, Instituto de Investigaciones Dr. José María Luis Mora/Colmex/Colmich/UNAM, 1998, pp. 142-180.

• ————, y Carlos Marichal (coords.), *La banca en México, 1820-1920,* México, Instituto de Investigaciones Dr. José María Luis Mora/Colmex/Colmich/UNAM, 1998.

Ludlow, Leonor, *La deuda pública en México, 1824-1910,* México, Instituto de Investigaciones Dr. José María Luis Mora/Colmex/Colmich/UNAM, 1998.

————(coord.), *Los secretarios de Hacienda y sus proyectos (1821-1933),* 2 vols., México, Instituto de Investigaciones Históricas, UNAM, 2002.

————, "Manuel Dublán: la administración puente en la hacienda pública porfiriana", en Leonor Ludlow (coord.), *Los secretarios de Hacienda y sus proyectos (1821-1933),* 2 vols., México, Instituto de Investigaciones Históricas, UNAM, 2002, pp. 141-174.

————, "Archivos y documentos de los antiguos bancos de emisión existentes en el Archivo General de la Nación", *América Latina en la Historia Económica,* nueva época, núm. 23 (2005), pp. 11-23.

Marichal, Carlos, *Historia de la deuda externa de América Latina,* México, Alianza Mexicana, 1988.

• ———, *La deuda externa y las políticas del desarrollo económico durante el Porfiriato: algunas hipótesis de trabajo,* México, Instituto de Investigaciones Dr. José María Luis Mora, 1988.

• ———, *A Century of Debt Crisis in Latin America: From Independence to the Great Depression, 1820-1930,* Princeton, Princeton University Press, 1989.

———, "El manejo de la deuda pública y la crisis financiera de 1884-1885", en Leonor Ludlow y Jorge Silva Riquer (eds.), *Los negocios y las ganancias de la Colonia al México moderno,* México, Instituto de Investigaciones Dr. José María Luis Mora/Instituto de Investigaciones Históricas, UNAM, 1993.

———, (ed.), *Foreign Investment in Latin America: Impact on Economic Development, 1850-1930,* Milán, Universita Bocconi, 1994.

———, Manuel Miño y Paolo Riguzzi, *El primer siglo de la hacienda pública del Estado de México, 1824-1923,* México, El Colegio Mexiquense/Gobierno del Estado de México, 1994.

Marichal, Carlos (comp.), *Las inversiones extranjeras en América Latina, 1850-1930,* México, FCE, 1995.

———, "Foreign Loans, Banks, and Capital Markets in Mexico, 1880-1910", en Rienhard Lieher (ed.), *La deuda pública en América Latina en perspectiva histórica. The Public Debt in Latin America in Historical Perspective,* Francfort del Meno/Madrid, Vervuert/Iberoamericana, 1995.

———, "Obstacles to the Development of Capital Markets in Nineteenth-Century Mexico", en Stephen Haber (ed.), *How Latin America Fell Behind: Essays on the Economic Histories of Brazil and Mexico, 1800-1914,* Stanford, Stanford University Press, 1997, pp. 118-145.

• ———, y Mario Cerutti (comps.), *Historia de las grandes empresas en México, 1850-1930,* México, FCE, 1997.

Marichal, Carlos, y Leonor Ludlow (coords.), *Un siglo de deuda pública en México,* México, Instituto de Investigaciones Dr. José María Luis Mora/Colmich/Colmex/Instituto de Investigaciones Históricas, UNAM, 1998.

Marichal, Carlos, "De la banca privada a la gran banca. Antonio Basagoiti en México y España, 1880-1911", *Historia Mexicana,* XLVIII (1999), pp. 767-793.

———, "The Construction of Credibility: Financial Market Reform and the Renegotiation of Mexico's External Debt in the 1880's", en Jeffrey Bortz y Stephen Haber (eds.), *The Mexican Economy, 1870-1930. Essays on the Economic History of Institutions, Revolution and Growth,* Stanford, Stanford University Press, 2002, pp. 93-119.

Márquez Colín, Graciela, "Tariff Protection in Mexico, 1892-1910: Ad Valorem Tariff Rates and Sources of Variation", en John Coatsworth y Alan Taylor (eds.), *Latin America and the World*

Economy since 1800, Cambridge, Harvard University Press, 1998, pp. 407-442.

Márquez Colín, Graciela, "The Political Economy of Mexican Protectionism, 1868-1911", tesis de doctorado, Harvard University, 2002.

———, "El proyecto hacendario de Matías Romero", en Leonor Ludlow (coord.), *Los secretarios de Hacienda y sus proyectos (1821-1933),* vol. II, México, UNAM, 2002, pp. 111-140.

Márquez Martínez, Teresa, "Los archivos de Ferrocarriles Nacionales de México", *América Latina en la Historia Económica,* nueva época, núm. 23, enero-julio de 2005, pp. 119-130.

Martínez Sobral, Enrique, *La reforma monetaria,* México, Palacio Nacional, 1909.

Maurer, Noel, "Finance and Oligarchy Banks, Politics, and Economic Growth in Mexico, 1876-1928", tesis de doctorado, Stanford University, 1997.

———, "Banks and Entrepreneurs in Porfirian Mexico", *Journal of Latin American Studies,* XXXI (1999), pp. 331-361.

———, y Tridib Sharma, "Enforcing Property Rights Trough Reputation: Mexico's Early Industrialization, 1878-1913", *Journal of Economic History,* LXI, núm. 4 (2001), pp. 950-973.

• Maurer, Noel, *The Power and the Money: The Mexican Financial System, 1876-1932,* Stanford, Stanford University Press, 2002.

McCutchen McBride, George, *The Land Systems of México,* Nueva York, American Geographical Society, 1923.

Méndez Reyes, Jesús, *La política económica durante el gobierno de Francisco I. Madero,* México, INEHRM, 1996.

———, "La creación del sistema mexicano (1903-1936). La Comisión Monetaria. Fuente para su estudio", *Boletín del Archivo General de la Nación,* cuarta serie, núm. 14 (2001).

Mendoza García, Edgar, "Desamortización comunal y expansión agrícola en el Distrito de Cuicatlán, Oaxaca, 1856-1910", tesis de maestría, Instituto de Investigaciones Dr. José María Luis Mora, 1998.

———, "La desamortización de la propiedad comunal en Cuicatlán (Oaxaca): entre la Reforma y el Porfiriato", en Margarita Menegus y Mario Cerutti (eds.), *La desamortización civil en México y España (1750-1920),* Monterrey, UANL, 2001, pp. 185-220.

Menegus, Margarita, "La venta de parcelas de común repartimiento: Toluca, 1872-1900", en Margarita Menegus y Mario Cerutti (eds.), *La desamortización civil en México y España (1750-1920),* Monterrey, UANL, 2001, pp. 71-89.

Mertens, Hans-Günter, *Atlixco y las haciendas durante el Porfiriato,* México, BUAP, 1988.

Meyer, Jean, "La desamortización de 1856 en Tepic", *Relaciones,* núm. 13 (1983).

———, "Haciendas y ranchos, peones y campesinos en el Porfiriato. Algunas falacias estadísticas", *Historia Mexicana,* XXXV (1986), pp. 477-509.

Miller, Simon, "The Mexican Hacienda between the Insurgency and the Revolution: Maize Production and Commercial Triumph on the

Temporal", *Journal of Latin American Studies,* XVI, núm. 2 (1984), pp. 309-336.

Musacchio, Aldo, "Entre el oro y la plata: un estudio de las causas de la adopción del patrón oro en México (1905)", tesis de licenciatura, ITAM, 1998.

―――, "La reforma monetaria de 1905: un estudio de las condiciones internacionales que contribuyeron a la adopción del patrón oro en México", *Secuencia,* núm. 52 (2002), pp. 99-127.

Niccolai, Sergio, "El patrimonio industrial de México y sus fuentes", *América Latina en la Historia Económica,* nueva época, núm. 23, enero-julio de 2005, pp. 61-75.

Oñate, Abdiel, *Banqueros y hacendados: la quimera de la modernización,* México, UAM, 1991.

Ortega Ridaura, Isabel, "Cervecería Cuautémoc: crecimiento y consolidación de una empresa cervecera", en Hernández Torres (ed.), *Memoria del X encuentro de historia económica del norte de México,* Saltillo, Universidad Autónoma de Coahuila/Centro de Estudios Sociales y Humanísticos, 2002.

Ortiz, Rina, "Desamortización y liberalización de mano de obra en México. Pachuca-Real del Monte (1850-1880)", *Siglo XIX,* V, núm. 10 (1990), pp. 77-104.

Oviedo Gómez, Belem, "Avances en la organización y promoción de los archivos históricos mineros de Real del Monte, Pachuca, y Atotonilco El Chico", *América Latina en la Historia Económica,* nueva época, núm. 23, enero-julio de 2005, pp. 139-148.

Passananti, Thomas, "International and Domestic Conflict in Late Porfirian Mexico: A History of the Mexican Monetary Reform of 1905", tesis de doctorado, University of Chicago, 2001.

Paz Sánchez, Fernando, *La política económica del Porfiriato,* México, INEHRM, 2000.

Pérez Siller, Javier, *La fiscalidad, un observatorio para el historiador. Ensayo de historiografía sobre el Porfiriato, 1867-1995,* México, BUAP, 1999.

―――, *Crisis fiscal: reforma hacendaria y consolidación del poder: tres ensayos de historia económica del Porfiriato,* México, BUAP, 2002.

―――, *L'hégémonie des financiers au Mexique sous le Porfiriat: L'autre dictature,* París/Puebla, L' Harmattan/BUAP, 2003.

Pletcher, David, "Mexico Opens the Door to American Capital, 1877-1880", *The Americas,* XVI (1959), pp. 1-14.

Powell, Thomas G., "Los liberales, el campesinado indígena y los problemas agrarios durante la Reforma", *Historia Mexicana,* XXI, núm. 4 (1972), pp. 653-675.

Purnell, Jennie, "With All Due Respect: Popular Resistance to the Privatization of Communal Lands in Nineteenth-Century Michoacan", *Latin American Research Review,* XXXIV, núm. 1 (1994), pp. 85-121.

Radkau, Verena, *La fama y la vida: una fábrica y sus obreras,* México, CIESAS, 1984.

Rhi Sausi Garavito, María José, "Breve historia de un longevo impuesto: el dilema de las alcabalas en México, 1821-1896", tesis de maestría, Instituto de Investigaciones Dr. José María Luis Mora, 1998.

Rippy, J. P., *British Investments in Latin America, 1822-1942,* Hamdem, Archon Books, 1966.

Riguzzi, Paolo, "Inversión extranjera e interés nacional en los ferrocarriles mexicanos, 1880-1914", en Carlos Marichal (comp.), *Las inversiones extranjeras en América Latina, 1850-1930*, México, FCE, 1995, pp. 159-177.

————, "Los caminos del atraso: tecnología, instituciones e inversión en los ferrocarriles mexicanos, 1850-1900", en Sandra Kuntz Ficker y Paolo Riguzzi (coords.), *Ferrocarriles y vida económica en México (1850-1950),* México, El Colegio Mexiquense/UAM/Ferrocarriles Nacionales de México, 1996, pp. 31-98.

————, "Un modelo histórico de cambio institucional: la organización de la economía mexicana, 1857-1911", *Investigación Económica*, núm. 59 (1999), pp. 205-235.

————, "The Legal System, Institutional Change, and Financial Regulation in México, 1870-1910: Mortgage Contracts and Long-Term Credit", en Jeffrey Bortz y Stephen Haber (eds.), *The Mexican Economy, 1870-1930*, Stanford, Stanford University Press, 2002.

• ————, *¿La reciprocidad imposible? La política del comercio entre México y Estados Unidos, 1877-1938,* México, Colmex/Instituto de Investigaciones Dr. José María Luis Mora, 2003.

Rodríguez Centeno, Mabel M., "Paisaje agrario y sociedad rural: tenencia de la tierra y caficultura en Córdoba, Veracruz, 1870-1940", tesis de doctorado, Colmex, 1997.

Rodríguez López, María Guadalupe, "Historia social de los bancos en Durango 1890-1907", tesis de maestría, UNAM, 2003.

Rojas, Armando, "El ferrocarril de Tehuantepec, ¿el eje del comercio del mundo?, 1893-1913", tesis de doctorado, UAM, 2004.

Romero Gil, Juan Manuel, "Minas, capital y trabajo en el Noroeste, 1870-1910", tesis de doctorado, UNAM, 1999.

————, *La minería en el noroeste de México: utopía y realidad, 1850-1910,* México, Plaza y Valdés, 2001.

Romero Ibarra, María Eugenia, "La historia empresarial", *Historia Mexicana,* LII, núm. 3 (2003), pp. 831-872.

Rosenzweig, Fernando, "Moneda y bancos", en Daniel Cosío Villegas *et al.* (comps.), *Historia moderna de México,* México, Hermes, 1955-1974, 3ª ed., pp. 789-885.

————, "La industria", en Daniel Cosío Villegas *et al.* (comps.), *Historia moderna de México*, México, Hermes, 1955-1974, pp. 311-482.

• ————, *El desarrollo económico de México, 1800-1910,* México, El Colegio Mexiquense/ITAM, 1989.

Salmerón, Alicia, "Proyectos heredados y nuevos retos del ministro José Yves Limantour (1893-1911)", en Leonor Ludlow (coord.), *Los secretarios de Hacienda y sus proyectos (1821-1933),* México, UNAM, 2002, pp. 175-210.

Sánchez Cornejo, Elizabeth, "Hacienda y hacendados de Huamantla, Tlaxcala, siglo XIX", tesis de maestría, Instituto de Investigaciones Dr. José María Luis Mora, 1998.

Sánchez Rodríguez, Martín, "De la autonomía a la subordinación: riego, organización social y administración de recursos hidráulicos en la cuenca del río Laja, Guanajuato, 1568-1917", tesis de doctorado, Colmex, 2000.

Santiago Quijada, Guadalupe, "Cambios y permanencias en la estructura de la propiedad de la tierra y conformación urbana de Ciudad Juárez, 1888-1935", tesis de maestría, Instituto de Investigaciones Dr. José María Luis Mora, 1998.

• Saragoza, Alexander M., *The Monterrey Elite and the Mexican State, 1880-1940*, Austin, University of Texas Press, 1998.

Sariego, J., *et al., El Estado y la minería mexicana. Política, trabajo y sociedad durante el siglo XX*, México, FCE/INAH/Secretaría de Energía, Minas e Industria Paraestatal/Comisión de Fomento Minero, 1988.

Schell, William, "Money as a Commodity: Mexico's Conversion to the Gold Standard, 1905", *Mexican Studies/Estudios Mexicanos*, núm. 12 (1996), pp. 67-89.

Seminario de Historia Moderna de México, *Estadísticas económicas del Porfiriato. Fuerza de trabajo y actividad económica por sectores*, México, Colmex, 1965.

―――, *Estadísticas económicas del Porfiriato. Comercio exterior de México, 1877-1911*, México, Colmex, 1960.

Stallings, Barbara, *Banker to the Third World: U. S. Portfolio Investment in Latin America, 1900-1986*, Berkeley, University of California Press, 1986.

Stone, Irving, "British Direct and Portfolio Investment in Latin America Before 1914", *Journal of Economic History*, XXXVII, núm. 3 (1977), pp. 690-722.

Téllez, Luis, "Préstamos externos, primas de riesgo y hechos políticos: la experiencia mexicana en el siglo XIX", en Enrique Cárdenas (comp.), *Historia Económica de México*, México, FCE, 1992.

Tenenbaum, Barbara, *México en la época de los agiotistas, 1821-1857*, México, FCE, 1985.

Torres, Amria, "La fábrica La Magdalena Contreras (1836-1920). Una empresa textil precursora en el Valle de México", en Carlos Marichal y Mario Cerutti (comps.), *Historia de las grandes empresas en México, 1850-1930*, México, FCE, 1997.

Torres Gaytán, Ricardo, *Un siglo de devaluaciones del peso mexicano*, México, Siglo XXI, 1990.

Trujillo Bolio, Mario A., "La fábrica La Magdalena Contreras (1836-1910)", en Carlos Marichal y Mario Cerutti (comps.), *Historia de las grandes empresas en México, 1850-1930*, México, FCE, 1997, pp. 245-274.

―――, *Empresariado y manufactura textil en la ciudad de México y su periferia, siglo XIX*, México, CIESAS, 2000.

Valerio Ulloa, Sergio Manuel, "Capitalismo y oligarquía en Jalisco, 1876-1910", 2 vols., tesis de doctorado, Colmex, 1999.

Van Young, Eric, "Mexican Rural History since Chevalier: The Historiography of the Colonial Hacienda", *Latin American Research Review*, XVIII, núm. 3 (1983), pp. 5-61.

Van Young, Eric, "La pareja dispareja: breves comentarios acerca de la relación entre historia económica y cultural", *Historia Mexicana,* LII, núm. 3 (2003).

Vargas-Lobsinger, María, *La hacienda de "La Concha": una empresa algodonera de La laguna, 1883-1917,* México, UNAM, 1984.

Von Mentz, Brígida, "Trabajo minero y control social durante el Porfiriato. Los operarios de dos poblaciones contrastantes", *Historia Mexicana,* L (2001), pp. 555-607.

Walker, David, *Parentesco, negocios y política: la familia Martínez del Río en México, 1823-1867,* México, Alianza Mexicana, 1991.

Zabludowsky, Jaime, "Money, Foreign Indebtness and Export Performance in Porfirist Mexico", tesis de doctorado, Yale University, 1984.

———, "La depreciación de la plata y las exportaciones", en Enrique Cárdenas (comp.), *Historia económica de México,* México, FCE, 1992.

Zuleta, María Cecilia, "La invención de una agricultura próspera: itinerarios del fomento agrícola entre el Porfiriato y la Revolución, 1876-1915", tesis de doctorado, Colmex, 2000.

———, "Las fibras de la unión y la discordia en una economía exportadora: el caso de las cámaras agrícolas de Yucatán, 1894-1912", *Política y Cultura,* núm. 16 (2001), pp. 171-200.

V. Bibliografía paralela

Aguilar Camín, Héctor, *A la sombra de la Revolución mexicana,* México, Cal y Arena, 1989.

Anderson, Perry, "A Culture in Contraflow—II", *New Left Review,* I, núm. 182 (1990), pp. 85-137.

Barrón, Luis, *Historias de la Revolución mexicana,* México, CIDE/FCE, 2004.

Bartra, Roger, *La jaula de la melancolía,* México, Grijalbo, 1988.

Berkhofer, Robert F., *Beyond the Great Story: History as Text and Discourse,* Cambridge, Harvard University Press, 1995.

Bhabha, Homi K., *Nation and Narration,* Nueva York/Londres, Routledge & Keegan Paul, 1990.

Bonfil Batalla, Guillermo, *México profundo: una civilización negada,* México, SEP/CIESAS, 1987.

Bowsman, W. J., "Intellectual History in the 1980s: From History of Ideas to History of Meaning", *Journal of Interdisciplinary History,* núm. 12 (1981).

Brading, David A., *Los orígenes del nacionalismo mexicano,* México, SEP, 1973.

Camp, Roderic A., *Mexican Political Biographies, 1884-1935,* Austin, University of Texas Press, 1991.

———, *et al., Los intelectuales y el poder en México,* México, Colmex, 1991.

Carr, Edward, *¿Qué es la historia?,* Barcelona, Seix Barral, 1973.

Cosío Villegas, Daniel, *Memorias,* México, Joaquín Mortiz, 1977.

Cruz Barney, Óscar, *Historia del derecho en México,* México, Oxford, 2004.

Dosse, François, *Histoire du structuralisme,* París, Decouverte, 1991-1992.

● Escalante, Fernando, *Ciudadanos imaginarios: memorial de los afanes y desventuras de la virtud y apología del vicio triunfante en la República mexicana: tratado de moral pública,* México, Colmex, 1992.

Florescano, Enrique, *El poder y la lucha por el poder en la historiografía mexicana,* Cuadernos de Trabajo, núm. 33, México, INAH, 1980.

● ———, *El nuevo pasado mexicano,* México, Cal y Arena, 1991.

Forment, Carlos A., *Democracy in Latin America, 1760-1900,* Chicago, University of Chicago Press, 2003.

Fraser, Donald, "La política de desamortización en las comunidades indígenas, 1856-1872", *Historia Mexicana,* XXI, núm. 4 (1972), pp. 615-652.

——— (coord.), *Gran historia de México ilustrada,* vol. 4, *De la reforma a la Revolución, 1857-1920,* México, Planeta/Conaculta/INAH, 2001.

Gerschenkron, A., *Economic Backwardness in Historical Perspective,* Cambridge, Belknap Press, 1962.

Ginzburg, Carlo, *El queso y los gusanos,* Madrid, Península, 1998.

● González, Luis, *La ronda de las generaciones: los protagonistas de la Reforma y la Revolución mexicana,* México, SEP, 1984.

———, "75 años de investigación histórica en México", *México, 75 años de revolución. Educación, cultura y comunicación,* II, México, FCE, 1988, pp. 649-704.

Guardino, Peter F., *Peasants, Politics, and the Formation of Mexico's National State: Guerrero, 1800-1857,* Stanford, Stanford University Press, 1996.

Guerra, François-Xavier, "Teoría y método en el análisis de la Revolución mexicana", *Revista Mexicana de Sociología* (1989), pp. 3-24.

———, *Modernidad e Independencia. Ensayos sobre las revoluciones hispánicas,* México, FCE, 1993.

———, "The Spanish-American Tradition of Representation and its European Roots", *Journal of Latin American Studies,* XXVI, núm. 1 (1994), pp. 1-35.

Hale, Charles, "The Liberal Impulse: Daniel Cosío Villegas and the *Historia moderna de México*", *Hispanic American Historical Review,* LIV, núm. 3 (1974), pp. 479-498.

Hausman, Dan, *The Inexact and Separate Science of Economics,* Cambridge, Cambridge University Press, 1992.

Huizinga, Johan, *El otoño de la Edad Media,* Madrid, Alianza, 1999.

Iguíniz, Juan B., *Bibliografía biográfica mexicana,* vol. I, Monografías Bibliográficas Mexicanas, núm. 18, México, SRE, 1930.

Juliá, Santos, *Un siglo de España: política y sociedad,* Madrid, Marcial Pons, 1999.

Klor de Alva, Jorge, "The Postcolonialization of the (Latin) American

Experience: A Reconsideration of Colonialism, and Mestizaje", en Gyan Prakash (ed.), *After Colonialism: Imperial Histories and Postcolonial Displacements,* Princeton, Princeton University Press, 1995, pp. 241-275.

Knight, Alan, "Subaltern, Signifiers, and Statistics: Perspectives on Mexican Historiography", *Latin American Research Review,* XXXVII, núm. 2 (2002), pp. 136-158.

Krauze, Enrique, *Caudillos culturales en la Revolución mexicana,* México, Siglo XXI, 1976.

———, *Daniel Cosío Villegas, una biografía intelectual,* México, Joaquín Mortiz, 1980.

Kuhn, Thomas, *La estructura de las revoluciones científicas,* México, FCE, 2002.

Lakatos, Imre, *La metodología de los programas de investigación científica,* John Worall y Gregory Curie (eds.), Madrid, Alianza Editorial, 1983.

MacLachlan, Colin M., y William H. Beezley, *El Gran Pueblo: A History of Greater Mexico,* 2ª ed., New Jersey, Prentice Hall, 1999.

Mallon, Florencia, "The Promise and Dilemma of Subaltern Studies: A Perspective from Latin American History", *The American Historical Review,* XCIX (1994), pp. 1491-1516.

• ———, *Peasant and Nation. The Making of Postcolonial Mexico and Peru,* Berkeley y Los Ángeles, University of California Press, 1995.

———, "En busca de una nueva historiografía latinoamericana: un diálogo con Tutino y Halperín", *Historia Mexicana,* XLVI, núm. 3 (1997), pp. 563-580.

Megill, Alan, "Recounting the Past: 'Description', Explanation, and Narrative in Historiography", *American Historical Review,* DCIV, núm. 3 (1989), pp. 627-653.

Meyer, Michael C., y William H. Beezley, *The Oxford History of Mexico,* Nueva York, Oxford University Press, 2000.

———, y William L. Sherman, *The Course of Mexican History,* Nueva York, Oxford University Press, 2003.

Miller, David (comp.), *Popper, escritos selectos,* México, FCE, 1995.

Nickel, Herbert J., *Kaiser Maximilians Kartographen in Mexiko,* Francfort del Meno, Vervuert, 2003.

North Douglass, C., y Barry R. Weingast, "Concluding Remarks: The Emerging New Economic History of Latin America", en Stephen Haber (coord.), *Political Institutions and Economic Growth in Latin America,* Stanford, Stanford University Press/Hoover Institute, 2000, pp. 273-283.

Novick, Peter, *That Nobel Dream. The Objectivity Question and the American History Profession,* Cambridge, Cambridge University Press, 1988.

• O'Gorman, Edmundo, *México: el trauma de su historia,* México, UNAM, 1977.

———, *Destierro de sombras: luz en el origen de la imagen y culto de Nuestra Señora de Guadalupe del Tepeyac,* México, UNAM, 1986.

Ory, Pascal, "L'histoire culturelle de la France contemporaine: Question et questionnement", *Vingtième Siècle* XVI (1987), pp. 67-82.

Perry, L. B., y S. R. Niblo, "Recent Additions to Nineteenth-Century Mexican Historiography", *Latin American Research Review*, XIII, núm. 3 (1978), pp. 3-45.

Piccato, Pablo, "Conversación con los difuntos: una perspectiva mexicana ante el debate sobre la historia cultural", *Signos Históricos*, núm. 8 (2002), pp. 13-41.

Pike, Fredrick B., *The United States and Latin America: Myths and Stereotypes of Civilization and Nature*, Austin, University of Texas Press, 1992.

Pocock, J. G. A., *Virtue, Commerce, and History*, Cambridge, Cambridge University Press, 1985.

Popper, Karl, "Verdad y aproximación a la verdad (1960)", en David Miller (comp.), *Popper, escritos selectos*, México, FCE, 1995, pp. 197-214.

Reejhsinghani, Anju, "Parallel Lives?: Subalternity in the South Asian and Latin American Contexts", tesis de maestría, University of Texas, 2000.

Rodgers, Daniel, *Atlantic Crossings. Social Politics in a Progressive Era*, Cambridge, Harvard University Press, 1999.

Rorty, R., *et al.*, *Philosophy in History*, Cambridge, Cambridge University Press, 1984.

Roucke, Constante, *American Humor, a Study of Nacional Caracter*, Nueva York, 1931.

San Miguel, Pedro, "La representación del atraso: México en la historiografía estadounidense", *Historia Mexicana*, LIII, núm. 3 (2004), pp. 989-1009.

Santos, Wanderley G. dos, "A anomalia democrática: adolescência e romantismo na história política", *Revista Brasileira de Ciencias Sociais*, XIII (1998), pp. 5-11.

———, *Paradoxos do liberalismo: teoria e história*, Río de Janeiro, Revan, 1999.

Scott, James, *The Moral Economy of the Peasant: Rebellion and Subsistence in Southeast Asia*, New Haven, Yale University Press, 1976.

Skinner, Quentin, "Meaning and Understanding in the History of Ideas", *History and Theory*, VIII (1969), pp. 3-53.

Stone, L., "The Revival of Narrativity: Reflections on a New Old History", *Past and Present*, LXXXV (1979), pp. 3-24.

Tannenbaum, Frank, *The Mexican Agrarian Revolution*, Nueva York, The Macmillan Company, 1929.

Tenorio Trillo, Mauricio, *Argucias de la historia en el siglo XIX, cultura y América Latina*, México, Paidós, 1999.

———, *De cómo ignorar*, México, FCE/CIDE, 2000.

Toews, John E., "Intellectual History after the Linguistic Turn: The Autonomy of Meaning and the Irreducibility of Experience", *American Historical Review*, DCII, núm. 4 (1987), pp. 879-907.

Trachtenberg, Alan, *The Incorporation of America: Culture and Society in the Gilded Age*, Nueva York, Hill & Wang Pub., 1982.

Turner, John Kenneth, *Barbarous Mexico,* Chicago, C. H. Kerr and Co., 1910.

Valdaliso, Jesús María, y Santiago López, *Historia económica de la empresa,* Barcelona, Crítica, 2000.

Womack, John, "Mexican Political Historiography", *Investigaciones contemporáneas sobre historia de México: memorias de la tercera reunión de historiadores mexicanos y norteamericanos, Oaxtepec, Morelos, 4-7 de noviembre de 1969,* Austin, University of Texas Press, 1971, pp. 478-492.

Woods, Richard Donovan, *Mexican Autobiography,* Nueva York, Greenwood Press, 1988.

El Porfiriato se terminó de imprimir y encuadernar en mayo de 2006 en los talleres de Impresora y Encuadernadora Progreso, S. A. de C. V. (IEPSA), Calz. de San Lorenzo, 244; 09830 México, D. F. La edición consta de 2 000 ejemplares.